U0518384

2019知识产权上地论坛

优化营商环境与知识产权法治完善

中国社会科学院知识产权中心
中国知识产权培训中心 ◎编

知识产权出版社
全国百佳图书出版单位
—北京—

图书在版编目（CIP）数据

优化营商环境与知识产权法治完善/中国社会科学院知识产权中心，中国知识
产权培训中心编．—北京：知识产权出版社，2020.9

ISBN 978-7-5130-7140-6

Ⅰ.①优… Ⅱ.①中… ②中… Ⅲ.①投资环境—研究—中国②知识产权法—研
究—中国 Ⅳ.①F832.48②D923.404

中国版本图书馆CIP数据核字（2020）第160634号

内容提要

本书由"2019知识产权上地论坛"的部分优秀征文汇编而成。本届论坛主题
为"优化营商环境与知识产权法治完善"，旨在引导和推动学界对有利于营商环境
建设的知识产权法治完善问题进行研究。本书所选论文中既有对近年来令人关注的
著作权、商标、专利领域重要理论和实践问题的探讨，也包括对沿边自贸区知识产
权保护、第三方取证存证平台数据的真实性这类具体问题的研究，方便读者了解相
关领域的研究动向和成果。

责任编辑：王祝兰　　　　　　　　　责任校对：谷　洋
封面设计：博华创意·张冀　　　　　责任印制：孙婷婷

优化营商环境与知识产权法治完善

中国社会科学院知识产权中心　　　编
中国知识产权培训中心

出版发行：	知识产权出版社有限责任公司	网　址：	http://www.ipph.cn
社　　址：	北京市海淀区气象路50号院	邮　编：	100081
责编电话：	010-82000860转8555	责编邮箱：	wzl_ipph@163.com
发行电话：	010-82000860转8101/8102	发行传真：	010-82000893/82005070/82000270
印　　刷：	北京建宏印刷有限公司	经　销：	各大网上书店、新华书店及相关专业书店
开　　本：	880mm×1230mm　1/32	印　张：	9.25
版　　次：	2020年9月第1版	印　次：	2020年9月第1次印刷
字　　数：	260千字	定　价：	58.00元

ISBN 978-7-5130-7140-6

前　言

　　2019 年 10 月底党的十九届四中全会通过了《中共中央关于坚持和完善中国特色社会主义制度　推进国家治理体系和治理能力现代化若干问题的决定》，描绘了中国之治的宏伟蓝图。作为推进国家治理体系和治理能力现代化的顶层设计，这一决定对整个国家治理体系各领域制度的不断完善、规范及有效运行提出了要求；其中指出，坚持全面依法治国，建设社会主义法治国家，切实保障社会公平正义和人民权利，是整个国家制度和国家治理体系的一个显著优势。法治是最好的营商环境，建设社会主义市场经济、先进文化和创新型国家，无不需要运用法治思维和法治方式。此次论坛命名为"优化营商环境与知识产权法治完善"，旨在引导和推动学界对有利于营商环境建设的知识产权法治完善问题进行研究。

　　此次论坛邀请了来自国内学术界、行政机关、司法部门和实务界的百余位专家学者和专业人士，共同探寻面向中国之治未来的知识产权事业发展之路。国家知识产权局党组成员、副局长廖涛在开幕式上强调，构建和推进知识产权国家治理体系、推进知识产权治理体系现代化，是当前我国知识产权制度改革和完善的重要课题。政协第十三届全国委员会文化文史和学习委员会副主任阎晓宏围绕国家治理体系和治理能力问题，从如何提升知识产权执法效能、如何化解诸多的知识产权诉讼与矛盾纠纷、鼓励权利人放弃财产权、有利于传播等角度阐述了自己的观点。中南财经政法大学吴汉东教授认为，当下中国知识产权建设和发展正处于一个非常重要的历史时期，需要更高水平的对外开放、更加深入的市场体制改革、更严格的知识产权保护；知识产权强国应具备两大属性，即法治与发展。此外，国家知识产权局知识产权保护司司长张志成、最高人民法院民事审判第三庭副庭长李剑、国家知识产权局商标局局长崔守东、国家知识产权局公共服务司司长王培章、国家知识产权局专利局复审和无效审理部副部长高胜华均分别结合各自部门的相关工作和经验作了主题发言。

　　本次论坛共收到40余篇论文，到甄选论文结集出版时，已有多篇在其他期刊上先行发表，只能舍弃；不过，论坛上各位论文作者的精心发言和分享、与会学界和实务界专家的精彩点评、茶歇和就餐时意犹未尽的热烈讨论，作为"知识产权上地论坛"的常态化场景，已成为国内知识产权界同仁难以忘怀的记忆。本论文集的内容涵盖了对近年来令人关注的著作权、商标、专利领域重要理论和实践问题的探讨，也包括对沿边自贸区知识产权保护、第三方取证存证平台数据的真实性这类具体问题的研究；贡献智慧的作者有国内知识产权学界的顶级专家和知名学者，也有国内外热爱知识产权研究的新锐。希望上地论坛能保持活力，继续吸引更多的学人参与知识产权理论和实务前沿话题的探讨。

中国社会科学院知识产权中心

管育鹰

目　录

广播权与表演权和信息网络传播权的关系辨析

张伟君*

在《著作权法》中，"广播"是一个经常引人误解的概念。在行业术语中，广播与电视是两个概念，例如，以前的中央人民广播电台和中央电视台是两个不同的机构。2018 年国务院机构改革后虽然成立了中央广播电视总台，但广播电台与电视台依然是各干各的❶。然而，法律概念与行业日常用语并不一样。在著作权法中，广播（broadcasting）行为却不仅指电台的广播行为，也包括电视台的广播行为。从这个意义上说，电视也是广播，广播与电视在著作权法中是一回事情。而且，在著作权法中，广播一词还有特定的含义，并不是行业日常用语中所称的广播（电视）都可以视同法律概念中的"广播"——比如，有线广播、有线电视、电台转播、电视转播、网络广播、网络电视等。这应该怎么理解呢？本文将围绕实践中存在较多争议的问题，如酒吧播放电视节目、抖音翻唱他人音乐作品、网络电视等，来讨论广播权与表演权、信息网络传播权的关系。

---

* 作者简介：张伟君，同济大学法学院教授，知识产权与竞争法研究中心主任。
❶ 央广网：http：//www.cnr.cn/；央视网：https：//www.cctv.com/。

一、"广播权"与《伯尔尼公约》第 11 条之二第 1 款的关系

我国《著作权法》规定的"广播权"❶来自《保护文学艺术作品伯尔尼公约》（以下简称《伯尔尼公约》）第 11 条之二第 1 款的规定。但是，严格来说，《伯尔尼公约》第 11 条之二第 1 款规定的不仅仅是"广播权"（broadcasting rights），而是"广播权与相关权利"（broadcasting and related rights）。

《伯尔尼公约》中的"广播权"的实质是以无线方式公开传播作品的权利，即第 11 条之二第 1 款第 i 项规定的"广播与其他无线传播"（broadcasting and other wireless communications），也就是我们通常所说的无线广播。换句话说，在著作权法中"广播"的含义其实仅仅限于"无线广播"。但是，我国《著作权法》第 10 条规定的"广播权"第一句中"以无线方式公开广播或者传播作品"的表述，似乎把"广播"一词的含义作了扩张解释，令人误以为"广播"可以分为无线广播和有线广播。这样的理解在我国《著作权法》的语境下也许是成立的，但是在《伯尔尼公约》的语境下则不成立，因为在著作权国际公约中，广播并不包括所谓的"有线广播"。

《伯尔尼公约》中的"相关权利"则是指第 11 条之二第 1 款第 ii 项与第 iii 项规定的"公开传播广播的作品（public communication of broadcast）的权利"。其中，《伯尔尼公约》第 11 条之二第 1 款第 ii 项规定的权利，既包括对广播的作品的有线转播权（即以有线方式传播广播的作品）——这是对有线转播机构（如有线电视机构）二次同步转播的规制，也包括对广播的作品的无线转播

---

❶　广播权，即以无线方式公开广播或者传播作品，以有线传播或者转播的方式向公众传播广播的作品，以及通过扩音器或者其他传送符号、声音、图像的类似工具向公众传播广播的作品的权利。

权〔即转播（rebroadcasting）广播的作品〕——这是对无线转播机构（如传统广播电台或电视台）二次同步转播的规制。因此，与其说这是广播权，不如说这是转播权，其目的并不是规制对作品的广播行为，而是规制对正在广播的作品的"转播"行为。需要注意的是，全国人大常委会法工委组织编写的《中华人民共和国著作权法释义》（以下简称《著作权法释义》）一书中，将这个权利仅仅解释为"通过有线方式，如通过有线广播或者有线电视传播或者转播无线电台、电视台广播的作品"❶，这样解释其实是对《伯尔尼公约》相关规定的一个误解——误以为《伯尔尼公约》中的"转播"行为是受"有线方式"约束的。但是，就如前面所述，因为在国际公约中广播不可能包括有线广播，所以《伯尔尼公约》中的"转播"显然也不是指有线转播，而是指无线转播。

《伯尔尼公约》第 11 条之二第 1 款第 ii 项实质上是规制以扩音器或大屏幕在特定空间进行的"公开表演"（机械表演或放映）的行为，只不过是对广播的作品的再次机械表演或者放映。因此，这个权利的目的更不是在于规制电台或电视台等广播机构远距离地向公众传播作品，而是在于规制某个营业场所的经营者利用扩音器和大屏幕等终端设备在其营业场所的范围内向公众传播广播的作品。只是因为扩音器传播的对象是被广播的作品，《伯尔尼公约》第 11 条之二第 1 款才将其和有关广播权的规定放在一起。而我国《著作权法》误以为这个权利内容也是属于广播权的性质，直接也将其称为"广播权"了。

总之，我国《著作权法》规定的"广播权"其实是带引号的广播权，真正意义的广播行为仅仅是该权利定义中的第一句话所规制的行为。

❶ 胡康生.中华人民共和国著作权法释义〔M〕.北京：法律出版社，2002：54.

二、我国《著作权法》中广播权与表演权的交叉

(一) 现场表演、机械表演和放映的共同特征

"表演"作为一种传播作品的行为，不仅存在生活概念与法律概念（比如机械表演）的差异，即便都是法律概念，也还存在国别的差异。所以，对于"表演权"一词，应该格外小心分辨其在不同法律体系中的含义。就我国《著作权法》规定的表演权所规制的作品传播行为而言，其既不同于美国版权法中的含义宽泛的表演权，也不同于德国著作权法中的表演权：一方面，我国的表演权不仅包含了朗诵权（《伯尔尼公约》以及德国法都是单列的），而且包含了所谓的机械表演权；另一方面，我国把放映权单列，并没有包括在表演权中。

与广播和信息网络传播等其他"无形传播"作品的方式相比，表演既有和它们相同之处，也有自己的特点。一方面，与广播和信息网络传播等"无形传播"作品的方式一样，无论是对作品的现场表演，还是对作品的机械表演，公众并不需要依赖于对作品物质载体的接触而获得作品，这是表演权有别于发行权和出租权的地方；或者虽然公众也是在特定现场以视听感知的方式来获得作品，但传播者并不需要通过作品的物质载体来再现一个作品，这是表演权有别于展览权的地方。另一方面，与广播和信息网络传播等其他"无形传播"作品的方式不同，无论是对作品的现场表演，还是对作品的机械表演，都只可能是在一个特定的空间发生的对作品的传播行为，公众只能在某个特定的空间近距离地获得作品，而离开这个特定空间就无法获得"表演者"提供的一个作品的再现。表演是在特定空间发生的对作品的传播，这是表演权区别于著作权国际公约［《伯尔尼公约》和《世界知识产权组织版权条约》（WCT）］中规定的"向公众传播权"的关键。

其实，在著作权国际公约中，是清晰地区分公开表演权和向公众传播权的。虽然在这两类传播作品的情形中，公众都不是通

过获得作品物质载体的方式获得作品，但是，公开表演作品的行为是在一个特定的空间向进入该空间的公众提供一个作品的再现（包括活的再现或表演，也包括机械再现或机械表演）；而向公众传播，则是远距离传播作品，即公众并不需要在作品提供者设定的空间或终端上获得作品，而可以在自己选定的地点或者自己拥有的终端上获得作品。比如，里基森和金斯伯格在其《国际版权与邻接权》一书中讲到机械表演权与向公众传播权的区别时非常清楚地指出：播放唱片或放映电影，如果是在现场观众面前进行，属于"用各种手段或方式公开表演"；如果是向远距离的观众传播，则属于"向公众传播"。在《伯尔尼公约》中，"公开表演"这一用语是指向现场观众表现一个作品，这与通过传输向远距离的观众传播作品是不同的。（公约）对"用各种手段或方式"公开表演或朗诵作出单独的规定，就是令其与"用各种手段向公众传播"表演或朗诵具有不同的含义。……我们可以合理地认为，"向公众传播"这一表达隐含"其中的公众不在传播起源地"的含义，同样，"公开表演"则是指向表演所在地的公众传播。❶

　　因此，理解著作权法规定的表演权，只有抓住了表演的根本性特征——在特定空间范围内发生的传播，才能准确判定某个传播作品的行为到底是否属于表演权规制的行为。也只有这样才能理解以下问题：为什么虽然我国《著作权法》区分了表演权和放映权，但是无论是从学理上，还是从《伯尔尼公约》的规定来看，大家的共识是放映权的实质就是表演权中内涵的机械表演权？这是因为，从行为的表面特征来看，放映视听作品与机械表演音乐作品一样，都是通过机械设备再现一个作品；更为关键的是，公开放映行为完全符合公开表演的关键性特征——放映总是在一个

　　❶ 里基森，金斯伯格. 国际版权与邻接权：伯尔尼公约及公约以外的新发展：上卷［M］. 2版. 郭寿康，刘波林，万勇，等译. 北京：中国人民大学出版社，2016：624-625.

特定的空间发生的。观赏所放映的作品的观众，只有到指定的地点，并在放映时间才能欣赏到该作品，并没有自己可以选择观看地点和观看时间的自由。

根据以上分析，在理解表演权（特别是机械表演权）和放映权这两种权利的时候，在以下几个方面需要准确把握：

第一，机械表演权或放映权所规制的作品传播行为，与该作品最初是谁提供的或谁传播的无关，哪怕在特定场所以扩音器或类似工具（如大屏幕）传播的作品是来自广播电视台播出的节目或者来自信息网络上提供的作品。只要你在这样一个现场提供某种音频播放或音视频播放设施，使得公众可以通过你提供的设施获得作品，你的行为就属于表演权规制的行为，比如餐厅或宾馆提供收音机或电视机让消费者随时可以打开后接收电台或电视台信号收听或收看广播电视节目中播出的音乐或电影作品。但是，不排除有些机械表演或者放映的情形下，机械再现设备的提供者同时也是将一个作品从一个地点远距离地传输到机械播放设备中的实施者。例如，将一场音乐会表演的现场实况通过有线传输系统传输到另一个空间（比如大礼堂），再通过大礼堂的大屏幕向在大礼堂里面的观众播放；又如KTV、网吧、影院、宾馆将一部音乐或电影作品通过内部的闭路电视系统或者网络传输系统传输到各个包厢、房间的终端设施中，供消费者通过终端设备观赏甚至点播——这些情形下，其实既存在远距离传输作品（起码不是在机械播放的现场）的行为（可能属于机械表演或放映），又属于有线传播作品、向公众播送作品的表演或者信息网络传播的行为。这时，权利人其实可以选择其中一种权利进行主张，法院也没有必要支持同时侵犯两种权利的请求。

第二，正因为表演是在特定空间发生的对作品的传播行为，不管是现场表演，还是机械表演，一般来说都是一次性地瞬时传播作品；虽然作品的表演者可以再次表演或重复表演，但这是实施一个新的传播行为了。表演的这一特点与传统的电台、电视台传播作品的行为是一样的——都是在特定的时间瞬时传播作品的行为，公众只能在特定的时间获得表演的作品，而无法在其个人选定的时间获得作品——这是表演与信息网络传播的又一个不同。但是，这并不意味着在公开表演的情形下公众不存在点播作品的可能性。有些经营者在自己的经营场所向消费者提供作品的点播设施（通过扩音器或屏幕播放），使消费者可以自由选择经营者在其点播系统内存储的各类作品，消费者可以随时看到自己要看的作品，并不是被动地取决于经营者在什么时间播放什么作品——似乎有了"个人选定的时间"的自由。但是，即便如此，这毕竟不同于远距离传播作品情形下个人可以随时在自己的个人终端获得作品的信息网络传播行为。因为消费者在特定经营场所点播一个作品的前提是他只能在进入或处于这个场所的时间内进行点播，一旦离开这个场所，也就不存在可以随时点播的可能了，所以，在特定经营场所内的"点播"和信息网络传播情形下允许在"个人选定的时间"进行点播并不一样。在特定经营场所内的"点播"依然受制于只能在特定空间开放的时间内获得作品的约束。在美国版权法的发展历史上，"投币点唱机"点播音乐就是一个重要的关于机械表演权的规定。美国 1909 年的版权法授予了音乐作品"为营利目的"而公开表演的权利，但该法第 1 条（e）却不将投币点唱机（coin‐operated machine，主要就是所谓的"jukebox"，即餐馆、酒吧里面的自动投币点唱机）再现或演奏音乐作品视为为营利目的的公开表演，除非要对进入进行这种再现或演奏的场所收取费用。就是说，如果消费者进入酒馆、餐厅等场所是免费的，即便点唱是要付费（投币）的，点唱机的经营者也无须支付版权费用。从 20 世纪 50 年代后期开始，一直有议案要求取消或修改这个异常的豁免。经过激烈的争论，美国 1976 年的版权法最终取消了自动点唱机表演音乐作品的豁免（jukebox exemption）。因此，网吧或者影院的经营者在每一个终端上都存入相同的电影，用户进入网吧或者影院后可以随意选择一台计算机，并点播其中存储的电影，网吧或影院经营者并不侵犯"信息网络传播权"❶，而是侵犯放映权。

第三，在机械表演权或放映权的适用中，还经常会涉及这样的情形：网吧经营者在网吧提供计算机终端，供用户点播收看网络服务提供者通过信息网络传播的影视作品，是侵犯影视作品著作权人的放映权，还是侵犯信息网络传播权？根据最高人民法院有关通知的精神，似乎网吧经营者与涉案影视作品提供者（网络服务提供者）可以构成共同侵权，侵犯的就是著作权人享有的信息网络传播权；只不过，如果"网吧经营者能证明涉案影视作品是从有经营资质的影视作品提供者合法取得，根据取得时的具体情形不知道也没有合理理由应当知道涉案影视作品侵犯他人信息网络传播权等权利的，不承担赔偿损失的民事责任"❷。例如，在广东中凯知识产权服务有限公司诉重庆市渝北区聚友网吧（以下简称"聚友网吧"）、上海宽娱数码科技有限公司（以下简称"宽娱公司"）、许庆侵犯著作财产权纠纷一案中，被告宽娱公司通过其网站"英雄宽频"传播涉案影片，被告聚友网吧在其经营场所提供计算机终端供用户收看该影片。重庆市高级人民法院认为：根据合同约定，宽娱公司对所提供的影视作品内容在其产品平台上使用引致的版权问题负全责，因此聚友网吧有理由相信具有经营资质的宽娱公司向其提供的每一部影视作品系经过合法授权，聚友网吧主观上不知道也没有合理理由应当知道涉案影片系侵犯他人信息网络传播权的作品，其已尽到了合理审查义务，不应承担赔偿损失的民事责任。❸ 那么，网吧在自己的经营场所向公众提供侵权影视作品的播放，却不用承担损害赔偿责任，是否合理呢？

---

❶ 王迁. 论在网吧等局域网范围内传播作品的法律性质：兼论"信息网络传播权"与"放映权"及"复制权"的区别 [J]. 中国版权，2009（2）：54－57.

❷ 最高人民法院《关于做好涉及网吧著作权纠纷案件审判工作的通知》（法发〔2010〕50号，2010年11月25日）。

❸ 重庆市高级人民法院（2011）渝高法民终字第125号民事判决书。

我们可以反思一下：按照《著作权法》规定，通过大屏幕、扩音器等终端播放设备向公众传播表演的作品或者向公众传播广播的作品，都是直接受排他的表演权或广播权（实质还是机械表演权）规制的。如果未经许可，提供终端播放设备的自然人或机构毫无疑问都构成直接侵权，应承担包括损害赔偿在内的侵权责任，那么，网吧通过自己的终端播放设备（计算机）向公众提供在信息网络中传播的作品，是否也构成侵权，而无法免于承担损害赔偿责任呢？依据《著作权法》，虽然著作权人可以对通过屏幕或扩音器等机械设备再现作品的表演或者再现广播的作品享有专有权利，但是，该法并没有明确规定著作权人可以对他人（例如网吧经营者）在营业场所提供计算机终端（播放设备）再现通过信息网络传播的作品享有专有权利。因此，一般来说，网吧经营者只是向消费者提供计算机上网，以便消费者可以欣赏或获取在互联网中公开传播的作品，并不会侵犯著作权人的公开表演（机械再现）权，更不会侵犯其信息网络传播权。但是，如果网吧在其经营场所的计算机终端中向消费者所提供的影视作品（可以供其选择点播）是通过特定的内容服务提供者获取的（虽然也是通过网络传输的途径），而不是在公开的不受限制的互联网中获取的，那么，网吧提供影视作品行为实际上与电影院从特定渠道获取影片向公众放映电影的行为没有实质差异，网吧的行为实际上也是一种放映行为，而内容服务提供者的行为其实是为网吧实施放映行为提供帮助或者说提供授权，是一种帮助侵权或授权侵权行为。如果网吧经营者跟特定的内容服务提供者之间存在授权协议，但如果这样的授权未经著作权人允许，网吧必须对其自己实施的放映行为独自承担侵权责任——包括损害赔偿。因此，上述司法解释或司法判决把网吧提供在线影视播放服务认定为信息网络传播行为，这与网吧是在一个特定空间向公众提供作品的再现的基本事实相背离；这样的解释和说理也没有清楚地区分内容服务提供者（如被告宽娱公司）与终端播放服务提供者（如被告聚友网吧）在这种传播作品的服务中的不同作用，实际上是把内容服务提供者实施的授权侵权行为与终端播放服务提供者实施的直接侵权行为颠倒过来了。其实这里的直接侵权人是终端播放服务提供者，内容服务提供者则是促使、帮助或授权网吧实施侵权行为的背后推动者，更符合英国法中"授权侵权人"的性质❶，因此，授权人与被授权人应该各自承担独立的侵权责任，而非共同侵权责任。终端播放服务提供者实施的也并不是信息网络传播行为，而是通过自己的终端播放设备在特定的空间向公众提供作品的行为。这其实与通过大屏幕、扩音器等终端播放设备向公众传播表演的作品或者向公众传播广播的作品并无实质的区别，属于机械表演性质的放映行为，无非一个是通过广播信号传输，另一个是通过网络传输而已。

第四，是否属于机械表演权或放映权规制的行为，与经营者提供了多少播放设备或几个播放空间无关。哪怕经营者同时有很多播放设备和空间供消费者选择进入，这并不意味着消费者有了"个人选定地点"的自由，经营者在多个设施或空间提供播放的行为性质依然属于机械表演而不是信息网络传播。比如，KTV 经营者有很多包房供客人选择进入后播放 MTV 娱乐；宾馆经营者在各个房间提供电视机（屏幕）供客人观看影视作品，客人可以选择自己需要的房间；网吧经营者提供几百台电脑供消费者观看影视剧，消费者可以自己选定某个电脑终端等。我们并不能从这样一些现象中得出他们提供作品的行为是信息网络传播行为而不是公开表演行为的结论。

（二）扩音器传播广播的作品与表演权的关系

如前所述，把《著作权法》第 10 条规定的广播权定义中的第三句话理解为是对广播行为的规制，是错误的。第三句话包含的

---

❶　张伟君：《定牌加工出口商商标侵权纠纷案审理思路辨析》，载于"同济知识产权与竞争法中心"公众号（2019 年 7 月 7 日）。

权利不是规制广播电视台对作品的广播，而是规制任何第三方对广播电视台广播的作品以扩音器或类似工具（如电视屏幕或大屏幕）向公众进行机械表演或放映，其实质是机械表演权或放映权。《著作权法》把这样的一种权利也笼统地称为"广播权"，导致了权利性质混乱，令人误以为《著作权法》规定的扩音器传播行为也是广播行为，在实践中就产生了不必要的争议。

比如，2018年俄罗斯世界杯首日，央视发布了一个版权声明，其中的一个权利主张是："未经我台书面授权，任何机构或个人不得在中国大陆地区通过……剧场院线播放、公共场所播放等方式使用2018年世界杯比赛的音视频节目内容。"❶ 那么，这个权利主张在我国《著作权法》中是否拥有法律依据呢？其实，对这个问题的争议由来已久。早在2006年德国世界杯期间，曲三强教授在接受采访时认为："在整个转播过程中，无论是影院还是酒吧，都只是一个接收的终端。接收者只是打开了一个接收器。这就是说，酒吧和影院的行为只是接收行为，不会影响到任何人的权利。"❷但是，本文认为，如果足球赛的现场录像是可以构成类似电影作品的，那么，根据广播权定义中的第三句话，以扩音器或类似工具（影院屏幕、餐饮店电视机等）向公众传播广播的作品，是受类似电影作品的权利人控制的——如果央视获得了此项授权。大家对此行为产生"不会影响任何人的权利"的误解，根本原因是《著作权法》把这样的传播行为纳入广播权规制的行为，但酒吧和影院的传播行为确实不是广播行为，而是机械表演或者放映。其实，这个问题和餐馆买来一张正版CD能不能在店里播放的问题是类似的。确实，打开CD播放机、录像机、收音机、电视机等各种播放设备，如果家里或私人听或看，就不是"公开"表演或放映，

❶ 中央广播电视总台2018年俄罗斯世界杯版权声明。

❷ 郑博超. 酒吧播放世界杯，有侵权"隐患"？关于公共场所播放世界杯的法律问题［N］. 检察日报，2006-06-16.

就不可能侵权，但在公众场所播放给大家看，就是公开表演或公开放映了。以扩音器或类似工具向公众传播广播的作品，也是一样的。如果我们能接受机械表演权或者放映权的合理性，那么，在公众场所提供电视机或收音机这样的终端设备让大家欣赏电影或音乐时需要付费，也是一个道理——尽管这个电影或音乐的源头是电视台或电台。

公开表演（包括机械表演）总是指在一个特定的现场或空间对一部作品的表演、朗诵、放映或无形的再现，公众只能进入该特定空间才能够获得作品；而公开传播则是以有线或无线的方式远距离向公众传播作品，包括有线广播或无线广播作品或作品的表演、有线或无线转播广播的作品，也包括通过信息网络传播作品、作品的表演或网络转播广播的作品等行为，公众可以不受地点限制地在自己拥有的私人终端视听设备上获取作品。正因为如此，WCT 第 8 条规定的向公众传播权在涉及该条与《伯尔尼公约》规定的相关权利的关系的时候，就明确把《伯尔尼公约》第 11 条之二第 1 款第 i 项（广播权）和第 ii 项（转播权）纳入其中，却把第 iii 项（扩音器传播）排除在外❶。而我国《著作权法》的规定却没有清晰地区分公开表演权和向公众传播权，导致在一个权利类型下其实存在着性质并不一样的传播权利。比如，在广播权中，"通过扩音器或者其他传送符号、声音、图像的类似工具向公众传播广播的作品"，即《伯尔尼公约》第 11 条之二第 1 款第 iii 项中的 "the public communication by loudspeaker or any other analogous instrument"，却并非向公众传播权，而是机械表演权。再比如，在表演权中，"用各种手段公开播送作品的表演"（any communication to the public of the performance of their works）其实并不是《伯尔尼公约》第 11 条第 1 款第 i 项中规定的机械表演即

---

❶ WCT 第 8 条 "向公众传播的权利"：在不损害《伯尔尼公约》第 11 条之二第 1 款第 i 项和第 ii 项……的规定的情况下……

通过任何方式或手段公开表演作品（such public performance by any means or process），而是向公众传播权（参见下文）。这才导致我国业内对相关规则的理解产生了各种混乱。所以，如果我国《著作权法》一律按照"公众是否可以在其个人选定的地点获得作品"的标准来区分公开表演和向公众传播（包括广播），就可以把各项权利的内容作出更为逻辑清晰的区分规定，而不至于产生各种不必要的误解。

根据上述分析，本文认为，著作权人仅仅授权广播电视台广播其视听作品，严格来说不等于授权任何第三人向公众转播或机械再现（放映）广播的作品。著作权人授权广播电视台（无线）播放其作品（广播权定义中的第一句话），广播电视台可以从普通电视观众的收看中获取自己的利益；著作权人授权营业场所通过扩音器或屏幕播放广播的作品（广播权中的第三句话），营业场所也可以通过向消费者提供有吸引力的视听作品而获取自己的利益。因此，这两项授权，针对的是不同的授权对象和行为，被授权人获取的是各自不同的许可利益。这两项权利，都属于著作权人，而并不是广播电视台享有的权利。当然，著作权人也可以同时将这两项权利（包括后一项向公众机械再现广播的作品的权利）授权给广播电视台行使。至于这项权利是否可以通过法定许可的方式来实现，是否应该对某些营业场所进行豁免，值得我们思考，有待著作权法进一步细化和完善。

总之，酒吧等营业场所播放世界杯电视节目，如果该节目内容构成视听作品而享有著作权，权利人禁止酒吧进行如此播放，在我国是有明确法律依据的。否则，《著作权法》规定的广播权定义中的第三句话，就失去了存在的意义。

（三）公开播送作品的表演与广播权的关系

如前所述，和《伯尔尼公约》中的"广播权"一样，我国《著作权法》规定的广播权，也无法规制有线广播或者有线传播作品的行为。比如，大学的校园广播站通过有线系统向校园内的师生播送自己编辑的音乐节目，就属于有线广播。这种行为目前并不在广播权规制的"无线广播"范围内，按照《著作权法释义》一书的理解，只能通过我国《著作权法》第10条规定的"其他权利"进行规制。❶ 但是，本文认为，如果说我国《著作权法》规定的"表演权"的第二句（公开播送作品的表演）是按照《伯尔尼公约》第11条第1款第Ⅱ项的原意来解释的话，其实是可以规制对作品的有线广播的。

我国《著作权法》规定著作权人享有的"表演权"，是指"公开表演作品，以及用各种手段公开播送作品的表演的权利"。对于"用各种手段公开播送作品的表演"，我国大部分知识产权法或者著作权法教科书一般都是这样解释的：用各种手段公开播送作品的表演是指用某个机械设备播放或再现一个作品，即所谓的机械表演。这样的理解显然与《著作权法释义》一书的解释有关。

《著作权法释义》中浓墨重彩地解释了"用各种手段公开播送作品的表演"。其中有几句话非常重要：

1. 我国参加世界版权公约和伯尔尼公约以后，为了执行公约，国务院于1992年颁布实施了《实施国际著作权条约的规定》，第十一条规定："外国作品的著作权人，可以授权他人以任何方式、手段公开表演其作品或者公开传播对其作品的表演。"其中"公开传播对其作品的表演"即指对作品的机械表演。

2. 伯尔尼公约第十一条规定："戏剧作品、音乐戏剧作品和音乐作品的作者享有下列专有权利：（1）授权公开表演和演奏其作品，包括用各种手段和方式公开表演和演奏；（2）授权用各种手段公开播送其作品的表演和演奏。"公约第十一条的第（一）项指的是现场表演，第（二）项指的是机械表演。根据公约的规定，本条（指2000年文本）增加规定了机械表演。

3. "用各种手段公开播送作品的表演"指的是"机械表

❶ 胡康生. 中华人民共和国著作权法释义［M］. 北京：法律出版社，2002：63.

演"，机械表演指借助录音机、录像机等技术设备……公开播送录有（作品的）表演的唱片、录音带、录像带等，如宾馆、饭店、商店、歌舞厅为顾客播放音乐、歌舞表演等。……机械表演的方式指授权用各种手段公开播送其作品的表演、演奏以及朗诵，但最主要的方式是公开播放载有表演的音像载体。

4. 本条规定的"用各种手段公开播送作品的表演的权利"即机械表演权的适用范围不包括广播电台、电视台的无线播放，也不包括电影作品等的放映，前者是作品的广播权，后者是作品的放映权。

5. 将现场表演用转播设备直接进行有线播放……，也被视为对作品的公开表演，必须取得作者或者其他著作权人的许可并支付报酬。❶

然而上述解释其实非常令人困惑。毫无疑问，我国《著作权法》关于表演权的规定确实是借鉴自《伯尔尼公约》第11条（所谓的表演权）的规定。但是，显而易见的是，法律起草者在借鉴公约规定的时候，不仅把公约第11条第1款第ⅰ项中的"包括用各种手段或方式"公开表演（机械表演权）与第ⅱ项中的"用各种手段向公众传播"表演（公开传播权）混为一谈了，而且把两者的含义张冠李戴了。与把"广播权"三句话都理解成是对广播行为的规制类似，很多人也是想当然地认为：公约第11条第1款规定的专有权利是指"公开表演权"。其实，只要仔细看一下《伯尔尼公约》文本就会发现，公约第11条第1款其实规定的是两项权利，其中只有第ⅰ项规定的才是"公开表演权"（right of public performance），包括"用各种手段或方式公开表演"即我们通常所说的机械表演；而第ⅱ项规定的其实是"向公众传播权"（right of communication to the public of a performance），即用各种方式向公众传播作品的表演。这样的理解也完全可以在 WCT 第8条"关

---

❶　胡康生. 中华人民共和国著作权法释义 [M]. 北京：法律出版社，2002：63.

于向公众传播权"的规定中得到清楚的印证：该条规定的向公众传播权明确将《伯尔尼公约》第 11 条第 1 款第 ii 项纳入了向公众传播权的范围，但却没有将第 11 条第 1 款第 i 项纳入向公众传播权的范围。❶ 至于机械表演权与向公众传播权的区别，前文已经分析，这里不再赘述。

但是，《著作权法释义》中却没有看到机械表演与向公众传播作品的表演之间的差异，而是反复强调"表演权"中的后半句是指"机械表演"（如宾馆、饭店、商店、歌舞厅为顾客播放音乐、歌舞表演等）。这个所谓的"用各种手段公开播送作品的表演"，到底是《伯尔尼公约》第 11 条第 1 款第 i 项（公开表演权）后半句所指的在特定现场或空间的机械表演，还是第 ii 项（向公众传播权）所指的远距离地向公众传播作品的表演（如将现场表演用转播设备直接进行有线播放），抑或是两者兼而有之，似乎莫衷一是了。

其实，《伯尔尼公约》第 11 条第 1 款第 ii 项规定的"向公众传播作品的表演"的权利有其特殊的意义。按照《伯尔尼公约指南》的解释，这个权利可以涉及除第 11 条之二规定的广播权（三项内容）之外的所有公开传播（public communication），比如，以有线传播（不是无线传播）的方式向公众传播音乐会的表演❷；再比如，通过扩音器或类似工具向更多的公众传播通过闭路可视系统（不是无线广播电视）传输的作品的现场表演❸，在这些情形下，以扩音器或类似工具在特定空间传播作品的实施者和通过闭路系统

---

❶   WCT 第 8 条"向公众传播的权利"：在不损害《伯尔尼公约》第 11 条第 1 款第 ii 项……的规定的情况下……

❷   WIPO. 保护文学和艺术作品伯尔尼公约（1971 年巴黎文本）指南［M］. 刘波林，译. 北京：中国人民大学出版社，2002：53.

❸   里基森，金斯伯格. 国际版权与邻接权：伯尔尼公约及公约以外的新发展：上卷［M］. 2 版. 郭寿康，刘波林，万勇，等译. 北京：中国人民大学出版社，2016：646.

远距离传输作品的实施者应该是合二为一的，这时候，这样的传播可以仅仅视为一种远距离的公开传播，而没有必要将这样的传播行为用两种不同的权利进行规制。因此，如果按照《著作权法释义》，《著作权法》第 10 条中规定的表演权中的第二句话是来自《伯尔尼公约》第 11 条第 1 款第 ii 项或者说与第 ii 项的含义一致的话，那么，即使《著作权法》没有明确规定著作权人享有有线传播权、网络广播权、网络转播权等非交互式的公开传播权，也可以通过这个名义上的"表演权"来禁止一系列的"向公众传播"行为了——如果传播的对象是作品的表演的话。比如，现在我国流行的通过"抖音"短视频直播对他人音乐作品的翻唱行为，就不是《伯尔尼公约》第 11 条第 1 款第 i 项所规制的公开表演，而是第 ii 项所规制的向公众传播作品的表演。当然，在我国《著作权法》不仅按照《伯尔尼公约》第 11 条之二的要求规定了广播权，也已经按照 WCT 第 8 条的要求规定了规制交互式传播的信息网络传播权之后，起码就无线广播、有线广播或转播广播的作品、点播等行为而言，就无须劳驾这个宽泛的"用各种手段公开播送作品的表演"的权利。

总而言之，我们不应该混淆对作品的公开表演（包括机械表演）和向公众传播作品的表演这两种性质完全不同的行为。如果著作权人已经授权广播电台、电视台广播其作品，这时，在非公开场所或者没有观众参与的场所表演该作品并制作成广播电视节目后播出，即便制作期间存在对作品的表演行为，依然无须受到公开表演权的限制。因为这时候依然没有发生公开表演行为，所发生的只是节目制作完成后的广播行为。这是两种不同的权利所规制的行为。授权他人公开表演（包括机械表演）一个作品，不等于授权他人向公众传播该作品的表演；反过来，授权向公众传播一个作品的表演，也并不等于授权他人公开表演该作品。

综上所述，如同把《伯尔尼公约》第 11 条之二的规定简单地理解为"广播权"是错误的一样，把《伯尔尼公约》第 11 条的规定简单地理解为"表演权"，也是错误的。正是因为我国立法机关在制定

《著作权法》时，似乎没有注意到表演权或广播权中规定的某些权利内容其实与表演或广播行为相去甚远，结果导致权利的名称与权利的内容名不副实，这才会使得大家在对有关权利的理解和解释上存在很多误区。事实上，由于《伯尔尼公约》有关专有权利的规定很多时候是按照不同的作品类型来分别加以规定的，因此，同一个条款规定若干不同的权利，不同的条款却重复规定同一性质的权利的现象比比皆是，不同条款规定的权利之间存在交叉的现象也同样存在。比如，本文讨论的公约第 11 条第 1 款第 ⅱ 项规定的授权以任何手段向公众传播作品的表演的权利，与公约第 11 条之二对广播权及转播权的规定，就有着交叉。我国在确立著作权权利体系时，必须对国际公约中规定的各项权利内容小心加以甄别和协调，而不应该囫囵吞枣地机械搬抄，否则难免会顾此失彼，相互矛盾。

三、《著作权法》中广播权与信息网络传播权的关系

关于广播权与信息网络传播权各自的边界问题，是随着非交互式的"网络广播"的出现而产生的。笔者在 2007 年发表的博文中就认为：著作权人无法依据我国《著作权法》规定的广播权和信息网络传播权对"网播"行为主张著作权，主要原因在于网络广播难以纳入传统的广播权的范围，而我国《著作权法》规定的信息网络传播权又不同于 WCT 规定的向公众传播权，信息网络传播权并不能涵盖全部的网播行为。❶

（一）网络广播（网络电视）的三种类型

随着网络技术的发展，广播电视机构也出现了一种既类似于信息网络传播（突破了广播信号地域覆盖范围的限制），又类似于传统无线或者有线广播电视（非交互式传播）的传播方式，甚至

---

❶ 张伟君. 关于网络广播的一点想法［EB/OL］.（2007 - 07 - 09）. http：//blog. sina. com. cn/s/blog_4da63f41010009j3. html.

可以供听众或观众点播或回看的广播电视节目，即通常所说的网络广播（webcasting）或网络电视。

"网络广播"（主要是网络电视）大致可以包括以下几种情形：

一是网络直播或者网络定时播放，即网络广播组织在预定的时间通过信息网络向公众播出节目（作品）。这是最狭义的网络广播。像传统广播一样，用户在登录后只能在线收听或收看到网络广播组织在这一时刻正在播出的节目，而无法自行选择节目。比如，网络直播、网络视频会议等都可以属于这种形式；更多见的是像 PPLive 网络电视平台中，许多网络广播组织自己编排节目，然后按照节目时间表通过信息网络向公众播送视听节目。

二是网络点播。如果广播电视机构将录制好的视听节目置于其网站中供用户"点播"，用户可以在其选定的时间收看或收听到该节目，不受该节目播出时间的限制。当然，这并不意味着这个节目是可以永久地存储在服务器中供人点播的，也不意味着任何网络用户都可以点播——如果广播电视机构事先对用户收看收听节目设置了相关技术措施的话。

三是网络转播或者网络实时转播。即网络广播组织将传统广播媒体（无线或者有线广播电视台）正在播出的广播节目信号通过信息网络同步向公众传播。比如，电视台网站同时播出它正在播出的节目信号，观众通过网络几乎可以同步收看到按照节目时间表正在播出的节目。这实际上就是传统广播电视在网络上的再现。

那么，网络广播是属于广播权规制的行为，还是属于信息网络传播规制的行为呢？这里，最没有争议的似乎是网络点播，因为它不符合广播的"非交互性"传播的特点，我国知识产权界主流的观点都不认为这是广播权规制的行为；但是，最近的司法判决却有了新的观点（参见下文）。就网络直播和网络转播而言，虽然 2004 年由世界知识产权组织（WIPO）版权及相关权常设委员会主席与秘书处合作编拟的《关于保护广播组织的条约合并案文》也明确将"网络广播"和"其他计算机网络播送"的行为排除在

"（无线）广播"和"有线广播"之外❶，但是我国司法判决和学界对此存在不同看法。以下分别对三种类型的网络广播（网络电视）的法律性质进行分析。

（二）网络点播：广播权与信息网络传播权之争

众所周知，我国《著作权法》规定的信息网络传播权（向公众提供作品，使公众可以在其个人选定的时间和地点获得作品的权利），其实就是在 WCT 以及《世界知识产权组织表演和录音制品条约》（WPPT）中规定的"向公众提供权"，即所谓的"交互式传播"或"点播"的权利。而以网络直播或网络同步转播的方式提供的网络广播，像传统广播一样，用户只能在线收听或收看到网站按照预定节目表在这一时刻正在播出的节目，而无法在其个人选定的时间获得作品，因此，这样的网络广播不能受信息网络传播权的规制。这是已经没有什么争议的了。而以网络点播的方式提供网络电视节目，这样的网络电视则是完全符合信息网络传播权的定义的。这也早就通过司法判例得到了确认，在学界也基本上达成了共识。

在被最高人民法院分列为 2014 年 50 件典型知识产权案例之一的乐视网信息技术（北京）股份有限公司诉中国电信股份有限公司深圳分公司和上海百事通电视传媒有限公司就电视剧《男人帮》引起的著作权侵权纠纷案中，深圳市中级人民法院维持一审判决时认为："上诉人中国电信股份有限公司深圳分公司的 IPTV 客户在机顶盒接入互联网后，通过遥控操作，可在线以点播的方式收看电视剧《男人帮》，该行为属于被上诉人对电视剧《男人帮》所享有的信息网络传播权控制的范围。"❷ 事实上，在该案中，被告对其行为是否属于信息网络传播权规制的行为并没有提出实质性

---

❶ WIPO 版权及相关权常设委员会主席与秘书处合作编拟. 关于保护广播组织的条约合并案文［EB/OL］. （2004－02－29）. http：//www.wipo.int/meetings/zh/doc_details.jsp? doc_id=22786.

❷ 深圳市中级人民法院（2014）深中法知民终字第 328 号民事判决书。

的抗辩理由，这个问题似乎也不是该案的争议焦点，即便被告曾经对二审判决申请再审，其申请再审理由也与此无关。这说明以网络点播方式提供电视节目属于信息网络传播权控制的行为，这个问题其实没有什么可以过多争论的。

意外的是，在西藏乐视网信息技术有限公司诉中国电信股份有限公司杭州分公司侵害作品信息网络传播权纠纷一案中，关于中国电信旗下"杭州IPTV"中的"IPTV回看"模式是否侵犯乐视网对《芈月传》享有的信息网络传播权，原被告各执一词，一方认为该模式是信息网络传播权规制的行为，另一方认为该模式是广播权规制的行为。2019年10月，杭州互联网法院作出一审判决，支持了被告的观点。该法院是这样区分广播权与信息网络传播权的差异的：

"IPTV回看"的实现主要由广电部门接收卫视的频道信号，通过电信的IPTV专用网络定向传输通道，将直播流不加任何删改地进行72小时缓存，自动覆盖、删除，从而实现向局域网内用户提供72小时限时电视节目回看。第一，在提供主体和来源上，"IPTV回看"服务的主体、来源均为广播组织，提供的内容节目台标、编排等都不会改变，"回看"功能播放的信号仅限于相应电视台限定时间内播放的信号。第二，在传播途径上，电信的IPTV专用网络是电信部门利用互联网架设的"专网"（国家广电管理部门明确禁止不得链接公网）明显区别于公开公用的互联网；在受众上，《著作权法》中广播权和信息网络传播权相应规定内容中的"公众"的指向并不相同，信息网络传播是指向广域网环境，而广播权的公众是处于一种范围可控的状态，IPTV用户是利用特定终端并拥有专网访问权限和节目访问权限的特定用户，被告提供作品的对象并非所有的社会公众，仅限于已经相对特定的专网内的用户，其他公众不可能在不安装IPTV专网及终端的任何其选定的地点获得，故"IPTV回看"行为的受众与信息网络传播权中的"公众"范围有所区别。

第三，在时间和地点上，回看点播服务仅能在安装专网终端的电视上、节目播出后72小时内观看。❶

这个判决的亮点：一是以被告的主体身份（广播组织）作为判断其实施的传播行为是否为广播行为的一个考虑因素，似乎隐含着广播组织实施的行为必然就是广播行为之意；二是明确将信息网络传播权规制的传播范围仅限于广域网传播，似乎隐含着信息网络传播不包括局域网传播之意；三是明确否定时间在72小时范围内的信息网络传播构成信息网络传播，似乎构成对一个作品的信息网络传播必须要将该作品在某个服务器上存储相当长时间（起码不能少于72小时）。

但本文认为，上述三个理由似乎都难以成立。如何区分广播权与信息网络传播权规制的行为？首先，不能以传播主体的名称或身份为判断标准（特别是三网❷业务融合的背景下）。广播电视台的传播不一定就是我国《著作权法》中规定的广播行为，如有线广播电视、网络广播电视传播。其次，不能以有线传播方式或无线传播方式为判断标准。我国的广播权就包括有线转播，网络传播权也不在意是有线或无线。最后，不能以传播可达的地域或受众范围为区分标准。广播受无线信号传输范围的限制，有线转播受有线网络设施的限制。网络传播不限于广域网，网络传播也受网络传输设施的限制。网络传播的受众可以少于广播，比如仅限于一个校园、一个企业内部。关键的区分标准是：信息网络传播的方式允许个人在其选定的时间（也并非无期限限制）进行点播；而广播的方式（包括转播）是即时传播，不允许个人在其选定的时间点播或回看。就IPTV回看而言，首先，它不属于我国广播权规制的三项行为之一，既不属于无线传播或（无线）广播他人作品，也不属于（以有线或无线方式，同步）转播广播的作品，更不属于用扩音器或类似工具

❶　杭州互联网法院（2018）浙0192民初4603号民事判决书。
❷　指电信网、广播电视网、互联网。

（大屏幕）传播广播的作品。其次，IPTV 回看既不属于网络直播，也不是网络（同步）转播，但是符合公众在个人选定的时间和地点获得作品的特征，因此，应该属于信息网络传播权规制的行为。

其实，无论如何理解电视台提供 IPTV 回看的行为性质，电视台要经营 IPTV 回看服务都要取得著作权人的授权。这里并不存在有学者所称的一块"多出来的蛋糕"❶，这块"蛋糕"显然是我国《著作权法》已经明确属于权利人享有的，有争议的无非是在著作权许可合同中当事人如何约定授权的权利内容以及如何确定授权的费用而已。本文认为，电视台取得这项授权，不一定非得取得整个"信息网络传播权"的许可，只要通过合同约定取得 IPTV 回看的授权就可以了，但不能以广播权的许可来覆盖这个授权。对于《著作权法》规定的各项权利，在立法含义存在模糊的时候，应该遵循国际公约的本义。我们不能以行业概念去解释法律概念，更不能将行业习惯凌驾于法律规则之上。如果电视台能证明合同双方对合同条款（比如约定授予广播权的含义）确实有不同于法律规则的理解，可以试图说服法官依照意思自治原则解释合同约定，但不能反过来要求法官按照行业概念来解释法律规定。我们也不能把许可合同约定授权不明的责任，完全推给立法和司法。与其抱怨法律规则，不如依照法律规定补充或完善合同条款。

（三）网络直播：广播权与其他权利之争

关于网络定时直播他人作品侵犯了《著作权法》第 10 条规定的著作权人享有的哪项权利，曾经出现过三种不同的观点：侵犯信息网络传播权、侵犯广播权和侵犯其他权利。

笔者以为，如果不考虑网络直播的技术特征，从传播效果来看，它和传统广播并没有什么实质区别。但是，从著作权人享有的排他权的范围是法定的要求来看，我们不能轻易地对传统的广

---

❶　熊文聪：《多出来的蛋糕应该分给谁？——IPTV 限时回看之法理探问》，载于"知产力"公众号（2020 年 2 月 4 日）。

播权作出扩张解释以涵盖网络直播，也不能以信息网络传播权这样一个仅仅限于规制交互式传播的权利去规制网络直播这样的一个非交互传播的行为。首先，广播是通过发射无线电信号的方式来向公众传播作品的，而网络广播则是通过网络传输的方式来向公众传播作品的，显然，狭义的网络广播不同于《伯尔尼公约》规定的无线电广播。我们对《著作权法》的解释应该以《伯尔尼公约》为依据，不能随意对此作出扩大的解释。这个观点也可以从 WIPO 起草保护广播组织的条约中对广播、有线广播以及网播的定义中得到印证。2004 年由 WIPO 版权及相关权常设委员会主席与秘书处合作编拟的《关于保护广播组织的条约合并案文》明确指出："关于广播的定义紧随著作权及相关权条约的传统，即：'广播'的概念仅限于以无线方式、以在空中自由传播的无线电波——无线电波或赫兹波的方式进行的传播。因此，（本合并案文）将'通过计算机网络进行的播送'排除在'广播'之外，清楚地表明，计算机网络播送即使是以无线的方式进行的，也不符合广播的资格"。❶ 总而言之，《伯尔尼公约》第 11 条之二第 1 款第 i 项规定的权利（即我国《著作权法》规定的广播权第一句）不能涵括网络直播行为，因此，著作权人无法依据广播权来对网络直播行为主张权利。其次，《著作权法》第 10 条规定的信息网络传播权是"以有线或者无线方式向公众提供作品，使公众可以在其个人选定的时间和地点获得作品的权利"，虽然这个规定直接来自 1996 年 12 月 20 日通过的 WCT 第 8 条 "向公众传播的权利"（right of communication to the public），但是与 WCT 的规定不同，这并不是一个宽泛的 "授权将其作品以任何有线或无线方式向公众传播" 的权利，而是仅仅限于 "将其作品向公众提供，使公众

---

❶ WIPO 版权及相关权常设委员会主席与秘书处. 关于保护广播组织的条约合并案文 [EB/OL]. (2004 - 02 - 29). http：www. wipo. int/meetings/zh/doc. details. jsp? doc. id=22786.

中的成员在其个人选定的地点和时间可获得这些作品"的"向公众提供权"。信息网络传播突破了广播传播中的广播信号地域覆盖范围的限制,也突破了广播传播中的广播节目播出时间的限制,使得公众可以在个人选定的时间和个人选定的地点获得互联网上所提供的作品。在不受无线信号的传播地域限制这一点上,网络直播是符合信息网络传播的特征的;但是,网络直播又像传统广播一样,用户在登录后,只能在线收听或收看网站按照预定节目表在这一时刻正在播出的节目,而无法自行选择节目。正因为无法使公众在其个人选定的时间获得作品,所以网络直播并不符合我国《著作权法》规定的信息网络传播的特征,著作权人也无法依据信息网络传播权来对网络直播行为主张权利。❶

2008 年 11 月 13 日,在上海市第一中级人民法院召开的"网络著作权纠纷法律适用问题"专题研讨会上,"网络定时传播作品"的行为定性成为讨论主题。虽然大家对于信息网络传播权无法适用于"网络定时传播作品"行为已经没有争议,但如何定性有两种典型的观点,有的倾向于通过扩张解释"广播权"来解决,有的倾向于适用"其他权利"来解决❷。但是,越来越多的业内人士有了共识:对于网络直播行为,目前只能按照《著作权法》第10 条第 17 项的"其他权利"来规制。比如,2009 年 12 月 4 日北京市高级人民法院在安乐影片公司诉北京时越网络技术有限公司、北京悠视互动科技有限公司侵害著作权纠纷案的判决中认为:"悠视网"提供的是对涉案电影作品定时在线播放服务和定时录制服务,网络用户只能在该网站安排的特定时间才能获得特定的内容,而不能在个人选定的时间得到相应的服务,因此,该种网络传播行为不属于信息网络传播权所限定的信息网络传播行为。同时,

❶ 张伟君. 网播:广播、信息网络传播抑或向公众传播?[EB/OL]. (2007 - 07 - 31). http://blog.sina.com.cn/s/blog_4da63f41010009wj.html.

❷ 任明艳. "网络著作权纠纷法律适用问题"研讨会综述 [J]. 中国审判,2008 (12):15 - 17.

因该种行为亦不能由《著作权法》第 10 条第 1 款所明确列举的其他财产权所调整，故一审法院认定其属于《著作权法》第 10 条第 1 款第 17 项"应当由著作权人享有的其他权利"调整的范围是正确的。❶ 从"该种行为亦不能由著作权法第十条第一款所明确列举的其他财产权所调整"的表述来看，显然，该判决否定了网络定时直播的行为可以受"广播权"规制。

总之，由于无法依据《著作权法》规定的广播权和信息网络传播权去规制网络直播的行为，起码立法对此并没有明确规定，因此，这首先应该交由立法机关去作出判断。如果立法机关没有回答，而法院在个案中认为确实需要予以保护的，就只能依据"其他权利"来进行解释。此外，因为我国已经加入 WCT，而 WCT 将向公众传播权延伸到了互联网环境，任何在互联网环境下向公众传播作品的行为都受该权利的规制，包括《伯尔尼公约》规定的广播权、有线播送权所无法涵括的网络广播行为，都可以在 WCT 中得到尊重和保护，所以，我国司法机关在相关案件的裁判中应该遵循 WCT 关于向公众传播权的规定，可以用"其他权利"来涵盖网络直播行为。❷

（四）网络转播：转播权与其他权利之争

如果说网络直播既不是有线广播（communication by wire），也不是无线广播（broadcasting），那么，同样的道理，网络转播既不是对无线广播的再次无线广播（rebroadcasting），也不是像传统有线电视那样的通过电缆传输的有线转播（cable retransmission）。因此，《著作权法》规定的广播权的第二句——对广播的作品的"有线转播权和无线转播权"，都无法规制网络转播行为。

但是，北京市第一中级人民法院在央视国际网络有限公司

❶ 北京市高级人民法院（2009）高民终字第 3034 号民事判决书。
❷ 张伟君. 从网络广播看我国网络传播著作权制度的完善 [J]. 信息网络安全，2009（12）：46-48，90.

（央视公司）与百度、搜狐侵犯著作权纠纷案的判决中认为：鉴于被上诉人百度公司提供网络实时转播的《春晚》数据的"初始传播"为中央电视台的"无线广播"，鉴于对初始传播为"无线广播"的转播（但判决书并没有说该"转播"是有线转播还是无线转播）行为属于广播权的调整范围，故在被上诉人百度公司无证据证明其已获得著作权人许可的情况下，其实施的上述网络实时转播行为构成对上诉人央视公司广播权的侵犯。❶

　　对此判决观点，本文认为：网络同步转播确实非常接近于"以有线传播或者转播的方式向公众传播广播的作品"的含义，如果不考虑《伯尔尼公约》文本对此规定的特定含义，从字面上看，这种解释似乎是可以成立的。但是，2004 年由 WIPO 版权及相关权常设委员会主席与秘书处合作编拟的《关于保护广播组织的条约合并案文》明确将"网播"和"其他计算机网络播送"的行为排除在"无线广播"和"有线广播"之外。因此，网络同步转播广播的作品是否属于广播权规制的范围，不仅仅要考虑其转播的是不是"广播的作品"，还要考虑这个"转播"是属于以有线广播或无线广播方式进行的转播。而计算机网络转播广播的作品，无论是以无线的方式进行的，还是以有线的方式进行的，都不是属于《伯尔尼公约》中规定的"以有线传播或者（无线）转播的方式向公众传播广播的作品"。正如同网络直播不同于有线广播或无线广播一样，网络转播广播的作品，也不同于广播权中的"有线传播"或"无线转播"广播的作品。首先，网络转播既不一定是无线的方式，也不一定是有线的方式；而是既有有线方式，也有无线方式。其次，更为关键的是，网络转播和网络直播一样，其传播的范围可能大大超越了传统的无线广播以及有线电视，不再受无线信号覆盖范围和有线电缆覆盖范围的限制。因此，如果把网络转播视同为传统的广播电视转播，会导致著作权人授予他人

---

❶　北京市第一中级人民法院（2013）一中民终字第 3142 号民事判决书。

有线或无线转播权就等同于授予其网络转播权，在很多时候这是不符合著作权人的本意的，这样解释授权的范围恐怕对著作权人是有失公允的。❶

王迁教授在 2014 年发表的《论我国〈著作权法〉中的"转播"》一文中，也以上述案件为例，分析了《著作权法》"广播权"定义中的"有线传播或者转播"是否包括互联网转播的问题。他认为网络转播可以构成有线传播广播的作品（即有线转播）。该文特别提到：学界也有种观点，认为网络转播不构成"有线传播广播的作品"，并不侵犯"广播权"。从引注来看，这是指笔者在博文《网络实时转播广播的作品侵犯了著作权人的广播权吗?》中阐述的观点。王迁教授认为笔者的"这一观点不能成立"。他认为，无论《伯尔尼公约》中"有线"（wire）能否涵盖所有通过线路转播的行为，但从《伯尔尼公约》之后缔结的国际条约的规定和《著作权法》的逻辑结构可以推出：《著作权法》有关"广播权"规定中的"有线"应被理解为包括互联网在内的任何线路。❷

仔细阅读王迁教授文中有关"《伯尔尼公约》之后缔结的国际条约的规定和《著作权法》的逻辑结构"的论证，笔者大致将其论证思路归纳如下：(1) WCT 第 8 条（向公众传播权）中的"有线或无线方式"无疑是包括互联网的。WCT 的"基础提案"（即附带说明的条约草案）强调："向公众传播"作品使用的技术可能是模拟技术，也可能是数字技术；其可以基于电磁波，也可以基于制导光束。(2) WCT 是《伯尔尼公约》在新技术条件下的延伸，对于《伯尔尼公约》没有规定的传播权，如规制直接通过有线方式传播作品的权利等，缔约方应当根据 WCT 第 8 条的规定提供保护。我国已于 2006 年批准加入 WCT，有义务对传播权提供

❶ 张伟君. 网络实时转播广播的作品侵犯了著作权人的广播权吗？［EB/OL］. (2013 - 09 - 23). http: //blog. sina. com. cn/s/blog_4da63f410101f8yd. html.

❷ 王迁. 论我国《著作权法》中的"转播"［J］. 法学家，2014 (5)：125 - 136.

WCT第8条要求的保护水平。这就意味着通过互联网转播载有作品的广播信号，应当受到我国《著作权法》的规制。（3）在《著作权法》第10条明文列举的各项权利之中，只有"广播权"中的"以有线传播……的方式向公众传播广播的作品"有可能适用于这一行为。虽然该表述直接来源于《伯尔尼公约》，但我国作为WCT的缔约方完全可以根据WCT重新对"广播权"的定义进行合理解释，以履行全面保护传播权的国际义务。（4）"广播权"和"信息网络传播权"都出现在《著作权法》第10条，因此两项规定中的"有线"应当具有相同的含义，这是保持《著作权法》逻辑统一的基本要求。既然后者的"有线"包括互联网，前者的"有线"就不可能不包括互联网。笔者对王迁教授上述论证中的很多事实和观点都是认同的；但是，就其分析的逻辑和结论而言，仍有可商榷之处。

首先，不同于上述北京市第一中级人民法院判决中将网络转播视为广播权中的"转播"，王迁老师也认为，广播权中的"转播"其实是"无线转播广播的作品"，而网络转播不属于这个无线方式的转播——这一点我们没有分歧；但是，他认为网络转播是属于广播权中的"有线传播广播的作品"——这是我们的分歧之处。正如王迁教授所言，"向公众传播"作品使用的技术可能是模拟技术也可能是数字技术，其可以基于电磁波，也可以基于制导光束。也就是说，网络传播不仅仅是通过有线方式传播，也有可能是通过无线方式传播。既然如此，网络转播也不仅仅是通过有线方式转播，也有可能是通过无线方式转播。那么，既然无线方式转播广播的作品不适用于网络转播，为何有线方式的转播可以适用于网络转播呢？反过来说，既然网络转播不仅仅是有线方式的转播，又为何只能按"有线传播广播的作品"的规则来处理呢？因此，无论是按有线转播规则，还是按无线转播规则来分析网络转播，都是片面的。

其次，笔者完全同意，WCT规定的"向公众传播权"不仅仅限于《伯尔尼公约》没有规定的规制交互式传播的信息网络传播权（其实质是向公众提供权），连《伯尔尼公约》没有规定的其余非交互式的传播权——如有线广播权、网络广播权、网络转播权等，也都可以涵盖在其中。我国作为 WCT 的批准国，确实有义务或者应当对传播权提供 WCT 第 8 条要求的保护水平。笔者也向来认为网络转播广播的作品应当受到我国《著作权法》的规制。但是，这并不能推出《著作权法》规定的各项"有名"的财产权已经可以全部涵盖 WCT 规定的"向公众传播权"的内容。恰恰相反，有的时候，我们不得不寻求兜底的"其他权利"来解决问题，比如，对于有线广播行为，再如，对于非交互性质的网络广播（直播）行为，都不得不寻求其他权利的救济，而无法从现有的广播权或者信息网络传播权中去进行"扩张"解释。如前所述，笔者也认同：如果不考虑《伯尔尼公约》文本有关广播权以及转播权规定的特定含义，从字面上看，网络同步转播似乎非常接近于"以有线传播或者转播的方式向公众传播广播的作品"的含义，因为它们都是非交互式的传播方式。但是，这并不意味着 WCT 的"向公众传播权"中所内含的所有非交互式传播（比如有线广播、网络广播）都可以在《伯尔尼公约》有关广播权以及转播权的规定中得到扩张解释。因此，《著作权法》规定的"广播权"中的"以有线传播方式向公众传播广播的作品"最多只是"有可能"（这也是王迁教授的原话）适用于"网络转播"。但是，我们并不必然应该根据 WCT 的"向公众传播权"定义来对《伯尔尼公约》中"广播权"的定义进行所谓的"合理"解释——因为这样的解释并不合理，这也是我难以同意王迁教授的观点的地方。

再次，虽然我国作为 WCT 的缔约方应该履行全面保护向公众传播权的国际义务，但是这并不意味着我们必须通过扩张解释"广播权"来履行这个义务。事实上，因为有其他权利的存在，实践中，我们往往是通过其他权利来进行"扩张"解释的——如有线广播和网络广播。因此，对于网络转播，我们同样也可以用其他权利来扩张解释，以履行 WCT 的义务。这并没有什么不妥之处。相反，如果我们把网络转播（无线）广播的作品解释成为"有线传播广播的作品"或者"（无线）转播广播的作品"，即用广播权来解决问题，而当网络转播有线广播的作品的时候，则又不得不回到其他权利，或者当网络转播网络直播的作品的时候，也不得不又回到其他权利来解决。❶这样一来，被告同样都是实施了"网络转播"行为，法院却有的时候得按"广播权"解决，有的时候又得按"其他权利"解决，岂不混乱？

最后，至于说《著作权法》应保持逻辑统一，"有线"应当具有相同的含义，这当然也确实应该如此。那么，把"网络转播广播的作品"解释为"有线转播"，是否就会在《著作权法》中达成逻辑统一了呢？也未必。根据《著作权法》第 45 条的规定，广播电台、电视台有权禁止未经其许可将其播放的广播、电视转播。根据全国人大常委会法工委对该条款的释义：转播不仅指无线方式，也包括有线方式。❷而广播组织享有的"转播权"（包括有线转播权）显然是难以涵盖网络转播的，因此，如果著作权人享有的"有线转播权"可以涵盖网络转播，那么"有线转播"的意思在我国《著作权法》中岂不是又不一样了？

综上，将"网络转播广播的作品"解释为"有线转播"并不是一个很好的办法或思路。司法实践中，我国一些法院也拒绝了这样的解释。比如，2020 年 4 月上海市浦东新区人民法院在原告央视国际网络有限公司诉被告上海聚力传媒技术有限公司著作权侵权纠纷案的判决中就认为："有线转播"仅限于将无线广播信号

---

❶ 苏志甫. 从著作权法适用的角度谈对网络实时转播行为的规制 [J]. 知识产权，2016（8）：29 - 35. 该文认为：对于网络直播视听节目的实时转播，无法纳入广播权的调整范围，而应适用其他权利条款进行调整。

❷ 胡康生. 中华人民共和国著作权法释义 [M]. 北京：法律出版社，2002：186.

通过有线电缆传送给特定区域的受众，并不包含互联网转播。❶

四、结论和建议

通过以上分析，我们可以发现，《著作权法》关于表演权、广播权和信息网络传播权的规定，主要存在两个方面的问题：一方面，这些权利依然难以涵盖任何以有线或无线方式向公众传播作品的行为，比如有线传播、网络定时播放和实时转播等；另一方面，这些权利的具体内容之间存在边界不清甚至交叉的问题，尤其是未能清晰地划分表演权和向公众传播权的界限，以至于在理论界和实务界对于这些著作权权利内容的解释存在很多混乱和争议。对于前一个问题，《著作权法》正在进行的修改中试图通过对"广播权"的改造，使得其能涵盖所有的"非交互式传播"

---

❶ 上海市浦东新区人民法院（2017）沪 0115 民初 88829 号民事判决书。该判决指出：要解决网络实时转播是否属于广播权规制范围的问题，首先要判断"网络实时转播"是否属于"无线或有线转播"。对此，上海市浦东新区人民法院认为，我国的广播权规定来源于《伯尔尼公约》，《伯尔尼公约》项下对广播节目的转播权包含"无线和有线转播"，但此时互联网技术尚未诞生，故此处的"有线转播"仅限于将无线广播信号通过有线电缆传送给特定区域的受众，并不包含互联网转播。尽管广播权的内涵和外延存在法律解释的空间，但这种解释应当尊重既有的产业格局，不宜破坏现有的利益平衡。故对我国《著作权法》关于广播权的解释仍应遵循《伯尔尼公约》以来的历史传统和定义，即不包含互联网直播。随着技术的发展，特别是互联网技术的出现，《世界知识产权组织版权条约》（WCT）应运而生。WCT 第 8 条规定了"向公众传播权"，《WCT 草案说明》的解释是："以有线或无线方式向公众传播"是指通过发行以外的各种方法和形式向公众提供作品，它既可以通过模拟技术，也可以通过数字技术，既可以基于电磁波，也可以借助光缆传输得以实现。此条弥补了《伯尔尼公约》的不足，"向公众传播权"的范围包括了任何非交互式和交互式传播方式，互联网实时转播当然亦包括在内。由于我国于 2006 年批准加入 WCT，因此通过互联网实时转播的方式应当受到我国《著作权法》的调整。但我国《著作权法》仅仅是规定了属于交互式传播的信息网络传播权，并未规定"向公众传播权"，因此，基于现行《著作权法》规定，该院认为被告未经原告许可，在其经营的网站"PPTV 聚力"（www.pptv.com）的实时直播涉案赛事节目的行为既不属于广播权规制的行为，也不属于信息网络传播权规制的行为，而是侵害了原告对涉案足球赛事节目"应当由著作权人享有的其他权利"。

行为；但是，对于后一个问题，目前似乎关注不多，也束手无措。

笔者建议，为了更好地理顺著作权法中有关"无形传播"性质的权利之间的区分逻辑，可以借鉴《伯尔尼公约》第11条第1款第 i 项规定的公开表演权和 WCT 规定的向公众传播权的规定，在保持我国《著作权法》第10条规定的各项权利内容基本不变的前提下，对著作权人享有的表演权、广播权和信息网络传播权的各项内容进行重组，将这些权利内容依据不同的性质整合为两大权利：公开表演权和公开传播权。其中：

公开表演权，是指任何公开表演作品的权利，包括通过放映机、幻灯机等技术设备或其他各种手段或方法公开再现作品，以及通过扩音器或者其他传送符号、声音、图像的类似工具公开再现他人公开传播的作品的权利。这是整合了现有的表演权、放映权（以及机械表演权）和广播权中的第三句（扩音器转播），并将扩音器转播的对象扩大到任何他人公开传播的作品，而不限于广播的作品。

公开传播权，是指任何以有线或者无线方式向公众传播作品的权利，包括向公众提供作品，使公众可以在其个人选定的时间和地点获得作品；以广播或其他无线方式公开传播作品；以有线或无线方式向公众转播他人公开传播的作品，以及用各种手段公开传播作品的表演的权利。这是整合了现有的信息网络传播权、广播以及无线传播权、有线或无线转播权以及公开播送作品的表演的权利，并以"伞形"的"任何以有线或者无线方式向公众传播作品的权利"涵盖现行法所没有列举的有线广播、网络广播等行为。

这样修改的目的，既可以从逻辑上厘清公开表演权和公开传播权的区别，以公开表演权规制特定空间的传播，以公开传播权控制远距离传播；又和国际规则的相关规定相对接，切实履行我国加入的著作权国际条约的义务，不至于发生权利人维权的时候

"无权可依"的困惑；还可以将现有复杂的权利内容整合为简单的两种权利，但依然通过列举的方式将现有的权利内容完全保留在两种权利框架中，可以使法律规则在修改后保持前后延续性，不至于造成业内对相关权利理解上的困难和脱节。

音乐作品抄袭侵权判定规则研究

褚瑞琪 *

近年来，随着文创产业的复苏，一些新的音乐形态受到公众的广泛关注，音乐作品抄袭行为也渐渐浮出水面成为关注的焦点。我国歌手陈奕迅新歌《可一可再》被指抄袭韩国歌手尹钟信 2013 年作品《From January to June》，蔡健雅歌曲《半途》涉嫌抄袭 Taylor Swift 的《Safe and Sound》，《小时代》电影主题曲《时间煮雨》被指抄袭日本歌手一青窈的单曲《等一个晴天》，国内知名说唱歌手徐真真的成名曲《当妮走了》被指抄袭日本歌手的原创作品《Last Song》；说唱歌手 MC Hotdog 创作的《轻熟女 27》被指大面积截取、改编邓丽君的《我只在乎你》。类似涉嫌抄袭他人音乐作品的指控还有很多。

从著作权法的角度来看，音乐作品、美术作品等艺术审美性相对较高的作品类型在著作权法保护规则方面与一般类型的文学艺术作品有一定的区别。究其原因，一是从音乐作品的创作特点上来看，其传达的思想和外在表达形式结合得较为紧密。二是从音乐作品本身来看，其包含的构成要素较多。从微观来看，包括调式、音符、音阶、音程、和弦、节奏、节拍、力度、速度等；从宏观来讲，一部音乐作品通常包括旋律、和声、编曲、段落格式等，旋律又包括声乐旋律和器乐旋律。由于音乐作品本身包含的因素多，作品的独创性判断所需要考虑的因素就多，作品的使

---

* 作者简介：褚瑞琪，中国人民大学党委巡察工作领导小组办公室干部。

用行为的形式就更多样。例如，有些对作品的改编是曲风类似，旋律不同；有些是原样抄袭少量音节或歌词；有些是抄袭部分词曲，变换曲风；有些是整曲几近复制；还有是利用现代技术进行采样混搭。三是从音乐作品抄袭侵权的规制方式来看，法院在判断侵权时需要考虑的因素较为杂乱，无统一标准。四是在判断是否适用权利的限制与例外时，由于大部分对音乐作品的抄袭、改编行为很难认定为介绍、评论和说明性质的使用行为，因此上述行为虽属于"权利的限制"类型，却不能完整适用我国现行《著作权法》第 22 条第 2 款予以调整。有鉴于此，本文以思想/表达二分法为标尺，以区分音乐作品的"思想"和"表达"为出发点，探究音乐作品抄袭行为的侵权判定规则及例外情形的适用原则。

一、思想/表达二分法视域下的音乐作品

（一）思想与表达的划分

关于思想与表达的划分方法，各国著作权法并未明确规定，允许在司法实践中加以总结运用。在学术理论界和司法实务界主要概括出三种主流观点：金字塔式抽象概括法、目的与功能测试法和三步审查法。金字塔式抽象概括法是对美国判例中确立的"摘要层次法"的推广运用。该方法是美国法官 Learned Hand 在审理 Nichols 案❶的过程中总结提出的：通过不断剥离作品中的个性影响因素，剩下具有普适性的模式就是思想，被剥离的个性化内容就是表达。其目的是找到思想与表达区分的临界点。在庄羽诉郭敬明案❷以及琼瑶诉于正案❸中，法院在区分思想与表达时就

---

❶　Nichols v. Universal Pictures Corporation，34F．2d 145（S. D. N. Y. 1929），aff'd，45 F．2d 119（2d Cir.），cert. denied，282 U. SS 902（1930）.

❷　参见北京市高级人民法院（2005）高民终字第 539 号民事判决书。

❸　参见北京市第三中级人民法院（2014）三中初字第 07916 号民事判决书；北京市高级人民法院（2015）高民（知）终字第 1039 号民事判决书。

在一定程度上运用了金字塔式抽象概括法。但实际上，要准确划定思想与表达之间的界限是十分困难的，并没有统一的标准，需要就个案进行分析，甚至 Hand 法官自己在判决中也曾说过一句略显悲观的话："思想与表达之间的界限没人曾经找到，也没人能够找得到。"目的与功能测试法则是 Edward R. Becker 法官在Whelan v. Jaslow 案❶中提出的。Becker 法官认为，实用性作品（包括计算机程序）的目的或功能是作品的思想（idea），而与其目的和功能的实现有关的所有其他因素则都是思想的表述（expression of the idea）。因此，计算机程序的结构、逻辑以及流程都是版权法保护的对象，除非该程序的结构、逻辑及流程中所含的各种因素都是程序之目的的实现所必不可少的。该方法只能在实用性作品的划分中使用，且在一定程度上扩大了著作权的保护范围。三步审查法则是美国第二巡回上诉法院的 Walker 法官在 Altai 案❷基础上确立的新的判断原则：第一步是抽象，将作品中包含的各个部分逐层划分，之后运用抽象概括法逐层抽象出各个部分各个层级的"思想观念"；第二步是过滤，运用逐级过滤法从受保护的"表达"中过滤出不受保护的"思想"，把外部因素和公共领域的因素尽数排除；第三步是比较，即将原作和新作剩余之"表达"部分进行比对，判定侵权与否。该方法的优点是通过抽象和过滤的过程，在最大程度上消除了思想与表达分界的模糊区。

此外，和思想与表达划分相关的另外两个理论是"合并理论"和"情景理论"。合并理论是指当思想观念与表达密不可分的时候，或者说当某种思想观念只有一种或有限的几种表达时，则著作权法不仅不保护思想观念，也不保护表达。该理论是在 1967 年

❶ Whelan Associations v. Jaslow Dental Laboratory, 797 F. 2d 1222 (3d Cir. 1986).

❷ Computer Associates International, Inc. v. Altai, Inc., 982F. 2d 693 (2d Cir. 1992).

美国的 Morrissey 案❶中确立的，主要适用于功能性和事实性的作品，如竞赛规则、游戏规则等。情景理论是在美国 1976 年的 Reyher 案❷中运用的，主要适用于文学作品，是指文学作品中的某些要素，如事件、人物的特性和背景等，如果是特定主题或思想观念的必然派生物，或者是作者在处理同一主题时必不可免地会使用的类似要素，不受著作权法保护。

（二）音乐作品中的思想与表达

美国斯坦福大学法学院的 Paul Goldstein 教授将著作权法上的作品中所体现的思想大致分为以下几个类别：启发性概念（animating concept）、基本创作要素（building blocks）和解决方案（solution）。❸所谓基本创作要素因作品的类型不同而有所不同。对于文学作品而言，这种不受保护的基本创作要素包括作品的主题、抽象情节、常见角色和布景等，以及少量词语的结合单元（比如普通作品的标题）等。对于音乐作品，其节奏、音符、和声等不受保护。因此，本文认为和弦、编曲、乐器、伴奏、节奏等均属于音乐作品的基本创作要素，属于音乐作品的思想而非表达，不受著作权法保护。实际上，在音乐作品创作的过程中，旋律也经常成为节奏的素材，截取使用后原有的旋律未必传达原始的意义，原有的表达已经不再是相同的表现形式而成为新的表达，甚至也不再是相同的思想感情。法院在判断该类型的音乐作品是否构成实质性相似时，可以运用思想与表达二分原则，在区分音乐作品的思想与表达时可以灵活运用三步审查法和金字塔式抽象概括法。

---

❶　Morrissey v. Proctor & Gamble co. , 379 F. 2d 675，154 USPQ 193（1st Cir. 1967）.

❷　Reyher v. Children's Television Workshop，533 F. 2d 87，190 USPQ 387（2d Cir. 1976）.

❸　GOLDSTEIN P. Copyright ［M］. 2nd ed. New York：Aspen Law & Business，1999：§ 2. 2. 2，2：27 - 2：28.

三步审查法运用在音乐作品领域时最关键的步骤是第二步——过滤，将原曲不受著作权法保护的成分予以滤除，滤除的部分包括音乐作品创作的基本素材以及属于公共领域的部分。音乐作品创作的基本素材即 Paul Goldstein 教授所指的基本创作要素，包括音阶、琶音、装饰音、分解和弦、基础和声、曲式、调式等，因为都是约定俗成的音乐素材，不具原创性，所以不受著作权法保护；而公共领域包含的部分包括已经超过著作权保护年限的古典音乐、传统民谣以及音乐的必要场景。举例说明，三和弦是音乐的基础思想之一，将三和弦的根音、三音与五音分解而进行的音乐创作不具备独创性；巴哈的 C 大调前奏曲或是莫扎特 C 大调奏鸣曲中的 Alberti 低音（C－G－E－G－C－G－E－G 音），也欠缺独创性且形成了音乐作品创作过程中的必要场景，因而不受著作权法保护，这也是情景理论在音乐作品领域的适用。而抽象概括法是将音乐作品中包含的个性化影响因素逐渐抽离，当越来越多的影响因素被抽离，会有普遍性越高的模式出现，而该模式可以普遍套用于其他任何音乐作品。影响因素逐渐抽离到最后，可能只剩下该乐曲最为普遍性的描述（主题）或者乐曲的名称，法院应就音乐作品结构、作曲手法、乐曲形式、创作素材、和声进行的规则、乐器配置、音乐走向等找出抽象的规律，再针对作品间细微的不同加以比较；如果仅是骨架、架构相同，但以不同的表达方式呈现骨架外的血肉，即不构成抄袭侵权。

二、音乐作品抄袭侵权的判定

（一）现有判定标准

关于音乐作品抄袭行为的判定标准，理论界与实务界都存在不同的认识。争议较大的主要有以下几个理论原则："八小节雷同"原则、"主和弦相同或近似"原则、"整体感觉"原则、"高度相似性"原则以及"实质性相似"原则。

"八小节雷同"原则是音乐业界认定音乐作品抄袭的经验性原

则，但是究其源头和出处却无从查找。该原则具体是指两部音乐作品有八个小节的内容相同或相似即可认定构成抄袭。但实际上，该原则之所以引起争议是因为其判断体系并不足够细致和科学，不足以成为一项具有法学理论依据的侵权判断标准。首先，"八个小节"仅仅是对于侵权方式的量的规定，对于"雷同"的判断并没有合理可依的统一评价体系，对质的规定更无从谈起；其次，"八个小节"在具体歌曲的相似性判断中是"连续"的还是"断续"的抑或是"分散"的，也没有作出具体的表述，而且"八小节"的规定也过于绝对从而不具有普适性。现代歌曲的类型多样，曲风千变万化，歌曲长短不一，八个小节在仅有 40 小节的歌曲和100 小节的歌曲中的占比和重要性是当然不同的。也正是该原则的不确定性和不科学性，导致其实际上在司法实务领域存在适用的难度和误区。比如，在《月亮之上》案❶中，法院即没有使用"八小节雷同"原则，而是根据具体案情判定《月亮之上》间奏中有六个小节构成抄袭，并据此认定被告构成侵权。"八小节雷同"原则在音乐作品抄袭判定标准上有一定的借鉴意义，与下文将详述的"微量使用"原则类似，但是由于其"一刀切"的规定方式不具有可操作性，因此难以运用到司法实务中。

　　"主和弦相同或近似"原则即通过主和弦的相同和相似程度来判断音乐作品的抄袭。实际上该原则适用起来也非常困难。歌曲常用的主和弦有 C、G/B、Am、Em/G、F、C/E、Dm、G，再加上创作者对"下行低音"的偏爱，很难保证在创作过程中与其他歌曲主和弦不发生重合或相似。举例来讲，周杰伦创作的《千里之外》与伍思凯创作的《分享》、陶喆创作的《一念之间》主和弦非常相似，完全可以套唱；张暄祺创作的《如果可能》与 ALin 创作的《给我一个理由忘记》主和弦也非常类似，如果在播放《如果可能》的同时，借其伴奏及和弦演唱《给我一个理由忘记》，也

---

❶　参见北京市第一中级人民法院（2008）一中民终字第 5194 号民事判决书。

可以相容。但上述歌曲之间均不存在抄袭的现象。可见，主和弦相似并不必然存在抄袭，用"主和弦相同或近似"原则判断音乐作品抄袭不符合音乐理论，更不符合法学理论。

"整体感觉"原则首次提出是在太阳神广告歌案的专家鉴定意见中，其理由四即是认为雪碧广告歌与太阳神广告歌"两首作品听觉感觉雷同"。❶ 实际上，这一案例体现的"整体感觉"原则与美国第九巡回上诉法院确立的区分作品思想与表达的方法——整体概念与感觉检验法（the total concept and feel test）有相似之处。该方法首次被运用是在 1970 年的 Arnstein 案❷中，后来在 Roth Greeting Card 案❸中得以发展。其将音乐作品整体给人带来的意境与感觉也归入著作权法保护的"表达"的范畴。不同的是整体概念与感觉检验法是以普通公众为判断主体，而"整体感觉"原则是以专家为判断主体，认为被诉侵权作品如果产生了相同的意境即认定侵权。该测试方法实际上是"内部与外部分析法"在音乐作品领域的尝试运用，具体适用规则将在后文详述。❹

"高度相似性"原则是日本法院通过判例确立的规则，后在各类作品侵权判定中被广泛适用。日本法院确立的"高度相似性"原则是对"实质性相似＋接触"原则中"实质性相似"原则的发展，对作品相似性判断提出了更高的标准和要求。具体到对音乐作品抄袭的侵权判定上，主要从微观的歌曲旋律、和声、节奏和宏观的歌曲形式两个方面判定，必须在微观和宏观上都不相

---

❶ 北京市高级人民法院（2000）高知初字第 19 号民事判决书。
❷ Arnstein v. Porter 154. F. 2d 464, 468 (2d Cir. 1946).
❸ Roth Greeting Card v. United Card Co. 429 F. 2d 1106, 1110 (9th Cir. 1970).
❹ 鉴于音乐作品对公众认识的依赖性较强，公众的认识和感受直接影响了其创作和传播，本文认为，判断音乐作品是否构成"实质性相似"的判断主体应当是普通理性人，专家及鉴定机构的意见可以作为参考。

似才不构成抄袭侵权。❶ 基于"高度相似性"原则，需先将作品进行拆分，逐个元素进行比对，再将元素合成段落、篇章进行整体比对。该原则实际上在法律适用阶段为法院判定侵权设置了很大的难度，也在很大程度上提高了构成抄袭的门槛。概言之，"高度相似性"原则会助长侵权之风，不利于原创词曲者的著作权保护。

"实质性相似"原则在各类作品的著作权侵权判定中被广泛适用，在著作权侵权判定中有举足轻重的作用。本文认为，音乐作品的抄袭侵权判定规则也应当围绕"实质性相似"原则展开，适时结合"思想/表达二分法"进行判断。

（二）"实质性相似"原则的适用

"实质性相似"原则在判断音乐作品抄袭领域适用的重点在于判断主体及判断方法的确定。

目前，在实质性相似判断主体上有两种标准，即"普通观察者标准"和"内部与外部判断标准"。正如上文提及的，"普通观察者标准"是在 Arnstein 案❷的判决中提出的，法院认为在进行音乐作品的相似性判断时，应当以正常普通人（the ordinary lay person）对整个作品的印象和感觉为决定性要素。此后，该标准在视觉和听觉艺术类作品侵权案件中得以运用。例如，在 Steinberg v. Columbia Pictures Industries 案❸中就以普通观察者（average lay observer standard）的标准对原告的杂志封面和被告的电影海报是否近似作出判断。随后，在该标准之上，法院又通过 Sid &

---

❶ 半田正夫，纹谷畅男. 著作权法 50 讲［M］. 魏启学，译. 北京：法律出版社，1990：101.

❷ Arnstein v. Porter 154. F. 2d 464，473（2d Cir. N. Y. 1946）.

❸ Steinberg v. Columbia Pictures Industries, Inc.，663 F. Supp. 706（S. D. N. Y 1987）.

Marty Krofft 案❶确立了"内部与外部分析法"。美国第九巡回上诉法院在分离原被告作品的思想和表达以及认定相似性时认为：在比较两作品"思想"的相似性时，应当采用外部分析法（extrinsic test），即采用专家证言的方式进行比较分析；而在比较两作品的"表达方式"是否构成相似时，应采用内部分析法（intrinsic test），即采用正常普通人的标准进行判断。法官在该案中最终采用内部分析法作出判决，认为被告的广告宣传片侵犯了原告儿童电视剧的版权。上述案件中所涉及的判断主体都是字面意义上的"没有经验的"（lay）"普通"（ordinary/average）公众，这也与美国版权法上独创性判断的"汗水理论"相适应。在 1991年 Feist 案❷之后，美国法院在独创性的判断上否定了要求较低的"汗水理论"，转而确立"最低限度的创造性标准"，即作者的独创再加上一点点创造性。❸ 这一转变在美国版权法上具有里程碑的意义，相应的判断独创性的主体标准也发生了变化。例如，在 Harold Lloyd Crop. v. Witwer 案中法官就否定了"没有经验的""普通"公众的作用，认为该判断主体应当具有一定的知识和能力。❹

因此，本文认为，判断作品实质性相似的主体应当是"普通受众"而非"普通公众"，其区别在于普通受众具备一定领域的模糊概括的"一般知识和能力"（generic knowledge and competent），获得了相关领域的认知印象，而并非具有专业知识和创作技巧的作者或者专家，这个概念更类似于专利法上的"本领域普通技术

---

❶ Sid & Marty Krofft Television Productions, Inc. v. McDonald's Crop., 562 F. 2d 1157 (9th Cir. 1977).

❷ Feist Publications, Inc. v. Rural Telephone Service Co., Inc., 499 U. S. 340, 18USPQ 2d 1275 (1991).

❸ 李明德. 美国知识产权法 [M]. 北京：法律出版社，2014：250.

❹ ROTSTEIN R H. Beyond metaphor: copyright infringement and the fiction of the work [J]. Chicago-Kent Law Review, 1993, 68 (2): 725, 781.

人员"。我国司法实践中也有适用"普通受众"作为实质相似性判断主体的案例。❶ 本文认为,结合美国判例法中的相关认定方法,在视觉和听觉类艺术作品的侵权判断中,宜将"普通受众"作为实质性相似的判断主体。在音乐作品抄袭侵权判断中,"普通受众"即对音乐有一般的认知印象的听众,并非必须具备乐谱和乐理知识。吴伟光教授也认同该观点。他认为在判断作品是否具有独创性而受著作权法保护时,判断主体应该以相关知识和经济负担能力为依据而不是一般的普通公众。❷

在音乐作品抄袭侵权的案件中,大部分的抄袭或剽窃属于"局部逐字相似"(fragmented literal similarity)。❸ 以下通过假设的方式详细介绍在局部逐字侵权情况下实质性相似的判断方法。假设原被告音乐作品包含若干相同的曲谱或歌词片段 M_1、M_2、M_3……M_n。它们经过"过滤"已经确定是具有独创性的表达。第一步要求在原被告音乐作品的不同"语境"中考察每个 M_n 所传递的"信息"、表现的"意义"依照"普通受众"的一般知识和能力。如果 M_i 在原被告音乐作品的两种语境下传递基本相同的

---

❶ 例如,北京九歌泰来影视文化有限责任公司与中国人民解放军总政治部话剧团等侵犯著作权纠纷案〔北京市第一中级人民法院(2002)一中民初字第 8534 号〕,李鹏诉石钟山、作家出版社侵犯著作权纠纷上诉案〔北京市第二中级人民法院(2008)二中民终字第 02232 号〕,琼瑶诉于正等侵害著作权纠纷案〔北京市第三中级人民法院(2014)三中民初字第 07916 号〕。

❷ 吴伟光. 信息、制度与产权:信息社会与制度规治〔M〕. 北京:法律出版社,2015:71.

❸ NIMMER M B, NIMMER D. Nimmer on Copyright〔M〕. New York:LEXIS Pub., 2000:13 - 46. 所谓局部逐字相似是指原被告作品虽非全面性近似,但是一行、一段或一部分仍然逐字相同,也即原告作品的基本内容、轮廓或结构虽未被抄袭,只剽窃其作品中一行、一段、一章节或一部分。所谓全面非逐字相似(Comprehensive Non-literal Similarity)是指相似处并非一行、一段或一部分,而是作品整体基础性的本质与结构的相似。局部逐字相似与全面非逐字相似是否构成实质性相似,其关键在于近似部分是否为原告作品的实质部分(Substantial Portion),而与该近似部分在被告作品中的相对价值或重要性无关。而且即使近似部分相对于原告作品全部在数量上非常微小,但是如果在质的方面具有重要性时,仍可适度地被认为实质性相似。

"信息"，表现基本相同的"意义"，则 M_i 在原被告作品中构成"实质性相似的表达"。第二步是在此基础之上，从"质"和"量"两个维度考察所有 M_i 累积效果"相对于原告作品整体而言"是否达到著作权法可责的"相似性程度"。该程度取决于 M_i 的表达相似度、独创性高度和作品表达的外部限制条件，需要结合个案加以分析。如果 M_i 的表达相似度高，独创性强，创作空间大，那么 M_i 总体即便在原告音乐作品中的占比不大，也可以构成"实质性相似"。

本文认为，在音乐作品抄袭侵权领域，实质性相似判断方法需要综合运用"普通受众标准""三步审查法"和"局部逐字近似理论"。这也是由音乐作品的特点决定的。正如加拿大法官Ashburry所述："音乐作品的侵权判断不是简单的音符之间的对比，而是由耳朵和眼睛决定的。"[1]在音乐作品抄袭构成实质性相似判断中，第一步采取"普通受众标准"：如果两部音乐作品普通受众听起来并不实质性相似，通常可以作出不构成著作权侵权的结论；如果普通受众听起来实质性相似，则不能断然认为被告作品构成对原告作品的抄袭，因为这些听起来的相似可能是由不受著作权法保护的要素引起的，此时需要进入第二步。在第二步中，需要结合"三步审查法"中的"过滤"和"比较"将音乐作品中的"思想"与"表达"分离，将不属于著作权法保护的曲风、和弦、节奏加以滤除，然后根据个案情况，适用"局部逐字近似理论"对音乐作品的曲谱进行比对，在比对时要结合个案对实质性相似的"质"和"量"进行综合考量，最终得出是否构成抄袭侵权的结论。需要注意的是，在进行"过滤"步骤时，不是要将表达从它所在的语境和背景中分离出来，而只是通过"普通受众"的视

---

[1] Austin v. Columbia Gramophone Co., Ltd. (1917 - 1923) Macg. Cop. Cas. 398. 转引自：杨士虎. 中国加拿大知识产权法比较研究 [M]. 北京：中国社会科学出版社，2010：279.

角，从"观念上"过滤掉不受著作权法保护的表达，使得"独创性"表达从它的"语境"或"背景"中区别出来，从而为"比较"步骤综合判断原被告作品是否构成实质性相似奠定基础。

例如，在 1993 年新泽西州地区法院审理的 Jarvis v. A & M Records 案❶中，被告 Robert Clivilles 和 David Cole 创作并录制 "Get Dumb!"，新曲总长约 7 分 30 秒，截用原告 Boyd Jarvis 于 1982 年创作并享有著作权的 "The Music's Got Me" 一曲中在第 2 分 58 秒至 3 分 30 秒处的过门（Bridge）、尾奏的键盘乐及其部分歌词 "Move""Ooh""Free your body"，并反复呈现在新曲第 32 秒至第 2 分 21 秒处。被告提出其取用的部分在原作品中并无实质重要性且三个字词的歌词只是被用于音效背景的偶然事件（incident）作为抗辩。但是法院考量的重点有以下两个方面：一是 Move、Ooh、Free your body 这三句歌词的声音是否为著作权法保护的客体；二是原曲尾奏的键盘乐（keyboard riff）在新曲中反复出现，该尾奏在原曲中是否具有重要意义。该案审判法官 Harold Ackerman 认为，受著作权保护的作品，即使是少量取用，如果所使用的部分在原作中具有实质重要性（distinctive），仍可构成著作权侵权。法院认为 Move、Ooh、Free your body 三句歌词声音的整体利用是经过特别的编排且为联系前后关系的特殊旋律（used together in a particular arrangement and in the context of a particular melody），且出现在原告乐曲中最后几分钟，作为节奏与旋律功能的独特键盘乐声线是能够吸引听众注意而具有特色的重要旋律，因此是受著作权保护的表达。该法院也引用 David Nimmer 教授的"局部逐字近似理论"来判断是否实质近似，认为即使"量"的部分不多，但在"质"上具有重要性，仍能构成抄袭侵权，且被重制的部分是否具重要的意义，应从原作品而非新作品中观察。

---

❶ Jarvis v. A & M Records，827 F. Supp. 282 (D. N. J. 1993).

不可否认的是，普通受众对作品的整体感受将会在文学、艺术作品的相似性判断中发挥越来越重要的作用。宋鱼水法官在琼瑶诉于正案中也以相关受众观赏体验的相似度调查为参考，并认为随着互联网和自媒体技术的普及与发展，普通受众的相似度问卷调查也会在普通文学艺术作品相似性比对中发挥越来越重要的作用。❶ 音乐作品相较于文学作品具有更高的艺术审美感受，音乐作品的普通受众对于原被告作品之间的相似性感知及欣赏体验应当是侵权认定中的重要考量要素。因此本文认为，在侵权判定时可将"普通受众标准"前置作为侵权判断的第一道程序，❷ 在进入实质性判断阶段之后，可以结合个案特点，综合专家意见和受众感知协助法官作出价值判断，❸ 保证判决的科学性。此外，法官在进行实质性相似判断时要运用"局部逐字近似理论"综合考量"量"与"质"对相似性程度进行考察。

三、音乐作品抄袭侵权的例外情形

（一）微量使用例外

"微量使用例外"（De Minimis Use）源自古老的法律谚语"法律不理琐事"（De Minimis Non Curat Lex）。法律的高度抽象性和一般性决定了法律无法对纷繁冗杂的具体社会事务进行规定，正是这样，"法律不理琐事"成为各个法律领域的普遍共识，也是所有成文法已接受的法律原则的既定背景。"法律不理琐事"在著作权法领域的体现就是"微量使用例外"，是指他人对作品使用的危

---

❶ 宋鱼水，冯刚，张玲玲．文艺作品侵权判定的司法标准：琼瑶诉于正案的审理思路［M］．北京：北京大学出版社，2018：78．

❷ 该观点卢海君教授也作出过论述。参见：卢海君．版权客体论［M］．北京：知识产权出版社，2014：495-496．

❸ 需要特别注意的是，在音乐作品抄袭侵权的案件中，即便需要专家意见或专家鉴定，也只能作为事实证据，辅助法官从"普通受众"角度进行实质性相似是否成立的法律判断。

害如此之小，以至于法律不会对此作出否定性评价。"微量使用例外"最早出现于 15 世纪的民法领域，16 世纪开始逐渐适用于多样化的案件中。19 世纪起，"微量使用例外"适用的案件逐步增多，包括合同和侵权纠纷等，但绝不延及宪法纠纷、不动产纠纷以及部分刑事案件。

"微量使用例外"在音乐作品采样和录音制品采样中都有所涉及。郑成思教授认为，音乐作品包含的类别因不同国家经济发展状况和法律规定而不同。随着新技术的不断发展，音乐作品里的"边缘客体"越来越多。音乐作品在过去大多是以乐谱的形式表达的，进入 21 世纪后，许多音乐形式并无乐谱，有些音乐作品中的某些音响效果甚至无法用乐谱的形式表达出来。近年来，一些音乐家把大自然中的声音与其创作的音调结合，也有人将电子器件按指令发出特定音响的电子音乐纳入创作元素，这两种形式都是将音乐作品推到了"录制品"的边缘。❶ 本文认为，在音乐作品保护和录音制品保护中，"微量使用例外"在必要时都可以解释适用，因此本文不区分音乐作品采样抑或是录音制品采样（因为在一般情况下，原告会同时主张保护音乐作品著作权和录音制品制作者权），仅以典型案例为例探讨"微量使用例外"的具体适用。

"微量使用例外"在音乐作品抄袭领域的适用主要集中在截取少量音节、节拍或者歌词的侵权类型中。美国作为音乐产业较为发达的国家，是率先将"微量使用例外"原则引入音乐作品保护领域的国家，其通过司法判例逐渐对该原则进行解释和运用，并确立了该原则适用的具体标准。

2003 年，美国第九巡回上诉法院在 Newton v. Diamond 案❷中首次引入了微量使用例外原则。该案原告 James W. Newton 于

---

❶ 郑成思. 版权法 [M]. 北京：社会科学文献出版社，2016：94.
❷ Newton v. Diamond, 349 F. 3d 591 (9th Cir. 2003).

1978 年创作的乐曲"Choir",融合了美国黑人福音音乐（African American Gospel Music）、日本宫廷音乐（Gagaku, Japanese Imperial Music）、传统的非洲音音乐、古典音乐等,并保留该曲的音乐作品著作权,将录音制品制作权授权给 ECM 唱片公司。被告白人嘻哈乐团"野兽男孩"（Beastie Boys）于 1992 年发行"Pass the Mic"一曲,该曲未经 James W. Newton 的授权即取样了其歌曲"Choir"的部分片段。"Pass the Mic"所取用原告的音乐作品片段是原曲的乐曲开头,以长笛吹奏"C—降 D—C"三个连续音符,取样的长度在原曲大约仅持续 6 秒钟,但在新曲"Pass the Mic"中被用作背景音乐,不断重复循环约 40 次。❶ 加州地区法院认为"C—降 D—C"三个连续音符缺乏原创性,不受著作权法保护;即便认为被取样的部分有原创性,亦仅属于微量取用。原告上诉至第九巡回上诉法院。上诉法院法官引用 Learned Hand 法官提出的"法律不管琐碎之事"（the law does not concern itself with trifles）的原则,❷ 认为被告使用原告乐曲开头 6 秒钟的行为一般的听众（the average audience）无法辨识或感知有挪用（appropriation）,并未对原音乐作品产生不良损害和影响,为微量使用。此外,法院也就两作品是否在"局部逐字近似"原则下构成实质性相似予以判断,其判断标准是以被取样的部分在原音乐作品中是否具有质与量的重要性加以观察:"就量而言,三个连续音符只在原作品中出现一次,且乐曲中在第 180 秒至第 270 秒间属于即兴表演,因此很难估量此三音在全曲中所占的精确比重关系,而 6 秒

---

❶ Newton v. Diamond, 204 F. Supp. 2d 1244, 1246 - 47 (C. D. Cal. 2002).

❷ Newton v. Diamond, 349 F. 3d 591, 595 (9th Cir. 2003), "as Judge Learned Hand observed over 80 years ago: 'Even where there is some copying, that fact is not conclusive of infringement. Some copying is permitted, but the law does not concern itself with trifles. In addition to copying, it must be shown that this has been done to an unfair extent.' West Publ'g Co. v. Edward Thompson Co., 169 F. 833, 861 (E. D. N. Y. 1909)."

的片段仅占原曲四分半钟的百分之二；而在质的方面，此被取用的部分看不出与乐曲其他部分有何重要性的明显不同。"❶ 法院认为原告并未提出有力证据证明被取用的部分在质方面的重要性，其仅为一简单、细微且不重要的音乐序列，因此难以构成著作权侵权。

2005 年，美国第六巡回上诉法院审理的 Bridgeport Music, Inc. v. Dimension Films 案❷对少量取用音节的行为却给出了不同评价，得出了不同的判决结果。该案争议的原音乐作品为 George Clinton 和乐团 Funkadelics 发行的 "Get Off Your Ass and Jam"，该曲的著作权属于 Bridgeport Music 公司。争议的新曲为 NWA 嘻哈乐团创作的饶舌歌曲 "100 Miles and Running"，收录在电影 "I Got the Hook Up" 的原声带中，并由 No Limit 电影公司于 1998 年 3 月发行。NWA 取用原曲的部分，是在原曲开场处无伴奏情形下的电吉他独奏的琶音和弦（arpeggiated chord），原曲 2 秒的琶音和弦出现在新曲中 5 个地方循环反复了 16 次，在 4 分 30 秒的乐曲中占了约 40 秒 57 毫秒。田纳西州地区法院认为，两曲无论在质或是在量的比较上，无论在声调（tone）、目的（purpose）与心境（mood）上皆有明显差异，对一般观察者而言，在 "局部逐字相似" 原则下，并未达到法律所认定的挪用标准（not rise to the level of legally cognizable appropriation）而为微量取用；且法院认为取用的部分从原曲观察，仅是一个微小部分（mere fraction），反而从新曲观察会较为重要。❸

然而，美国第六巡回上诉法院在审理该案时却完全未提及

---

❶ Newton v. Diamond，349 F. 3d 591 (9th Cir. 2003).

❷ Bridgeport Music, Inc. v. Dimension Films，410 F. 3d 792 (6th Cir. 2005).

❸ Bridgeport Music, Inc. v. Dimension Films，230 F. Supp. 2d 830, 839 – 41 (M. D. Tenn. 2002).

"微量使用例外原则",而是引用美国版权法第 114 条(b),❶ 认为该条款明确赋予录音制作者专属的重制及取样权,除非取得权利人的许可,否则无论取用多寡均属侵权,法院认为这套易于适用的明确性规则(bright-line rule)可以提高司法效率。❷ 与进入诉讼所花费的成本相较,取得授权在市场机制下反而是可以负担的,因此对于音乐产业界的发展而言,反而是较有利的;取样是一种有目的的抄袭,当取样者从创作者处取走他所需要的东西,就算样本再小,仍具有价值;因此,取样者必须先取得授权。该案判决结果受到音乐界及学术界的严厉批评。批评者认为,明确性原则的适用无异于取消合理使用制度,与著作权法的立法目的相违背,且法院不察音乐作品的实际授权业务费用极高、难度甚大,尤其对于独立音乐艺术家的创作更为不利,取样需经授权制度并不合理;且如此则取样创作的意愿将会大为冷却,且嘻哈音乐及饶舌音乐的发展将受到严重打击。❸ 值得庆幸的是,在该案判决之后的一些类似案例中,美国法院鲜少适用该案的判决。

在 Bridgeport Music 案尘埃落定后的第十年,VMG SALSOUL,LLC. v. Madonna Louise CICCONE, Inc. 案❹ 将"微量使用例

---

❶ 美国第六巡回上诉法院认为版权法第 114 条规定,版权所有者在录音作品中享有专有权……不扩展到另一个完全由其他声音的独立固定构成的录音的制作或复制,即使这种声音模仿或与受保护的录音作品具有实质性相似。其中,"完全"一词证明了录音作品应当受到更大的保护。

❷ Bridgeport Music, Inc. v. Dimension Films, 410 F. 3d 792 (6th Cir. 2005).

❸ GRAHAM R. An Anti-Sampling Court Ruling Limits the Options of Hip-Hop's Best [N]. BOSTON Globe, 2006-09-16 (D1); GARNETT M S. The downhill battel to copyright sonic ideas in Bridgeport Music [J]. Vanderbilt Journal of Entertainment & Technology Law, 2005, 7 (3): 509, 516; CARTER M R. Applying the fragmented literal similarity test to musical-work and sound recording infringement: correcting the Bridgeport Music, Inc. v. Dimension Films Legacy [J]. Minnesota Journal of Law, Science & Technology, 2013, 14 (2): 699.

❹ VMG SALSOUL, LLC. v. Madonna Louise CICCONE, Inc. 824 F. 3d 871 (9th Cir. 2016).

外"在音乐作品版权保护领域的运用又一次拉入公众视野。被告 CICCONE 在 1990 年发布的音乐专辑"Vogue"中使用了原告作品"Ooh I Love it"0.23 秒的片段,原告 VMG SALSOUL 认为被告使用其音乐片段的行为侵犯了音乐作品的著作权和录音制品制作者权,向地区法院提起诉讼。地区法院认为诉争行为属于微量使用例外,被告对于该音乐片段的使用既不侵犯音乐作品的著作权,也不侵犯录音制品制作者权。该案上诉至美国第九巡回上诉法院,该法院部分维持了地区法院的判决。美国第九巡回上诉法院就以下两个内容进行了分析:(1)"微量使用例外"的判定标准;(2)"微量使用例外"能否适用于录音制品制作者权。上诉法院认为,即使版权法所保护的是凝结在录音制品中的潜在市场回报,在录音制品方面也不能完全排除"微量使用例外"的使用。法院认为,"微量使用例外"取决于一般公众是否能够意识到被告使用了原告的作品;如果社会公众并未意识到被告的使用,被告并未从原告的作品中获得收益,被告的行为就不构成侵权。从两部作品的独创性部分来看,被告从原告作品使用了两个不同的部分——1/4 拍的法国号声以及全部双鸣管乐部分,但被告并非简单地使用原告的作品,其过滤掉其他乐器的声音,升高了曲调,并增加了音效。因此法院认为被告并未侵犯原告权利。

美国第九巡回上诉法院指出:(1)美国版权法第 102 条将录音制品等同于其他作品,没有其他立法对此作出相反的规定,因此,被告是否使用了原告独创性的表达仍然是判定侵权的依据;(2)音乐采样并非一种单纯的物理上的处理(physical taking),美国第六巡回上诉法院在 Bridgeport Music 案中对美国版权法第 114 条的解释忽视了美国国会的立法意图。美国第九巡回上诉法院从以下几个方面对此进行了反驳:第一,在存在物理上使用的摄影作品、计算机作品中,"微量使用例外"同样适用;第二,如若承认录音制品和其他作品在著作权保护方面存在不同,即承认录音制品的侵权判定具有不同的规则，但从立法沿革上看，国会并无此意；第三，美国第六巡回上诉法院认为物理上的使用和智力创作不同主要是建立在创作手法可以节约成本上，但从美国最高法院在 Feist 案的判决来看，判断侵权应当以是否使用了独创性表达为基准，而无须考虑创作手段。基于此，"微量使用例外"应当同等适用于音乐作品和录音制品，在进行侵权判定时，同样需要从量和质上进行考量。据此，美国第九巡回上诉法院认为被告并未侵犯原告的音乐作品著作权和录音制品制作者权。

由上述案例确立的标准可知，"微量使用例外"的判断标准与"实质性相似"的判断标准一脉相承，在进行判断时，以普通受众是否察觉和感知为基准，以使用部分在原音乐作品中的"量"和"质"为考察的要素，且在音乐作品和录音制品中同等适用。

（二）"合理使用例外"之转化性使用

美国版权法第 107 条规定了判断"合理使用"的"四要素检验法"，其中第一要素是"使用的目的和性质，包括该使用是否具有商业性质或者为非营利的教育目的"。对于判定合理使用而言，使用行为是否具有商业性已经不再具有昔日的决定性意义。在索尼案中，美国联邦最高法院曾经提出，"任何商业性的使用著作权作品都应假定是对著作权人合法垄断权的不当利用"。❶ 但是，在 Campbell 案中，美国联邦最高法院明确指出，"索尼案只是说明如果使用行为属于商业性，这将不利于得出合理使用的结论，这并不具有法律推定的效力。而且，根据不同的具体案情，行为的商业性具有不同的权重"。❷ 目前，对第一要素的考察重心已经转移到被控作品使用原告作品的行为性质。Campbell 案确定了"转化性使用"（transformative use）是第一要素考察的重心。该案中法

---

❶ Sony Crop. v. Universal City Studios, Inc., 464 U. S. 417, 451 (1984).

❷ Campbell v. Acuff‑Rose Music, 510 U. S. 569, 585 (1994).

院强调，第一要素中心目的是确定被告作品只是替代（supersede）原告作品，还是相对原告作品具有"转化性"，是"新表达、新意义、新信息"；而且法院还指出："新作品相对于原作品越具有转化性，其他判断要素就相对越不重要，被告使用原告作品的行为就越可能被认定为合理使用。"❶ 尽管并不是每一合理使用都必须是"转化性使用"，但是该案强调，美国版权法的目的是促进科学艺术发展，转化性使用通常有利于实现此项根本目的。该案后，"转化性使用"常被作为合理使用判断的核心。

Campbell 案争议的原曲为 1964 年 Roy Orbison 创作的《麻雀变凤凰》（Pretty Woman）电影主题曲之摇滚歌曲 "Oh! Pretty Woman"，词曲作者将著作权授权给 Acuff - Rose Music 公司。争议的新曲为 1989 年 Luther Campbell 等人组成的 2 Live Crew 饶舌音乐团体，以饶舌形式将原曲改编成 "Pretty Woman"。2 Live Crew 曾去函 Acuff - Rose Music 公司请求准许其使用并愿意支付报酬，但遭到拒绝，于是决定先斩后奏出版其专辑，并在专辑中注明原曲创作人及著作权人分别为 Roy Orbison 及 Acuff - Rose Music 公司。

该案中，新曲取样大众熟悉的 "Oh! Pretty Woman" 原曲的经典吉他即兴乐前奏以及广为人知的第一句："Pretty woman, walkin' down the street"，但紧接在后的曲风迅速转为与原曲不同的饶舌版，伴奏与歌词也趋于怪异与幽默，伴随着刮刀的声音、不同声调的独特唱法及鼓声，以非逐字的方式翻唱原曲；不仅呈现黑人美女的多样面貌，歌词中也批判不忠的女人。美国田纳西州地区法院认为此为幽默仿作，虽有商业目的，但不能排除合理使用原则的适用。❷ 案件上诉至美国第六巡回上诉法院，上诉法院

---

❶ Campbell v. Acuff - Rose Music，510 U. S. 569，579（1994）. "The more transformative the new work, the less will be the significance of other facts, like commercialism, that may weigh against a finding of fair use."

❷ Campbell v. Acuff - Rose Music，754 F. Supp. 1150（M. D. Tenn. 1991）.

推翻地区法院的判决，认为被告取用原曲的量太多，且是出于商业发行的目的，法院无法理解黑人饶舌音乐幽默仿作庄重的白人流行歌曲的乐趣所在。❶ 美国联邦最高法院针对该案采取著作权合理使用的四项要素判断，在分析合理使用的第一要素时认为最重要的是要检验二次创作是否增添某些在原始创作中不存在的元素，这些元素必须达到转化（transformation）的程度，也就是增添了新的表达、新的意义或是新的信息，才能成立合理使用；法院同时认为新曲成功地反映出街头丑陋的真实世界与原作者 Roy Orbison 笔下追求异性时天真的憧憬的强烈对比；此外，法院在判断合理使用的第三要素时也指出，若利用的量太多，缺少转化的特质与目的，就有可能与原作品产生替代效果，也较可能对原作市场造成损害；然而新曲创作的目的就是以原作为批判对象，若取用原作部分不多，无法引起听众联想与比较就不能达到目的，因此取用量的多寡必须非常恰当，必须在引起听众联想原曲与产生幽默或评论的仿作改编间取得平衡；至于新曲的出现是否对原作市场造成影响，法院认为，当新曲的使用具有转化的性质时，市场替代的效果就有极大可能不会显现，市场损害的结果也就不易发生。❷ 法院同时也提到，如果 2 Live Crew 是以非仿作的纯粹饶舌 Rap 版取样 "Oh! Pretty Woman" 这首歌，是否就会对原作市场产生损害，是一个值得讨论的问题。但是本文认为，法院应就音乐作品抄袭的构成要件、接触及实质性相似的标准加以判断；如果构成抄袭，则进一步探讨是否为合理使用；对于未增添新的表达、新的意义或者新的信息而未产生转化效果的取样行为是否可以构成合理使用，仍应在个案中加以判断。

"转化性使用"的判断强调"语境"。Campbell 案明确指出，

---

❶　Campbell v. Acuff-Rose Music，929 F. 2d 700（6th Cir. 1991）.

❷　Campbell v. Acuff-Rose Music，510 U. S. 591（1994）."market substitution is at least less certain，and market harm may not be so readily inferred."

"对于戏仿作品而言，语境就是一切"。❶ "转化性使用"要求将被使用的作品片段放入被控侵权作品的语境中，考察这个语境是否"转化"了来自原告作品的符号表示，使之传递"新信息"、表现"新意义"。"语境"并不限于作品上下文，它可以广泛地指称作品存在的环境，比如视觉艺术的背景；除了包含作品创作意义上的特定情境，还包括社会文化环境。因为很多时候，只有根据一定的社会文化背景，才能理解原告作品表达的独创性意义。此外，美国法院还通过判例确定了"普通受众"作为"转化性使用"的判断主体，认为应当根据他们的一般知识和能力即他们所具有的社会文化背景知识和对原被告作品的语境的分析能力来判断原告作品或其片段在被控作品的语境是否传达了新信息，表达了新意义，构成了新表达。❷

本文认为，在音乐作品合理使用的判断中，"转化性使用"也是构成合理使用的判断核心，且是四要素中占比最大的要素。上述判断方法在音乐作品的"转化性使用"判断中同样适用，以歌曲普通受众为主体，判断被使用的原音乐作品的片段在被告音乐作品的语境下，是否传递了新信息，表达了新意义，构成了新表达。

四、音乐作品抄袭侵权判定规则

著作权法的制度设计一方面需要通过赋予著作权人专属权利保护而激发创作热情，另一方面又需要适度开放合理使用以保持著作权权利人与使用人间利益冲突的平衡。原创者花费大量人力、物力、财力产出作品，以达到丰富大众生活、繁荣社会文化的目的。但在文学、艺术与科学领域中，极少有全新或从头创作的作品。任何一部文学、艺术、科学作品都不可避免地使用公共领域的知识或者他人的作品，站在巨人肩膀上，才能看得更高更远。

---

❶ Campbell v. Acuff‐Rose Music, 510 U. S. 569, 588 (1994).
❷ Mattel Inc. v. Walking Mt. Prods., 353 F. 3d 792, 802 (9th Cir. 2003).

音乐作品创作领域也不例外。古典音乐、爵士乐、蓝调、摇滚等各时期的音乐作品，都或多或少利用了前人的作品，音乐从无到有的创作非常少见，尤其在嘻哈与饶舌音乐界，其特色就在于使用他人的音乐并通过另一种形式予以发扬光大，已经不再流行的音乐作品因为取样行为而重新受到公众关注。以取样的方式完成的音乐作品虽然在某种程度上传达了一些不同于原作的信息，在一定程度上同样具备丰富文化的特质，但却不排除有"搭便车"之嫌，有可能造成对原作者权利的损害。如何判断使用他人音乐作品片段的行为性质、对于不同类型的取样或者抄袭行为如何通过著作权法规制，即为本文研究的核心。

本文以案例分析为基础，以著作权侵权判断的一般理论为框架，以思想/表达二分法、实质性相似判断、权利的限制与例外为分析思路梳理了音乐作品抄袭行为的类型及判断方法，是对音乐作品抄袭行为的纵向分析。但在实际案例中，通常是根据具体的抄袭行为确定具体的判定方法和规则。因此本文在上述纵向分析的基础上，尝试将音乐作品抄袭的行为予以类型化，并针对各个行为类型具体灵活适用判定方法和规则。根据对典型案例的整理，以使用原音乐作品的量为类型化的标准，一般将对音乐作品片段进行不同程度取用的行为分为以下五种，根据取用的多少依次为：（1）截取少数音节、节拍、歌词；（2）截取原曲重要旋律（前奏、代表句等）但曲风不同；（3）整首编曲类似（相同乐器、伴奏、节奏；相同风格）但旋律不同；（4）混搭（mash-ups）；（5）整曲几近原样抄袭。本文尝试将前述案例与行为类型一一对应分析，并整理成表格（表1），针对具体行为提出音乐作品抄袭侵权判定的具体规则和合理化建议，以期为类似案件提供参考。

表 1　音乐作品抄袭类型、判定规则及建议

序号	行为类型	案例	使用方式	法院判决	合理建议
1	截取少数音节、节拍、歌词	Newton v. Diamond 案	野兽男孩所使用的音乐片段在原曲中大约持续 6 秒钟，在被当作背景音乐中被用的作方式，以不同的演奏方式，不断重复约 40 次	微量使用	1. 以取用量在原作中的比例作为标准来确定的"微量使用例外"的适用。 2. 法院在判断是否构成实质性相似时，应采用非专业音乐人的一般普通听众的观察标准，作实质性相似的质与量的分析，可以使用"三步审查法"和"局部逐字近似理论"分析；在判断实质相似程度时以原作为考察基础，以表达相似度、独创性、创作空间为考察标准
		Bridgeport 案	原曲开头无伴奏情形下，用 3 个电吉他以琶音演奏和弦音。原曲中有 2 秒的琶音和弦出现在新曲中 5 个位置，在新曲中循环反复了 14～16 次，在 4 分 30 秒的乐曲中占了约 40 秒	地区法院：微量使用；上诉法院：明确性规则（除非取得授权，否则不得取样）	
		Jarvis 案	新曲（总长约 7 分 30 秒）取用原曲在第 2 分 58 秒到第 3 分 30 秒处的键盘乐及歌词："move""Ooh""free your body"	用局部逐字近似标准判断为侵犯著作权	
		Campbell 案	原曲代表句在新曲中反复出现，抒情歌曲变成 Rap 风格，歌词除代表句外都不同	合理使用	

续表

序号	行为类型	案例	使用方式	法院判决	合理建议
2	截取原曲重要旋律（前奏、代表句等）但曲风不同的类型	Blurred Lines 案❶	相似的部分仅及于"代表性的句子"（signature phrase）、"勾点"（hook），电子琴低音的交互作用（keyboard - bass interplay）以及与主旋律对应关系的旋律（counter - melody）下非逐字重复的主题歌词（thematic lyrics）	构成抄袭侵权	1. 此类行为应就是否刻意抄袭，法院应就是否构成抄袭的要件——"实质性相似+接触"的标准加以判断。2. 如果构成抄袭，则进一步探讨是否合理使用添取样是否为合理使用添加新的意义或是新的表达、新的信息而产生转化，就个案加以判断。

❶ Williams v. Bridgeport Music Inc., No. LA CV13 – 06004 JAK (AGRx), 2015 WL 4479500, at 2 (C. D. Cal. July 14, 2015).

续表

序号	行为类型	案例	使用方式	法院判决	合理建议
3	整首编曲类（相似器、伴奏、节奏、相同风格）但旋律不同的类型	暂无进入法院审理阶段的案例			1. 此行为类型下应先区分音乐作品的思想与表达。2. 该类行为的特点是旋律不相同；相同的曲风、和弦、节奏有的属于思想，有的属于架构，有的属于必要场景，有的属于基本素材，有的属于公共领域和的知识；如果曲风、和弦或节奏近似，不构成侵权。如果旋律近似，则应再回归实质性相似的判断

续表

序号	行为类型	案例	使用方式	法院判决	合理建议
4	混搭	暂无进入法院审理阶段的案例。	表现形式多样，例如：将一首曲子的人声部分叠加到另一首曲子的乐器伴奏部分，截取几百个曲子中少于1秒的样本拼接成新曲等。		1. 新作的转化程度越高，合理使用其他判断因素的重要性即随之降低。 2. 转化的判断：新的乐曲能让大众察觉、感知原作的存在，必须至少将原作作为批判的对象；如果仅是广泛地对社会观众，没有办法唤起对原作的联想，则其难以作为合理使用的正当化基础；此外，也必须对两作品的长度、组成、表现方式、声调以及传播媒介等加以考量；商业性使用不能直接推定为非合理使用。
5	整曲几近原样抄袭	暂无案例			适用"实质性相似＋接触"标准判断。

五、结论

音乐作品的著作权保护问题相较文字作品、美术作品等其他类型的作品来讲，较少受到学术理论界和司法实务界的关注。使用音乐作品片段的行为涉嫌构成抄袭侵权是在嘻哈音乐和饶舌音乐兴起之后才引起音乐作品原创者和社会各界的关注。未经授权而片段性地使用音乐作品的行为方式有很多，概括起来有以下五种代表性的类型：截取少数音节、节拍、歌词，截取原曲重要旋律（前奏、勾点、代表句）但曲风不同，整首编曲类似（相同乐器、伴奏、节奏；相同风格）但旋律不同的类型，混搭的类型、整曲几近原样抄袭。根据对音乐作品使用的方式、使用的量以及危害结果的不同，可以分别适用"思想/表达二分法""实质性相似＋接触""微量使用例外"和"转化性使用"等原则对上述行为作出不同的法律评价。在具体区分音乐作品的思想和表达时可以运用"三步审查法"，将属于概念、架构、必要场景、基本素材、公共领域的曲风、和弦或节奏等属于音乐作品"思想"范畴的部分滤除，再进行比对。当对两部音乐作品的表达进行实质相似性比对时，要综合运用"局部逐字近似理论"和"普通受众"标准对相似性程度进行判断。"微量使用例外"和"转化性使用"可以作为音乐作品侵权的抗辩理由，在适用"微量使用例外"时，不仅要关注量，更要关注危害性；在适用转化性使用时，要考虑原音乐作品的片段在新"语境"下有没有构成新的表达、传递新的信息，具备新的意义，转化性程度越高的行为越对合理使用的构成起决定性作用。其中，"微量使用例外"和"普通受众"判断标准是在国外音乐作品侵权领域运用得较为广泛的两个原则，在我国法院针对音乐作品抄袭侵权的判定规则中可考虑适用，并在其他类型作品的侵权判定中予以推广。

论类著作权集体管理组织的管理行为

张俊发*

    类著作权集体管理组织的管理行为面临着诉权、合法性、有效性等问题。类著作权集体管理组织以自己的名义起诉面临两大理论困境：一是类集体管理组织与著作权人签订的合同效力，二是类集体管理组织的诉权基础。由于《著作权集体管理条例》第 6 条并非效力性强制性规定，类集体管理组织与权利人签订的合同在满足合同其他有效要件的前提下应为有效。类集体管理组织与著作权人的关系是一种行纪关系，因此其诉权基础并不是来自实体权利，而是源于任意的诉讼担当。从提升著作权许可效率以及完善著作权集体管理组织有效性而言，应承认类集体管理组织的合法性，但是对其集体管理行为也应有所限制。

一、问题的提出

    无救济，则无权利，当事人提起诉讼是其获取救济的重要方式之一。一般来说，诉讼标的之权利义务或法律关系所归属之主体，就涉及该权利义务或法律关系的诉讼，通常有进行诉讼的权能，而有当事人适格。❶ 例如，在著作权侵权纠纷中，第三人未经

---

   * 作者简介：张俊发，南京师范大学 2017 级博士研究生；研究方向：知识产权。

   本文来源于江苏省研究生科研与实践创新计划项目"传播技术发展视野下媒体著作权问题研究"（项目编号：KYCX19_0712）。

   ❶ 刘学在. 著作权集体管理组织之当事人适格问题研究 [J]. 法学评论，2007 (6)：58 - 65.

许可使用著作权人作品，在没有法定理由的情形下构成侵权，著作权人有权向人民法院起诉行为人以获取救济，著作权人是正当当事人。但在某些情况下，基于权利人的意思或法律的规定，一些主体可就他人之间的法律关系以自己名义起诉而成为适格的当事人。但基于权利人的意思授予一些主体以自己的名义起诉是否均能成为适格当事人则存在争议。

近年来，一些类集体管理组织与著作权人签订授权协议从著作权人处获得集中行使著作权人的权利并以自己的名义提起诉讼的权利。所谓类集体管理组织是指未经行政机关审批成立，但从著作权人处获得与著作权集体管理组织无实质性差异权利的市场主体。❶ 然而，这种类集体管理组织提起诉讼的情形，在实践中遭遇了困境。

首先，不同的法院对于类集体管理组织与著作权人签订的授权合同中有关授予该类组织对著作权的独家管理权，并有权以自己的名义向侵权使用者提起诉讼的内容是否属于《著作权集体管理条例》规定行使著作权集体管理的行为存在不同认识。有法院认为，从授权合同以及当事人之间授权证明书等证据可以证实，基于著作权人的许可和授权，类集体管理组织享有对涉案作品的权利，且有权以自己名义向侵权使用者提起诉讼。其行为不属于《著作权集体管理条例》规定行使著作权集体管理的行为。❷ 有的法院则持相反观点。在深圳市声影网络科技有限公司与南京光阳娱乐有限公司著作权侵权纠纷再审申请案❸中，法院认为：就授权内容来看，此类版权代理公司实质上是在行使著作权集体管理组织的相关职能及权利，违反《著作权集体管理条例》关于除著作权集体管理组织外，任何组织和个人不得从事著作权集体管理活动

---

❶ 陈小珍. 类著作权集体管理组织的诉权［J］. 人民司法（应用），2017（25）：86 - 90.

❷ 安徽省合肥市中级人民法院（2018）皖 01 民终 2228 号民事判决书。

❸ 江苏省高级人民法院（2016）苏民申 2496 号民事裁定书。

的禁止性规定，因此，在《著作权法》与《著作权集体管理条例》未赋予非集体管理组织与集体管理组织相同的法律地位和权利的情况下，深圳市声影网络科技有限公司对涉案音乐电视作品进行集体管理，并以自己的名义提起诉讼，没有法律依据。

其次，在认定合同有效的前提下，不同的法院对于类集体管理组织获得的权利性质存在争议。有的法院认为，著作权人与类集体管理组织所签订的授权许可合同中，既授予了专有许可权，也授予了信托财产权。在"广州市旭森餐饮娱乐有限公司与深圳市声影网络科技有限公司著作权侵权纠纷上诉案❶中，法院认为，在当事人之间的合同中既有实体性授权，也有管理性授权。原告声影网络科技有限公司依据前述实体性授权有权提起该案诉讼，是诉讼中的正当当事人。也有法院认为，著作权人与类集体管理组织所签订的授权许可合同中没有信托财产权的授予内容，只是实体权利的授予。在广州酷狗计算机科技有限公司诉看见网络科技（上海）有限公司等侵害表演者权纠纷案❷中，法院认为，看见网络科技（上海）有限公司经姚某的授权取得了包括涉案乐曲在内多首乐曲的表演者的信息网络传播权及以自己名义依法维权的权利，故看见网络科技（上海）有限公司有权提起该案诉讼。

因此，问题的关键在于：类集体管理组织与著作权人签订的合同是否有效？若有效且获得诉权，那么诉权的基础是什么？此外，类集体管理组织行使诉权是否真的是集体管理行为，集体管理行为的判断标准是什么？上述问题的回答，无论对于司法的统一性，还是对于著作权集体管理制度的完善而言，都有着重要的意义。本文拟对上述问题进行研究。

---

❶ 广州知识产权法院（2017）粤 73 民终 1006 号民事判决书。
❷ 上海知识产权法院（2017）沪 73 民终 203 号民事判决书。

二、类集体管理组织与权利人签订的合同并非无效

目前的司法实践中，一个具有争议的问题是，类集体管理组织与著作权人所签订的合同是否因违反《著作权集体管理条例》关于除著作权集体管理组织外，任何组织和个人不得从事著作权集体管理活动的禁止性规定而归于无效？在实务中，出现了对此问题肯定的回答。

在北京三面向版权代理有限公司与湛江日报社侵害作品信息网络传播权纠纷案❶中，法院认为，根据《著作权法》第 8 条的规定，著作权人和与著作权有关的权利人可以授权著作权集体管理组织行使著作权或者与著作权有关的权利。北京三面向版权代理有限公司作为企业法人，显然并非《著作权法》所规定的非营利性著作权集体管理组织，因此，詹某将其著作权授予北京三面向版权代理有限公司的行为不符合法律的规定，不产生该法所规定的授权行为的效力，故北京三面向版权代理有限公司不能据此以其自身名义为涉案文字作品的作者主张权利或以其自身名义进行诉讼。

这实际上是认为，类集体管理组织与著作权人签订的著作权许可合同因违反《著作权集体管理条例》第 6 条的禁止性规定而无效，因此类集体管理组织不是著作权被许可人，不享有在著作权侵权纠纷案件中的诉权基础。在合同效力问题上，既有学说判断合同有效性的最主要根据是意思自治或者合意。双方当事人按照自己的真实意思订立了合同，法律基于鼓励缔约目的通常承认该合同为有效。❷ 当然合同也可能因违反《合同法》第 52 条第 5 项规定而归于无效。

---

❶ 广东省湛江市中级人民法院（2016）粤 08 民初 139 号民事裁定书。

❷ 孙良国. 再论公务员违反禁止性规定订立营利性合同的效力：以学界通说和法院判决为评判对象［J］. 浙江社会科学，2011（8）：40-48.

然而，对于违反上述条款的合同是否一律认定为无效，却存在争议。这是因为法律规范区分为强行性规范和任意性规范、强制性规定与禁止性规定、效力性规定与管理性规定，并非违反强制性规定的合同都必然无效。《民法总则》第153条第1款就规定，违反法律、行政法规的强制性规定的民事法律行为无效，但是该强制性规定不导致该民事法律行为无效的除外。事实上，该条款赋予了法官在审理某一条款是否属于强制性规范的自由裁量权。也就是说，法官在审理涉及合同效力问题时，若合同内容违反了法律、行政法规的强制性规定，法官是存在自由裁量权的，并非违反强制性规定就一律导致合同无效。一般而言，强行性规范分为强制性规范和禁止性规范。而禁止性规范划分为效力性禁止性规范和管理性禁止性规范。❶ 前者是导致合同绝对无效的情形，而后者并非必然导致合同无效。❷

　　因此问题在于，类集体管理组织与著作权人签订的著作权许可合同中规定的著作权集体管理的内容是否因违反《著作权集体管理条例》第6条而归于无效，换言之，该条是否属于效力性禁止性规范。对于这一问题的回答需要回到效力性禁止性规范的认定标准中。

　　对此，王利明教授认为，效力性规范可以采取以下标准判断：第一，法律、行政法规明确规定违反禁止性规定将导致合同无效或不成立的，该规定属于效力性规范；第二，法律、行政法规虽没有明确规定违反禁止性规定将导致合同无效或不成立的，但违反该规定以后若使合同继续有效将损害国家利益和社会公共利益，该规定属于效力性规范。❸ 也有学者从类型化的角度分析认为：效力性强制性规定可以分为涉及合同资质缺乏类和合同行为禁止类。

---

❶ 王轶. 民法原理与民法学方法 [M]. 北京：法律出版社，2009：208－222，245－252.

❷ 王轶. 民法原理与民法学方法 [M]. 北京：法律出版社，2009：251.

❸ 王利明. 合同法研究 [M]. 北京：中国人民大学出版社，2002：658.

前者类型中，若缺乏职业、行业以及企业组织等一般市场准入资质不会影响合同效力，只有涉及重大公共利益的国家限制经营、特许经营以及法律、行政法规禁止经营的市场准入资质缺乏才会影响合同效力。后者类型中，只有涉及法律对行为对象的禁止、行为本身的禁止以及行为超过特定限量的禁止才是效力性强制性规定。❶

在市场经济条件下，合同的重要作用在于，通过当事人的合同行为达成某种交易，进而实现资源交换，以促进市场经济的发展。其作为私法主体自主型构法律关系的基本工具，在某种意义上具有"私人立法"的品格，但这种个别私法规范欲在整个私法体系中产生效力，又须以其不违反强制规范为前提。❷ 合同当事人的一些行为若违反社会公共利益，则不应被法律所允许。例如，人体器官买卖、毒品买卖等行为均被法律所禁止。这些行为之所以被法律所禁止，是因为这种禁止的目的是排除法律所不愿的某种后果出现。法律不愿某种对法律秩序和重大社会公共利益相抵触的行为后果出现，因而通过效力性强制性规定致使合同无效从而防止该类行为的发生。❸ 可见，若当事人之间的合同违反了法律明确规定的强制性规范时，当事人之间设立的合同应当归于无效。法律未明确规定时，若继续履行该合同将严重损害国家和社会公共利益时也应当归于无效。

诚然，类集体管理组织与多数著作权人签订的合同内容中包含著作权集体管理的内容，但这并不违反强制性规范中的效力性规范，其内容只是违反了管理性规范。管理性规范旨在管理和处罚违反规定的行为，但并不否认该行为在民商法上的效力。效力性规范是指法律及行政法规明确规定违反该类规定将导致合同无

---

❶❸　石一峰. 效力性强制性规定的类型化分析［J］. 武汉大学学报（哲学社会科学版），2018（2）：91 - 102.

❷　姚明斌. "效力性"强制规范裁判之考察与检讨：以《合同法解释二》第14条的实务进展为中心［J］. 中外法学，2016，28（5）：1262 - 1288.

效的规范，或者虽未明确违反之后将导致合同无效，但若使合同继续有效，将损害国家利益和社会公共利益的规范。❶

按照上述标准，《著作权集体管理条例》第 6 条所规定的内容不属于效力性禁止性规范。因而，类集体管理组织与著作权人所签订的合同并不因违反禁止性规定而归于无效。首先，效力性强制性规定设置的目的是排除法律所不愿的某种后果，这种后果一般是严重违反社会公众利益的，例如毒品买卖、人体器官买卖等。类集体管理组织行使著作权集体管理行为，其不仅不违背法律的宗旨，造成对法律秩序和重大社会公共利益相抵触的行为后果，相反还有助于提升著作权的许可效率，促进版权产业的发展。例如，以网络服务提供者作为音乐著作权集体管理者不仅能提升网络传播的效率，而且有助于打击网络盗版并有助于版税的计算。❷

其次，按照合同法学界的观点，这种主体资格性规范不属于效力性强制性规范。正如《公务员法》第 59 条第 16 项所规定，公务员必须遵守纪律，不得违反有关规定从事或者参与营利性活动，不得在企业或者其他营利性组织中兼任职务。若公务员违反纪律在营利性组织中兼任职务并且签订了合同，合同是否因其是公务员而归于无效，司法实践对此作出了否定的回答。在杨勇等诉李茂荣等合伙纠纷案❸中，法院就认为，《公务员法》中关于公务员不准经商办企业的规定属于管理性规定而非效力性规定，根据最高人民法院相关司法解释的规定，其行为并不影响原、被告之间民事行为的效力。对此合同法学界也予以认可，有学者认为："有些主体资格限制的规定确实只是针对特定主体的管理行为，无碍公共利益，则应当认定其不属于效力性强制规定。比如，《公务员

---

❶ 董万程，王继君.《民法总则》中的效力性强制性规定立法问题研究 [J]. 法律适用，2017 (11)：43 - 48.

❷ 熊琦. 音乐著作权许可模式的转型路径选择 [J]. 法学家，2014 (1)：120 - 130.

❸ 重庆市涪陵区人民法院（2008）涪民初字第 450 号民事判决书。

法》第 53 条❶对于公务员经商的限制，就是一种对主体得以从事的法律行为的限制，它并不影响相应法律行为的效力，只是导致对相应行为人的纪律处罚"。❷ 同理，类集体管理组织只是在主体上未符合法律的规定，但这并不影响其合同的效力。

最后，从著作权集体管理组织设立的目的以及历史而言，《著作权集体管理条例》第 6 条的规定缺乏合理性。集体管理组织最早追溯到 1777 年，当时法国著名剧作家博马舍倡议成立"戏剧立法办公室"，随后经过一系列改组，在 1829 年成立法国戏剧作家及作曲家协会，这被认为是世界上第一个著作权集体管理组织。❸逐渐地，根据每个国家文化环境而形成的各作者协会形成网络，遍及全球。集体管理组织有时是在政府机关的支持下建立的，但大多数都是私营实体。❹ 作为权利再分配领域的制度创新，著作权集体管理区别于其他制度的本质特征，是将集中许可建立在私人自治的基础上。在功能上，私人自治表现为集体管理组织自治。在合法性上，私人自治应表现为存在多数集体管理组织。❺ 从著作权集体管理组织的发展以及国际著作权集体管理组织的设立来看，《著作权集体管理条例》不应当阻碍其他市场主体参与著作权集体管理。特别是在互联网环境下，应允许其他市场主体组成新的集体管理组织，创制符合互联网商业模式和网络用户需求的许可模式。对此也有学者指出，应当取消我国《著作权集体管理条例》

---

❶　在 2019 年 6 月 1 日起实施的修订后的《公务员法》中，该条已变更为第 59 条。

❷　沈德咏，奚晓明. 最高人民法院《关于合同法司法解释（二）》理解与适用 [M]. 北京：人民法院出版社，2009：111 - 112.

❸　SINACORE - GUIN N D. Collective administration of copyright and neighboring rights：international practices, procedures, and organizations [M]. Boston：Little, Brown and Company，1993：81 - 82.

❹　热尔韦. 著作权和相关权的集体管理 [M]. 马继超，郑向荣，张松，译. 北京：商务印书馆，2018：5 - 7.

❺　熊琦. 论著作权集体管理中的私人自治：兼评我国集体管理制度立法的谬误 [J]. 法律科学（西北政法大学学报），2013（1）：142 - 149.

对集体管理组织唯一性、全国性和非营利性的设立要求，允许存在多个相互竞争的音乐著作权集体管理组织。❶ 因此，按照"举重以明轻"的类推解释，当《著作权集体管理条例》第 6 条存在的合理性基础不复存在时，其所规定的内容就不应成为阻碍合同效力的规范。

可见，著作权人与版权代理公司所签订的合同，在符合合同法有效的一般要件的情况下，并不因违反效力性强制性规范而无效。类著作权集体管理组织因授权许可获得了著作权许可使用权。

三、类集体管理组织诉权基础源于诉讼担当

在分析了著作权人与类集体管理组织签订的合同有效的情形后，随之而来的问题是，类集体管理组织的诉权基础是什么？我国《民事诉讼法》第 119 条规定的"直接利害关系"是判断原告是否适格的标准。学界在借鉴大陆法系当事人适格理论的基础上，将"直接利害关系"分为两类：一是对请求法院审理的法律关系拥有实体法上请求权的主体。二是诉讼担当。❷ 因此，要判定被许可人的诉权即应分析其诉权基础是在于享有实体法上的请求权，还是为诉讼担当人。

（一）集体管理行为应当是一种行纪

从现有的一些判决看，一些类集体管理组织与著作权人签订的合同效力存在争议，原因之一在于对于著作权集体管理行为的法律属性不清。这是因为我国《著作权法》和《著作权集体管理条例》皆未明确集体管理行为的法律属性，不但著作权人在未授权集体管理组织时，授权他人代理的行为在何种程度上与集体管理相冲突难

❶ 熊琦 . 音乐著作权许可模式的转型路径选择［J］. 法学家，2014（1）：120 - 130.

❷ 上海市第一中级人民法院课题组 . 知识产权被许可人的诉权研究［J］. 东方法学，2011（6）：36 - 45.

以定性，而且著作权人在授权集体管理组织后能否保留部分作品或权利自行行使，亦成为互联网商业模式下越来越受关注的问题。❶

事实上，集体管理行为法律属性的认定问题也即作者与集体管理组织之间的关系是什么的问题。关于作者与著作权集体管理组织在法律上的关系，大体上有三种观点：代理关系说、信托关系说和行纪关系说。民事代理则要求代理人以本人名义实施法律行为，且法律行为的效果直接归属本人，视同本人自为。❷ 然而，若要发挥集体管理的优势，有一先决条件，即集体管理组织应当是以组织自己的名义开展业务，承担法律责任，提起诉讼。所以两者之间的关系不能定位为代理。❸ 信托制度中存在三方法律关系：委托人，受托人和受益人，这和著作权集体管理组织同作者的关系基本相同；但是在信托关系中委托人须将信托财产转移给受托人，信托一旦有效成立，受托人就取得了信托财产权。❹ 因为信托的设立必须将信托财产的所有权由委托者手中转移到受托者手中，由受托者享有所有权，这是其成立的必要条件。然而，在作者与著作权集体管理组织所签订的合同中，其并不是将著作财产权转移给集体管理组织。在早前，最高人民法院也是认为集体管理行为是建立在信托的基础上，但最高人民法院现如今已不再认同这一定位。❺

可见，将集体管理行为的法律属性界定为"信托性质"的法律关系，难免存在一定的混乱和牵强之处。❻ 从集体管理与行纪的关系看，两者在法律关系界定和权利行使方式上具有诸多一致性。

❶ 熊琦．非法著作权集体管理司法认定的法源梳解［J］．华东政法大学学报，2017（5）：84－91.

❷ 朱庆育．民法总论［M］．北京：北京大学出版社，2013：329.

❸ 湛益祥．论著作权集体管理［J］．法学，2001（9）：42－47.

❹ 周玉华．信托法学［M］．北京：中国政法大学出版社，2001：16.

❺ 参见最高人民法院《关于废止1980年1月1日至1997年6月30日期间发布的部分司法解释和司法解释性质文件（第九批）的决定》（法释〔2013〕2号）.

❻ 孙松．论著作权集体管理行为的司法适用［J］．电子知识产权，2018（3）：49－54.

与信托不同，行纪人对由其占有的委托人的财产不享有所有权。作为以自己名义为他人利益考虑从事商业贸易而获得报酬的行为，行纪与集体管理的相同之处，在于两者都是以自己的名义实施法律行为，而且通过该法律行为所获得的财产也首先归于集体管理组织与行纪人的名下，然后再移转至原权利人所有，包括诉权在内的请求权也皆由管理人来直接行使。行纪制度的如此安排，完全符合集体管理制度中对著作权人、集体管理组织与使用者之间的法律关系设定。❶ 因此，集体管理组织与著作权人之间的关系应当是一种行纪合同关系。

（二）类集体管理行为的诉权基础是任意的诉讼担当

如上文所述，作者与集体管理组织之间的关系是一种行纪关系。由此可见，类集体管理组织并没有获得作者享有的实体权利，其并不是实体权利法律关系当中的适格当事人。那么是否可以基于诉讼担当而成为适格主体？诉讼担当分为两类：一类是法定诉讼担当，另一类是任意诉讼担当。法定诉讼担当，是基于实体法或诉讼法上的规定。例如，继承法和破产法规定，遗嘱执行人和破产管理人负有管理被继承人遗产或破产财产的职责，可以在发生遗产或破产财产被侵占等事由时，以自己的名义提起诉讼。❷ 此举的目的是寻求纠纷的有效、迅速解决及充分保护当事人的合法权益。❸ 任意诉讼担当，是指权利主体通过自己的意思表示，赋予他人诉讼实施权。其主要特点是，它是由原来的权利主体授予担当人以实施诉讼的权能，而不是依据法律的明文规定而获得诉讼实施权。❹

---

❶ 熊琦. 非法著作权集体管理司法认定的法源梳解 [J]. 华东政法大学学报，2017（5）：84-91.

❷ 肖建华. 诉权与实体权利主体相分离的类型化分析 [J]. 法学评论，2002，20（1）：139-145，70.

❸ 李晓. 论诉讼担当的制度缘由 [J]. 法学杂志，2016，37（3）：86-92.

❹ 肖建华. 诉权与实体权利主体相分离的类型化分析 [J]. 法学评论，2002，20（1）：139-145，70.

任意诉讼担当还可分为法律规定的任意诉讼担当和扩大适用的任意诉讼担当。法律规定的任意诉讼担当如代表人诉讼。不管是法定诉讼担当，还是任意诉讼担当中法律规定的任意诉讼担当，由于《著作权法》及著作权法《实施条例》以及相关司法解释均未规定类集体管理组织是诉讼担当者，因此也就不予讨论。那么类集体管理组织是否属于扩大适用的任意诉讼担当者？一般而言，扩大适用的任意诉讼担当，需要满足担当者有自己的固有利益并被授予诉讼实施权这一条件，如此才可以为他人的利益担当诉讼。但如果没有参与某一法律关系而仅仅被授予诉讼实施权，则不被允许。❶

行纪是指一方（行纪人）接受他方（委托人）委托，以自己的名义为他方利益，从事物品的卖出和买入等行为并收取报酬的营业行为。❷ 可见，行纪的特点在于：一是一方接受他方委托，二是委托方以自己名义从事营业行为，三是受托方向委托方收取报酬。在法律关系上，类集体管理组织与著作权人之间是一种行纪关系。但这只是指在著作权人与类集体管理组织签订的许可合同为独占许可合同的情形下。著作权许可分为独占许可、排他许可以及普通许可。著作权许可的概念从根本上是属于产权而非合同关系，产权将资源使用的控制权分配给所有者，同时将所有其他人置于不干涉的对象之下。❸

笔者认为，独占许可以及排他许可的被许可人若作为诉讼担当者，在著作权纠纷案中有自己的固定利益，而普通许可的被许可人则无固定利益。

首先，独占被许可人以及排他被许可人之所以签订独占或排

---

❶ 肖建华. 诉权与实体权利主体相分离的类型化分析［J］. 法学评论，2002，20（1）：139－145，70.

❷ 中国信托业协会. 信托法务［M］. 北京：中国金融出版社，2012：47.

❸ NEWMAN C M. A license is not a "contract Not to sue"：disentangling property and contract in the law of copyright licenses［J］. Iowa Law Review，2013，98（2）：1101.

他许可，是因为其目的是避免其他市场竞争主体与其竞争；而签订普通许可只是为了能够使用作品，因为普通被许可人知道，著作权人仍然可以授权其他人使用其作品，可以预见会存在许多的竞争者与其竞争。

其次，在普通许可中，类集体管理组织与著作权人的关系不应是一种行纪，其不满足行纪的特点。普通被许可人仅仅使用著作权人作品，其并不会为了著作权人利益而进行营利行为。这是因为若著作权遭受侵犯时普通被许可人一般不会遭受损失，也就没有动力去提起诉讼。但是就独占许可、排他许可而言，若著作权遭受侵犯，对于类集体管理组织而言，一方面，提起诉讼是其版权代理活动业务的一部分，另一方面，著作权遭受侵犯时其权益也会遭受损失。这也是为什么在实践中，著作权人与类集体管理组织签订独占许可的协议之所在。

最后，普通许可以看作著作权人对其权利设定了某种负担，被许可人仅取得债权。而专有许可才是著作权人对权利的处分，被许可人在合同约定的范围内取得被授予的权利，成为特定著作权利的实际享有者和使用者。❶ 在英美法系中，专有许可构成权利让与，专有许可被认为是一种更为精准和灵活的处分行为，更注重专有许可的后果。❷ 也正因此，美国司法实践认为普通被许可人不应享有诉权，在 Minden Pictures，Inc v. John Wiley& Sons，Inc 一案❸中，法院认为，Minden 公司既非相关著作权作品的专有被许可人，也非受益所有人，因此不享有诉权。可见，类集体管理组织的诉权源于任意的诉讼担当，但是诉讼担当限于独家许可以及排他许可的情形，并不延及普通许可。

---

❶ 董美根. 英美法系与大陆法系中版权被许可人诉权问题比较研究：以《侵权责任法》为出发点 [J]. 知识产权，2011（8）：89－96.

❷ 董美根. 论专利被许可人使用权之债权属性 [J]. 电子知识产权，2008（8）：14－19.

❸ 10 F. Supp. 3d 1117. United States District Court，N. D. California.

四、类集体管理组织著作权管理行为的合理性与有限性

集体管理是为了解决权利人难以与使用者商谈与发放许可而存在的。❶ 著作权集体管理组织功能具有降低交易成本、"润滑"交易市场的功能，不仅能够降低著作权人的信息成本与维权成本，而且可以降低使用者的搜寻成本、谈判成本。❷ 因此，著作权的集体管理既要解决权利人大规模的授权许可问题，保障权利人的权益，也要维护使用者的利益，最终维护集体管理的有效性。类集体管理组织的出现尽管在一定程度上维护了著作权许可市场的公平竞争秩序，但是也给集体管理行为的有效性带来了挑战。这是因为，若作者将其著作权许可给类集体管理组织，使用者向集体管理组织交付使用费而未向类集体管理组织交付使用费，类集体管理组织向其提起侵权诉讼，如果这种情形广泛发生，集体管理的有效性将丧失殆尽。因此，类集体管理组织的管理行为既应当予以承认，也应有所限制。

（一）类集体管理组织管理行为的合理性

著作权集体管理是通过集体管理组织实现的。可以说，集体管理组织是著作权集体管理制度的核心。我国《著作权集体管理条例》对于著作权集体管理组织的性质、设立条件、程序都作出了明确的规定。❸ 然而，由于对著作权集体管理组织的定位和性质认识不清，将集体管理组织更大程度上定位为行政管理单位，并且片面借鉴国外立法例，我国著作权集体管理相关立法中，充满了行政干预色彩，对著作权集体管理组织的交易限制得过死。❹ 与

---

❶ 王迁. 著作权法［M］. 北京：中国人民大学出版社，2015：393.

❷ 向波. 著作权集体管理组织：市场功能、角色安排与定价问题［J］. 知识产权，2018（7）：70－78.

❸ 参见《著作权集体管理条例》第3条、第7～16条。

❹ 卢海君. 论我国著作权集体管理组织的法律地位［J］. 政治与法律，2007（2）：69－74.

此同时，随着其会员规模的增加，其市场控制能力逐渐增强，最终走向了垄断。这种垄断性的集体管理行为有损公平竞争的市场秩序和社会公众福利。❶ 行政化的著作权集体管理在减少著作权交易成本过程中，也减少了著作权动态配置收益。举个现实中的例子：中国音乐著作权协会代表著作权人收取卡拉 OK 版权费，首次待分配的版权费总额 1.2 亿元，扣除税金后，首先由中文发数字科技有限公司提取 960 万元，剩余部分的 50% 为歌曲著作权人所得，另外的 50% 为运营成本、宣传成本等。这样，名义上为保护著作权人利益的卡拉 OK 版权收费，著作权人所得还不到全部收费的一半。❷

　　在这种情形下，一些类集体管理组织应运而生。类集体管理组织的出现迎合了市场的需求。一方面，版权产业的发展与繁荣，给著作权许可交易的效率提出了越来越高的要求。不管是著作权人还是使用者，都希望能够提升效率，降低成本，以便既可帮助著作权人减少损失，也可帮助使用者便捷获取和接触作品。❸ 另一方面，以行政为主导的我国著作权集体管理组织的利益诉求受到质疑。这表现为行政机关对于集体管理组织的介入很大程度上决定了作品使用费的分配与流向。在此分配过程中，有些行政机关以控股方式运营文化集团，并由集体管理组织"委托该集团代收作品使用费"。行政机关这种"利益分配主体"的加入，势必会影响权利人和使用者的既有利益。❹ 正是在这样的背景下，许多权利人转而将其著作权授予类著作权集体管理组织。

　　❶ 王洪友．著作权集体管理的反垄断预防机制：兼评《关于禁止滥用知识产权排除、限制竞争行为的规定》[J]．出版发行研究，2018（3）：68 - 71.

　　❷ 晏扬．著作权集体管理不能官僚化［N］．法制日报，2012 - 04 - 26.

　　❸ 熊琦．非法著作权集体管理司法认定的法源梳解［J］．华东政法大学学报，2017（5）：84 - 91.

　　❹ 黄先蓉，常嘉玲．我国著作权集体管理机制的发展困境与对策研究［J］．中国编辑，2017（1）：44 - 49.

然而，司法实践中，法院对类集体管理组织的著作权管理行为持消极态度。笔者认为，在现有的法律框架下，应当承认类集体管理组织行为的合理性，赋予其以自己的名义管理他人著作权。首先，作品不是自然资源或者国家战略资源，也不是危害公共利益需要强制管控的物品，法律不应该为了强化著作权集体管理组织的垄断地位赋予其专营权。其次，通过认可类集体管理组织的法律地位引入市场竞争，不仅可以解决当前著作权集体管理组织的唯一性带来的垄断担忧和实际垄断问题，而且可以解决非会员作品的集体管理问题。再次，著作权是一种私权，权利人如何行使自己的权利以及如何维权并不涉及公共利益。在尊重公权利的同时也需要尊重私权利，要尊重法律赋予市场主体即经营者的权利。最后，允许类集体管理组织开展著作权管理业务，是集体管理之外的另一种竞争形式，既有利于更好地维护著作权人的利益，也有利于提升著作权集体管理组织的服务效率和服务质量，促进公共利益增长。最终通过市场竞争，由市场自身整合管理组织的力量，再通过立法确立著作权集体管理组织的准入和退出机制，形成有限竞争的著作权集体管理格局。❶

　　（二）类集体管理组织管理行为的有限性

　　著作权集体管理组织存在的意义就是帮助著作权人有效地管理其权利。如果著作权人基于某种原因希望自己亲自管理所有权利，应当有自由退出集体管理组织的权利。但是在著作权人授权集体管理组织管理其特定权利期间，集体管理组织应当是该特定权利的唯一管理者，否则就会出现著作权人和集体管理组织同时管理一项权利的情况，使得公众无所适从。同理，著作权人一项权利不能由两家以上集体管理组织进行管理。

　　笔者认为，承认类集体管理组织的集体管理行为并不意味着

---

❶　陈小珍. 类著作权集体管理组织的诉权［J］. 人民司法（应用），2017（25）：86－90.

其具有完全的著作权集体管理权限。

首先，类集体管理组织的权利行使范围有限。著作权有国界，但是优秀作品却没有国界。为了更好地保护本国作者在国外的著作权，参加国际著作权集体管理组织协会，进行国际合作就显得尤为必要。类集体管理组织并不能代表我国参与国际著作权组织，只有著作权集体管理组织才能参与。

其次，类集体管理组织行使管理行为的范围有限。集体管理组织的另一个作用是为版权悖论提供一个答案。所谓版权悖论是指法律选择为最大限度地创作、传播和获取以艺术和智力作品表达的人类新知识，给予创作、出版、制作或传播这些知识的人专有权，但却阻止了以多种形式对知识进行利用。集体管理组织在一定程度上可以回答这一悖论，这是因为集体管理组织的宗旨还是组织而不是拒绝授权。但对于类集体管理组织而言，其作为市场主体，不可避免地受市场需求所支配，在回答版权悖论这一问题上，答案可能不是很完美。并且集体管理组织可能还需要从事其他活动，例如推动文化发展、奖励等，这是类集体管理组织所不具有的。

最后，著作权人只有不是著作权集体管理组织会员时，才能将其权利许可于类集体管理组织。这样有利于提高集体管理有效性。著作权集体管理组织采用集中许可的方式，也即所谓的"一揽子许可"方式。然而，集体管理组织不可能具有百分之百的代表性，这种"一揽子许可"方式却给使用者使用作品造成了困境。例如，若使用者向类集体管理组织交付了使用费，但其使用的作品的权利人既加入了类集体管理组织，也加入了集体管理组织，如果集体管理组织以未经许可使用其管理的作品起诉使用者，则集体管理的有效性就会大打折扣。

五、结语

在市场经济下，市场主体从事的经营活动在不违反法律、社会公共秩序的情形下应当受到法律的保护。法律不应过多地干预市场主体的经营行为。作为市场主体，类集体管理组织著作权管理行为应予以保护而不是限制，这有助于版权代理、版权运营等版权相关产业的发展。当赋予类集体管理组织以合法地位时，同集体管理组织以及其他著作权被许可人一样，也面临着诉权基础不明的问题，这也导致了司法实践混乱局面的产生。这种混乱局面不仅影响了著作权人权益的保护，而且对版权相关产业的发展也造成了不利影响。这一问题的解决一方面有助于版权相关产业的发展，另一方面对于诉权理论的完善也有着重要的价值。当然，若赋予类集体管理组织以合法地位，出于著作权集体管理的有效性考虑，其管理范围也应有所限制。总之，虽然著作权人有权将其权利许可他人行使与管理，但被许可人的诉权问题，在司法实践与理论界并未达成共识，还有许多问题仍需要解决。

关于商标近似判断的中日比较研究

李明德[*]

一、商标近似判断概述

商标是指示商品或者服务来源的标记。商标由文字、数字、图形、颜色和三维标记等要素构成。关于商标的组成要素,《与贸易有关的知识产权协议》(TRIPS)第 15 条规定,任何标记,例如文字(包括姓氏)、字母、数字、图形要素、色彩的组合,以及上述要素之组合,只要能够将市场主体的商品或者服务区别开来,就可以作为商标获得注册。在这方面,中日两国的商标法,也作了与 TRIPS 大体一致的规定。例如,《中华人民共和国商标法》(以下简称《商标法》)第 8 条规定:"任何能够将自然人、法人或者其他组织的商品与他人的商品区别开的标志,包括文字、图形、字母、数字、三维标志、颜色组合和声音等,以及上述要素的组合,均可以作为商标申请注册。"又如,日本商标法第 2 条规定:"本法所称的商标,是指人的知觉能够识别的文字、图形、符号、立体形状、颜色,或者上述要素之结合,以及声音和政令规定的标记。"

商标是使用在商品或者服务上的标记,其基本功能是向消费者或者社会公众指示商品或者服务的来源。随着消费者依据某一

---

* 作者简介:李明德,中国社会科学院法学研究所研究员,中国社会科学院知识产权中心研究员。

商标选择特定的商品或者服务，商标还具有了一些其他的功能。例如，将不同厂商提供的商品或者服务区别开来；又如，让消费者了解相关的商品或者服务具有大体一致的质量或者性能；再如，商标本身就具有广告宣传的功能，可以让消费者或者社会公众迅速知晓相关的商品或者服务。按照中国通行的学术观点，商标具有以下四个功能：指示商品或者服务来源的功能、区别不同市场主体商品或者服务的功能、品质保障的功能、广告宣传的功能。❶而依据日本学者的通行观点，商标具有指示商品或者服务来源的功能、保障商品或者服务品质的功能，以及广告宣传的功能。❷

　　商标是使用在商品或者服务上的标记。与此相应，只有使用在商品或者服务上的标记，只有在商业活动中使用的标记，才可以称为"商标"。随着商标的使用，也就产生了指示商品或者服务来源的功能，产生了区别不同市场主体提供的同类商品或者服务的功能，以及品质保障的功能和广告宣传的功能。关于这一点，中国《商标法》第48条规定了"商标使用"的含义："本法所称商标的使用，是指将商标用于商品、商品包装或者容器以及商品交易文书上，或者将商标用于广告宣传、展览以及其他商业活动中，用于识别商品来源的行为。"至于商标侵权，如果在同类或者类似的商品、服务上，使用与他人商标相同或者近似的商标，则破坏了商标的基本功能和其他功能。例如，破坏商标的指示功能，造成消费者在商品或者服务来源上的混淆。又如，破坏商标的区别功能，使得消费者难以将不同厂商所提供的商品或者服务区别开来，造成消费者对于不同市场主体的误认、误信。再如，造成消费者对于不同商品或者服务品质的误认，进而丧失对于相关商标及其商品或者服务的认可。

---

❶　李明德. 知识产权法［M］. 北京：法律出版社，2014：352.
❷　小野昌延. 商标法概说［M］. 2版. 东京：有斐阁，1999；田村善之. 田村善之论知识产权［M］. 李扬，等译. 北京：中国人民大学出版社，2013：141.

随着带有某一商标的商品或者服务在市场上的流通，不仅形成了商标与特定商品或者服务的联系，而且也形成了消费者与商标的联系。具体来说，消费者不仅可以通过商标选择自己心仪的商品或者服务，而且还会产生对于某一特定商标的积极评价。这种积极的评价，既包括对相关商标的积极评价，也包括对相关商品或者服务的积极评价，进而形成了商标所代表的"商誉"。事实上，商标权作为一种财产权，更多的是关于商标所承载的商誉的权利，而非关于商标标记本身的权利。正如美国联邦最高法院在1916年的"汉诺威案"中所说，商标作为一种财产权，来自商标所承载的商誉，而非商标本身。商标不过是保护财产权的工具，而非财产权本身。商标作为财产权，来自商标的持续使用，而非商标的采纳。❶ 显然，只有商标的持续使用，向消费者或者社会公众指示商品或者服务的来源，才会有商誉的产生和维持。

　　商誉来自消费者对相关商标及其所指示的商品或者服务的积极评价。与此相应，为了吸引消费者认可自己的商标，购买自己所提供的商品或者服务，商标所有人必然加大对相关商品或者服务的投入。例如，商标所有人为了吸引消费者选择自己的商品，不得不进行技术创新，运用大量的专利技术和非专利技术，提升商品的质量和功能，降低商品的成本。又如，商标所有人为了吸引消费者，必须投入一定的广告宣传，以便社会公众更充分地了解自己的商品、服务和与之相关联的商标。再如，商标所有人还会采取某些独特的销售方式，包括积极的售后服务、折扣服务等，强化自己的商品或者服务与特定商标之间的关系。正是从这个意义上说，企业所有的生产经营活动，包括技术创新、管理创新和广告宣传活动，最终都结晶在了企业的商标和字号之上。与此相应，由商标或者字号所承载的商誉，是相关企业的重要财产，甚至关乎企业的生死存亡。

❶　Hanover Star Milling Co. v. Metcalf, 240 U. S. 90 (1916).

基于商标与商誉的关系，基于商标权是关于商标及其所承载的商誉的权利，商标侵权的标准必然是消费者混淆的可能性。因为，某一市场主体在同类或者类似的商品上，使用与他人商标相同或者近似的商标，就会在某种程度上利用他人商标所承载的商誉，导致消费者或者社会公众误认为自己所提供的商品来自他人。商标侵权领域中的"搭便车"（free rider），就是指某些市场主体使用与他人商标相同或者近似的标记，无偿利用了他人商标所承载的商誉。同时，这种"搭便车"的行为，或者使用与他人商标相同或者近似商标的做法，还造成了消费者在商品或者服务来源上的混淆，进而破坏了正常的市场竞争秩序。正是由此出发，保护商标或者商标权，也就有了三层含义：第一，保护商标所承载的商誉；第二，保护消费者，免于对商品或者服务来源产生混淆；第三，维护正常的市场竞争秩序。

　　其实，不仅商标侵权的标准是消费者混淆的可能性，商标注册的审查也应当着力防止消费者混淆的可能性。商标注册制度是19世纪中后期产生的对于商标提供更加强有力保护的制度。按照欧洲大陆的商标注册制度，包括中日两国的商标注册制度，商标注册相当于是商标权或者商标专用权的授予。而依据英美法系的商标注册制度，商标注册相当于是公示，表明相关的注册商标已经有人使用或者将要使用，其他的市场主体应当承担起避让的义务。显然，无论是依据大陆法系的商标法律，还是依据英美法系的商标法律，商标注册的申请、审查和获得，对于商标所有人都具有非常重要的意义。与此相应，商标主管部门在相关的审查业务中，就应当着力将与他人注册商标相同或者近似的标记排除出去，防止有可能造成消费者混淆可能性的商标获准注册，进而扰乱市场竞争秩序。

　　在这方面，相关的国际公约也从防止消费者混淆的角度，针对商标注册和商标侵权作了具体规定。例如，《保护工业产权巴黎公约》（以下简称《巴黎公约》）第6条之二规定，在相同或者类似商品上注册的商标，如果与他人的未注册驰名商标相同或者近似（包括对他人驰名商标的复制、摹仿或者翻译），有可能造成消费者的混淆，商标主管机关可以拒绝注册；如果已经获准注册，则商标主管机关应当撤销注册。如果是抢先注册了他人的驰名商标，自注册之日起的 5 年之内，驰名商标的所有人可以要求撤销注册。对于恶意注册者，则不受 5 年期间的限制。同时，为了防止消费者在商品来源上的混淆，驰名商标所有人可以禁止他人对相同或者近似标识的使用。❶ 这样，对于在某一成员国中尚未注册的驰名商标，《巴黎公约》就赋予了驰名商标所有人两项权利，这就是在防止消费者混淆的前提下，禁止他人抢先注册，禁止他人使用。

　　到了 TRIPS，进一步规定了防止消费者混淆可能性的商标侵权标准，同时又扩大了对驰名商标的保护。其中的第 16 条第 1 款规定，注册商标的所有人享有专有权利，防止他人未经其许可，在同类或者类似商品上，使用与其注册商标相同或者近似的标记，进而造成消费者混淆的可能性。如果他人未经许可在相同的商品或者服务上，使用了与其注册商标相同的商标，则推断存在混淆的可能性。在此基础上，TRIPS 还针对驰名商标作了进一步的规定。根据 TRIPS 第 16 条第 2 款，《巴黎公约》第 6 条之二关于驰名商标的保护应当适用于服务商标。根据第 16 条第 3 款，已经注册的驰名商标，可以享有反淡化的保护。具体来说，驰名商标的所有人，无论是商品商标还是服务商标，还可以禁止他人在非类似的商品上注册或者使用与其商标相同或者近似的商标。❷

　　这样，按照《巴黎公约》和 TRIPS 的要求，成员方就应当从商标注册的角度和商标侵权的角度，适用消费者混淆可能性的标准。具体来说，成员方应当在注册审查的过程中，依据防止消费者混淆可能性的标准，制止他人注册与驰名商标相同或者近似的

---

❶　参见《保护工业产权巴黎公约》第 6 条之二的相关规定。

❷　参见 TRIPS 第 16 条的相关规定。

商标，包括在必要的时候驳回相关的商标注册，或者撤销已经获准的注册。同时，成员方在有关商标侵权的纠纷中，也应当依据防止消费者混淆可能性的标准，禁止他人在同类或者类似的商品上，使用与他人注册商标相同或者近似的的商标。中日两国都是《巴黎公约》和 TRIPS 的成员方。与此相应，中日两国的商标法，也从注册的角度和制止侵权的角度，适用了防止消费者混淆可能性的标准。

二、商标近似与商标注册

按照商标保护的基本原理，将与他人商标相同或者近似的商标，注册在同类或者类似的商品或者服务上，有可能造成消费者在商品或者服务来源上的混淆。与此相应，无论是针对已经在先注册的商标，还是针对在先使用的未注册商标，只要他人申请注册的商标与之相同或者近似，有可能造成消费者的误认，相关国家的商标主管部门，都会在商标注册的审查中予以驳回。

关于近似商标不得获准注册，中日两国的商标法都作了具体规定。先来看中国的规定。中国《商标法》第 30 条规定："申请注册的商标，凡不符合本法有关规定或者同他人在同一种商品或者类似商品上已经注册的或者初步审定的商标相同或者近似的，由商标局驳回申请，不予公告。"第 31 条规定："两个或者两个以上的商标注册申请人，在同一种商品或者类似商品上，以相同或者近似的商标申请注册的，初步审定并公告申请在先的商标；同一天申请的，初步审定并公告使用在先的商标，驳回其他人的申请，不予公告。"以上两条是关于近似商标不得注册的规定。按照这两条的规定，凡是与他人注册商标近似的商标，又是使用在同类或者类似的商品上，则不能获准注册。❶

---

❶ 《中华人民共和国中国商标法》第 4 条第 2 款规定："本法有关商品商标的规定，适用于服务商标。"与此相应，《中华人民共和国商标法》中有关"商品商标"的规定，包括本文讨论的近似商标问题，都包括服务商标。

除此之外，中国《商标法》还规定了在商标注册程序中对于未注册驰名商标的保护。例如，第32条规定："申请商标注册不得损害他人现有的在先权利，也不得以不正当手段抢先注册他人已经使用并有一定影响的商标。"又如，第13条第2款规定："就相同或者类似商品申请注册的商标是复制、摹仿或者翻译他人未在中国注册的驰名商标，容易导致混淆的，不予注册并禁止使用。"按照上述两个条文的规定，如果在先使用的未注册商标在市场上获得了一定的影响，包括未注册驰名商标，则他人不得在同类或者类似商品上申请注册与之近似的商标。

大体来说，中国《商标法》第30条、第31条和第32条偏重于规定，与他人注册商标相同或者近似的商标、与他人在先使用的具有一定影响力的商标（包括驰名商标）相同或者近似的商标，不得申请注册和获准注册。其中并没有提到消费者混淆可能性的要件。在这方面，只有第13条第2款规定了"容易导致混淆"的要件。然而仔细探究起来，不得在同类或者类似的商品上注册与他人在先注册商标近似的商标，不得抢注他人使用在先并且具有一定影响的商标，又隐含了防止消费者混淆可能性的要件。与此相应，在有关商标注册的审查中，商标局不仅应当审查商标的相同或者近似、商品的同类或者类似，还应当考虑是否容易造成消费者在商品或者服务来源上的混淆。

再来看日本关于近似商标不得获准注册的规定。日本商标法第8条规定，两个以上的商标注册申请人，以相同或者近似的商标，就同类或者类似商品或者服务申请商标注册的，则在先申请注册者可以获得注册。两个以上的商标注册申请人，以相同或者近似的商标，就同类或者类似商品或者服务，在同一天申请商标注册的，由申请人协商确定一个申请人获得注册。这是关于先申请原则的规定。

除此之外，日本商标法第4条第1款规定了19种不得注册为商标的情形，其中有5种情形涉及了相同或者近似的商标。其具体规定是：

（1）与他人在商品或者服务上使用的广为知晓的商标相同或者近似的标记，并且在同类商品或者服务上，或者类似商品或者服务上使用的；

（2）与他人在先申请的注册商标相同或者近似的标记，并且指定使用在同类或者类似的商品或者服务上；

（3）与他人注册的防御商标相同的标记，并且指定使用在相同的商品或者服务上的；

（4）有可能与他人经营的商品或者服务产生混淆的标记；

（5）与他人在商品或者服务上使用的并在日本和外国广为知晓的商标相同或者近似的标记，并且其使用具有不正当目的（除了以上各项的其他情形）。其中的不正当目的，包括获得不正当的利益、造成对他人的损害，以及其他的不正当目的。❶

按照日本商标法第4条规定的5种情形，以及第8条的规定，在商标注册申请和审查实践中，凡是与在先注册商标和在先使用的未注册商标相同或者近似的商标，不得申请和获准注册。显然，如果允许这类商标获准注册和使用，就会造成消费者在商品或者服务来源上的混淆。事实上，第4条规定的上述第（4）种情形，明确规定有可能造成混淆的商标不予注册，第（5）种情形明确规定，不得采用不正当手段获得商标注册，也表明排除相同或者近似商标获准注册，主要是为了防止消费者在商标或者服务来源上的混淆。

比较中日两国商标法的相关规定就会发现，二者都规定了与他人在先注册的商标相同或者近似的商标，与他人在先使用的商标相同或者近似的商标，不得注册为商标，不得在商业活动中使用。因为这种商标获准注册和使用，有可能造成消费者在商品或者服务来源上的混淆。当然日本商标法第4条还具体规定了一些

————————————

❶ 关于以上5种不得注册为商标的情形，详见于日本商标法第4条第10项、第11项、第12项、第15项、第19项。

不得注册为商标的情形，更加便于商标注册部门操作，便于法院处理相关的纠纷案件。下面来看两个近似商标有可能引起消费者混淆的典型案例。

先来看中国的"百威"案❶。在这个案件中，第三人（河南省）济源市飞龙食品公司（以下简称"飞龙公司"）就啤酒、果汁、矿泉水等饮料，于 2011 年申请注册了一件图形商标［见图 1 (a)］，并且于 2012 年获准注册。到了 2015 年 2 月，国际著名的百威英博雪津啤酒有限公司（以下简称"百威公司"）向原国家工商行政管理总局商标评审委员会（以下简称"商标评审委员会"）请求宣告飞龙公司的图形注册商标无效。百威公司主张，飞龙公司注册的图形商标，与自己使用的注册商标，雪津（文字）加图形商标近似，并且同样使用在啤酒、果汁、矿泉水等产品上，有可能造成消费者的混淆。

(a) 飞龙公司商标　　　(b) 百威公司商标

图 1　"百威案"涉案商标

商标评审委员会经过审理，认定两件图形商标在外形上相差较大，不构成近似商标，进而驳回了百威公司的诉求。百威公司不服商标评审委员会的决定，向北京知识产权法院提起了诉讼。北京知识产权法院经过审理，认定两件商标构成近似商标，又使用在同类和类似商品上，容易造成消费者的误认。北京知识产权法院在判决中认为，涉案的两件商标均为图形商标，既无读音又

---

❶　百威英博雪津啤酒有限公司诉国家工商行政管理总局商标评审委员会商标无效宣告请求行政纠纷案，参见北京市高级人民法院（2017）京行终 4029 号行政判决书（2017 年 11 月 6 日）。

无含义，只能从其视觉效果上判定，对于社会公众来说，构成相似。正是由此出发，北京知识产权法院判决，撤销商标评审委员会的无效宣告请求裁定，并重新就该无效宣告请求作出裁定。

商标评审委员会不服一审判决，向北京市高级人民法院提起了上诉。北京市高级人民法院经过审理，维持了一审法院的判决。法院在判决中说，商标近似是指商标的文字字形、读音、含义或者图形的构图及颜色，或者其各要素组合后的整体结构相似，或者其立体形状、颜色组合近似，易使相关公众对商品的来源产生误认或者认为其来源存在某种特定联系。认定商标是否近似，既要考虑商标标志构成要素及其整体的近似程度，也要考虑相关商标的显著性和知名度、所使用商品的关联程度等因素，以是否容易导致混淆作为判断标准。就该案而言，两件商标属于图形商标，二者的轮廓均为圆形，中间被 S 形曲线分割成两部分，在图形结构及整体视觉效果等方面相近，因此当诉争商标与引证商标同时使用在啤酒等相同或类似商品上时，易使相关公众认为其商品来源于同一主体或者其来源主体之间存在某种特定联系，从而对商品的来源产生混淆误认。诉争商标与引证商标构成了相同或类似商品上的近似商标。

从"百威案"的判决可以看出，商标局是以两件图形商标不相近似而注册了飞龙公司的图形商标。在商标注册宣告无效程序中，商标评审委员会仍然坚持了近似与否的标准，并且认为不会造成消费者的混淆。然而，无论是一审法院还是二审法院，则更多地从消费者是否混淆的角度，认定涉案的两件商标构成近似商标。显然，法院的判决并没有孤立地考虑两件商标的近似与否，而是着重考虑了消费者混淆可能性的因素。

再来看一个日本的典型案例。在昭和 36 年（1961 年）的"橘正宗案"❶ 中原告拥有"花橘正宗"的注册商标，指定使用的商品

---

❶　日本最高法院"橘正宗案"（昭和 36.6.27，民集 15 卷 6 号 1730 页）。

是清酒及其相关产品，但不包括烧酒。后来，原告依据当时存在的联合商标制度，❶ 在同类商品上申请"橘正宗"的商标注册。日本特许厅经过审查认为，原告的"花橘正宗"商标注册以后，已经有第三人就"橘烧酎"的商标在烧酒类产品上申请并获准注册。于是，特许厅引证第三人的"橘烧酎"注册商标，驳回了原告的注册申请。原告不服日本特许厅的决定，向日本特许厅的审判部提起行政复审。复审决定认为，申请注册的商标"橘正宗"与引证商标"橘烧酎"，都含有显著而突出的"橘"字，两个"橘"字在称呼上和观念上相同，两个商标属于近似商标。同时，引证商标"橘烧酎"指定使用在烧酒上，申请注册的"橘正宗"使用在清酒上，烧酒和清酒属于同一类商品。基于以上理由，复审决定维持了日本特许厅不予注册的结论。

原告不服日本特许厅的决定，向东京高等法院提起诉讼。东京高等法院进过审理，推翻了日本特许厅的决定，认定原告申请的"橘正宗"与引证商标"橘烧酎"不属于近似商标。日本特许厅不服东京高等法院的判决，向日本最高法院提起了上诉。日本最高法院经过审理，又推翻了东京高等法院的判决，维持了日本特许厅不予注册的决定。

日本最高法院在判决中说，两件商标指定使用的商品，即清酒和烧酒，属于类似商品。按照商标保护的基本原则，如果经营类似商品的市场主体使用了近似的商标，就有可能造成消费者的误认，或者造成商品来源上的混淆。就该案而言，申请注册的商标"橘正宗"，其中的"正宗"确实是对于清酒品质的描述，而引证商标"橘烧酎"中的"烧酎"，也确实是描述烧酒的通用名称。但是，两件商标的主要部分"橘"是相同的。与此相应，将"橘正宗"和"橘烧酎"同时使用在酒类产品上，有可能引起消费者的混淆。

---

❶ 当时的日本商标法提供对于联合商标的注册和保护，到了 1996 年修订商标法则废除了联合商标的注册和保护。

值得注意的是，在"橘正宗"案中，无论是日本特许厅，还是东京高等法院，都把讨论的焦点放在了商标的近似与否、商品的类似与否上。尽管如此，日本特许厅得出了"橘正宗"与"橘烧酎"近似的结论，而东京高等法院则得出了不近似的结论。显然，简单地比对两个商标的近似与否，多少脱离了商标使用的市场环境。而在日本最高法院的判决中，则不仅讨论了商标的近似与否、商品的类似与否，而且讨论了消费者混淆可能性和社会公众误认的问题。这样，将消费者混淆可能性的分析，与商标近似与否、商品类似与否结合起来，就得出了更加令人信服的结论。

　　在商标注册的审查过程中，商标近似与否的问题，不仅与注册商标和未注册商标相关，而且还与企业名称相关。这又涉及了商标与商号的关系。具体来说，如果相关的企业字号已经具有一定的知名度，他人不得将其注册为商标。同样，如果相关的商标已经具有一定的知名度，他人也不得将其作为企业名称来登记和使用。关于前者，中国《商标法》第 32 条规定，申请商标注册，不得损害他人的在先权利。其中的"在先权利"就包括具有一定知名度的企业字号。关于后者，中国《商标法》第 58 条规定，将他人注册商标、未注册的驰名商标作为企业名称中的字号使用，误导公众，构成不正当竞争行为的，依据《中华人民共和国反不正当竞争法》（以下简称《反不正当竞争法》）处理。而依据《反不正当竞争法》第 6 条第（2）项，擅自使用他人有一定影响的企业名称（包括简称、字号等），引人误认为是他人商品或者与他人存在特定联系的，属于不正当竞争行为。

　　下面来看一个不得将他人企业名称注册为商标的典型案例。在 2017 年的"利莱森玛案"❶ 中，原告是发电设备和其他机械设

---

❶　尾得科利利莱森玛控股公司诉国家工商行政管理总局商标评审委员会商标权无效宣告行政纠纷案，参见北京市高级人民法院（2017）京行终第 5643 号行政判决书（2018 年 6 月 21 日）。

备的生产厂商，就其生产和销售的产品注册了"LS LEROY SOMER 及图"的商标，以及与之对应的中文"利莱森玛"。同时，原告企业名称的字号也是中文的"利莱森玛"和西文的"LEROY SOMER"。该案的第三人福建雄狮电机有限公司，就机电设备申请注册了一件"LIRASOMA"的商标。在原告提起的商标注册无效宣告请求中，商标评审委员会认定，第三人的注册商标"LIRASOMA"，与原告的注册商标和企业名称，不构成近似，进而驳回了原告的诉求。原告不服商标评审委员会的决定，向北京知识产权法院提起了诉讼。北京知识产权法院认定，第三人的注册商标"LIRASOMA"与原告的注册商标和企业名称构成近似商标，有可能造成消费者在商品来源上的混淆。商标评审委员会不服判决，向北京市高级人民法院提起上诉。北京市高级人民法院经过审理，维持一审判决，认定第三人的"LIRASOMA"标记与原告的注册商标和企业名称构成近似，有可能造成消费者的误认和混淆。

这个案件既涉及商标近似的问题，又涉及字号近似的问题，这里仅论述有关字号的问题。在这个案件中，商标评审委员会认定，第三人的"LIRASOMA"标记与原告的字号"LEROY SOMER"和"利莱森玛"不构成近似，显然没有考虑消费者混淆可能性的因素。而北京知识产权法院则认定，第三人的"LIRASOMA"标记与原告的字号"LEROY SOMER"近似，容易造成消费者的混淆。同时，原告的"LEROY SOMER"与中文"利莱森玛"一起使用，当第三人的"LIRASOMA"标记与原告的西文字号"LEROY SOMER"构成近似的情况下，也必然与原告的中文字号"利莱森玛"构成近似，并且引起消费者的混淆，因为原告的西文字号和中文字号通常是放在一起使用的。

北京市高级人民法院指出，按照《商标法》第32条规定，申请注册的商标不得损害他人现有的在先权利，也不得以不正当手段抢先注册他人已经使用并有一定影响的商标。在该案中，原告的公司名称"LEROY SOMER"和"利莱森玛"经过长期使用，已经具有一定的影响力，属于在先权益。在此前提之下，第三人在类似商品上注册"LIRASOMA"商标，容易使得公众将其与原告的字号"LEROY SOMER"混淆。同时，原告的"LEROY SOMER"通常与中文"利莱森玛"一起使用，因而允许第三人注册"LIRASOMA"商标，同样会造成社会公众的混淆。考虑到第三人是在知晓原告的字号以后，申请注册了"LIRASOMA"商标，可以认定第三人是以不正当的手段抢先注册了相关的商标。如果允许"LIRASOMA"注册，就会损害原告的在先权益。

关于商标注册与企业名称的关系，日本商标法第4条第1款第8项规定，含有他人肖像、姓名、名称、著名雅号、艺名、笔名，或者它们著名简称的标记，除非获得许可，不得注册为商标。其中的姓名、名称或者它们的著名简称，就是指企业名称中的字号。此外，日本反不正当竞争法第2条第1款第1项规定，如果他人的商品标记在消费者中广为知晓，使用与之相同或者近似的标志，提供商品或者服务，并且造成了与他人的商品或者营业混淆的，属于不正当竞争行为，应当予以制止。其中的"商品标记"，则是指与其营业活动相关的姓名、商号、商标、标记、商品的容器或者包装，以及与其商品和营业活动有关的其他标记。这表明，无论是商标法还是反不正当竞争法，都提供了对于企业字号的保护。

下面来看一个有关商标注册与字号的典型案例。在昭和57年（1982年）的"月友会"案❶中，原告（申请人）是一家位于日本石川县的公司，使用了"株式会社月友会"的企业名称。被告（被申请人）是一家经营被服制品的公司，获准注册了"月友会"的商标，指定使用在服装、床上用品等商品上。于是，原告向日本特许厅审判部提起了申请，认为注册商标"月友会"与自己企业名称中的主要部分相同，应当予以撤销。审判部经过审查，驳回了原告的主张。原告不服决定，向东京高等法院提起诉讼。东

---

❶ 日本最高法院"月友会"案（昭和57.11.12.，民集36卷11号2233页）。

京高等法院经过审理，再次驳回了原告的主张。法院在判决中指出，日本商标法第4条第1款第8项所说的"他人的……名称"，就该案而言，是指原告的企业名称"株式会社月友会"，而非简称"月友会"。与此相应，被告可以使用"月友会"作为注册商标。原告最终向日本最高法院提起了上诉。

日本最高法院经过审理，仍然驳回了原告的诉讼请求。法院在判决中指出，公司的名称或者商号属于日本商标法第4条第1款第8项规定的"他人的名称"。如果去掉"株式会社"一类的字词，剩下的部分应当属于第8项规定的"他人名称的简称"。不过按照第8项，"简称"要想获得保护，应当达到"著名"的程度。就该案而言，原告的公司名称（商号）是"株式会社月友会"，如果去掉"株式会社"的字词，剩下的"月友会"就是简称。按照第8项的要求，简称只有在达到了"著名"的程度时，被告才不得以之作为商标注册和使用。然而在该案中，原告的简称并没有达到"著名"的程度。所以，被告申请注册"月友会"的商标，不受第8项的限制。

值得注意的是，在"月友会"一案中，无论是日本特许厅审判部的裁定，还是一审法院和二审法院的判决，都是从相关的字号或者简称是否具有一定的影响出发，认定被告可以在服装类商品上注册"月友会"的商标。由于原告的简称没有在市场上达到"著名"的程度，因此注册"月友会"的商标就没有利用原告企业名称的影响，不会造成消费者在商品或者服务来源上的混淆。

在有关近似商标不得获准注册方面，日本商标法第4条第1款第19项还有一个独特的规定。根据规定，相关的商标，无论是在日本广为知晓还是在外国广为知晓，他人都不得为了不正当竞争的目的，将其注册为商标。与此相应，即使某一商标仅仅在其他国家知名，也不得在日本注册与之相同或者近似的商标。同样，阻止这类商标获准注册，仍然是为了防止消费者在商品或者服务来源上的混淆。下面来看一个典型案例。

在平成 15 年（2003 年）的"Manhattan Portage"案❶中，申请人是一家美国的香烟制造和销售公司，其商标由长方形的高层楼群的图形和文字"Manhattan Portage"构成。被申请人是一家日本公司，申请注册了两件商标。其中的一件由高层楼群的图形和文字"Manhattan Portage"构成，另一件由高层楼群的图形构成，没有文字。被申请人的两件注册商标指定使用的也是香烟和烟草制品。于是，申请人依据日本商标法第 4 条第 1 款第 19 项提出申请，要求撤销被申请人的两件注册商标。日本特许厅审判部经过审理认为，被申请人的两件商标违反了第 19 项的规定，应当撤销注册。被申请人不服日本特许厅审判部的决定，向东京高等法院提起了诉讼，认为在自己提出商标注册申请时，申请人的商标不具有周知性。

　　东京高等法院在判决中指出，在被申请人提出两件商标注册申请以前，申请人的商标至少在美国国内已经在香烟的消费者中广为知晓。与此相应，日本特许厅审判部认定申请人的商标属于周知性商标，是没有错误的。关于被申请人具有的不正当目的，法院列举了以下证据：第一，申请人的商品自昭和 63 年（1988 年）10 月进入日本，而被申请人在当年 11 月就申请了楼群图形加文字"Manhattan Portage"的商标注册。这表明，被申请人是在知道申请人商标的情况下提出了自己的注册申请。第二，在昭和 63 年（1988 年）10 月，被申请人与申请人详细讨论过购买申请人商品的问题，包括由被申请人作为申请人商品在日本的独家代理人。综合案件的情形可以看出，当被申请人申请注册涉案的两件商标时，申请人的商标已经广泛使用，在美国的相关消费者中广为知晓。同时，被申请人的两件商标，与申请人的商标酷似，指定使用的又是同类产品，容易造成混淆。法院最后得出结论：被

---

　　❶　东京高等法院"Manhattan Portage"案，见于：中山信弘 . 商标、外观设计、不正当竞争判例百选［M］. 东京：有斐阁，2007：30 - 31。

申请人申请注册两件涉案商标的行为，属于具有不正当目的的行为。

对比中日两国的商标法和相关的判决就会发现，日本在对驰名商标的保护方面，力度更大。按照日本商标法第 4 条第 1 款第 19 项的规定，不仅其国内广为知晓的未注册商标可以获得保护，而且国外广为知晓的未注册商标同样可以获得保护。这样，日本对广为知晓商标的认定，甚至是对周知商标、著名商标的认定，也就具有了超越地域性的特征。显然，在经济贸易全球化的背景下，在广播、电视和互联网络普及的条件下，在企业和社会公众可能了解其他国家商品、服务及其商标、商号的情形下，对"广为知晓""周知""著名"的认识，应当有一个更为宽广的视野。在这种背景下，仅仅局限于外国的商品及其商标是否进入了本国市场，是否在本国进行了广告宣传，是否有本国消费者的认可，就会显得目光狭窄。

三、商标近似与商标侵权

中国于 1982 年制定了《商标法》。不过在 2013 年修订《商标法》之前，在注册商标的侵权认定上，一直规定"未经注册商标所有人的许可，在同一种商品或者类似商品上使用与其注册商标相同或者近似的商标"属于侵权。❶ 与此相应，无论是法院在相关案件的审理中，还是工商行政管理部门在相关案件的查处中，都把侵权与否的分析放在了商标的相同或者近似、商品的同类或者类似上。在相当长的时间里，无论是法院还是工商行政管理部门，都没有引入消费者混淆可能性的标准。

然而，2001 年修订的《商标法》第 13 条，在针对未注册驰名商标的保护时，依据相关国际公约引入了"容易混淆"的概念。

❶ 参见 1992 年《商标法》第 38 条、1993 年《商标法》第 38 条、2001 年《商标法》第 52 条。

根据规定，就相同或者类似商品申请注册的商标是复制、摹仿或者翻译他人未在中国注册的驰名商标，容易导致混淆的，不予注册并禁止使用。● 其中的"容易导致混淆"，既针对商标注册，又针对商标使用，因而与司法的侵权认定密切相关。到了 2002 年 10 月，最高人民法院发布《关于审理商标民事纠纷案件适用法律若干问题的解释》，除了在第 2 条中重申了《商标法》第 13 条第 1 款的规定外，又在第 1 条中针对企业名称和域名规定了"容易使相关公众产生误认"的标准。其具体规定是："将与他人注册商标相同或者近似的文字作为企业的字号在相同或者类似商品上突出使用，容易使相关公众产生误认的""将与他人注册商标相同或者近似的文字注册为域名，并且通过该域名进行相关商品交易的电子商务，容易使相关公众产生误认的"，属于对于他人注册商标专用权造成其他损害的行为。●

尽管 2001 年《商标法》仅仅针对未注册驰名商标规定了"容易混淆"，2002 年最高人民法院针对企业字号和域名规定了"容易使相关公众产生误认"，但毕竟在中国的商标法律和司法实务中引入了"消费者混淆可能性"的概念。这样，到 2013 年修订《商标法》，终于在第 57 条第 2 项规定"未经商标注册人的许可，在同一种商品上使用与其注册商标近似的商标，或者在类似商品上使用与其注册商标相同或者近似的商标，容易导致混淆的"，属于商标侵权。这样，至少就近似商标与同类或者类似的商品而言，就相同商标与类似商品而言，《商标法》终于引入了"混淆可能性"的侵权认定。

当然，2013 年修订的《商标法》并没有彻底引入"混淆可能性"的侵权认定标准。因为，依据其第 57 条第 1 款，"未经注册商

● 参见 2001 年《商标法》第 13 条第 1 款。

● 参见《最高人民法院关于审理商标民事纠纷案件适用法律若干问题解释》（法释〔2002〕第 32 号）第 1 条第 1 项和第 3 项。

标人的许可，在同一种商品上使用与其注册商标相同的商标"，属于商标侵权。这样，如果他人未经许可在同一类商品或者服务上，使用了与注册商标相同的商标，可以直接认定为侵权，不需要考虑消费者混淆的可能性。然而，依据 TRIPS 第 16 条，未经注册商标所有人的许可，将相同的商标使用在同类商品或者服务上，应当推定为有可能造成消费者的混淆。这表明，如果出现了相反的证据，例如，不存在消费者混淆的可能性，则不应当认定为侵权。显然，推定为存在着"混淆可能性"，仍然是以消费者混淆为前提。不过，《商标法》的这个缺陷，只能留待下一次修订法律时予以纠正了。

说到《商标法》于 2013 年引入"混淆可能性"的侵权认定标准，不得不说到 2001 年由深圳市中级人民法院判决的"耐克诉银兴制衣案"❶。在这个案件中，原告是美国的耐克公司，在全球很多国家拥有注册商标"NIKE"及图。但是在西班牙，"NIKE"文字商标的所有人是 CIDESPORT 公司，而非美国的耐克公司。根据案情，西班牙的 CIDESPORT 公司委托中国浙江的银兴制衣厂制作了一批男式滑雪夹克，大约 4000 件。而在服装上缝制的商标标识、悬挂的吊牌和外包装物上，均带有"NIKE"的商标标识。当这批货物在深圳海关出口的时候，遭到扣押。随后，美国耐克公司向深圳市中级人民法院提起诉讼，主张西班牙 CIDESPORT 公司和银兴制衣厂侵犯了自己注册商标专用权。被告则主张，CIDESPORT公司是"NIKE"注册商标在西班牙的所有人，而且这批服装专门出口到西班牙，不会在中国上市，因而不会有消费者混淆可能性的问题；与此相应，自己没有侵犯原告在中国的注册商标专有权。

深圳市中级人民法院经过审理，认定被告侵犯了原告的注册

❶ 参见深圳市中级人民法院（2001）深中法知产初字第 55 号民事判决书（2002年 12 月 10 日）。

商标权。法院在判决中指出，原告的商标"NIKE"及图在中国获准注册，应当得到保护。同时，商标权的保护具有地域性，尽管被告 CIDESPORT 公司在西班牙拥有"NIKE"的注册商标，但其效力范围仅限于西班牙。法院继续论证说，原告就其注册商标在中国享有专有权利，他人未经许可不得以任何方式使用其注册商标。就该案而言，被告在属于同类商品的服装上，未经许可使用了相同的"NIKE"商标，应当认定为侵权。法院最后判决：被告应当立即停止侵权，支付相应的损害赔偿，以及除去滑雪夹克上的"NIKE"标识。

显然，深圳市中级人民法院将判决的重点放在了商标的相同和商品的同类上，忽略了商标权是一种市场竞争关系中的权利，商标侵权的标准应当是消费者混淆的可能性。事实上，仅仅从商标的相同或近似商品的同类和类似出发，很容易将商标权作为一种抽象的权利予以保护，从而忽略了商标与市场竞争的关系。尽管"耐克诉银兴制衣案"的一审判决得到了广东省高级人民法院的维持，并且得到了最高人民法院的认可，但学术界和司法实务界普遍认为，这是一个有问题的判决。随后，浙江、江苏、福建、山东的一些法院，对于定牌加工（OEM）和专门用于出口的商品作出了相反的判决。同时，在学术界和司法实务界的推动下，终于在 2013 年修订《商标法》的时候，引入了消费者混淆可能性的商标侵权标准。

下面来看日本关于商标侵权的认定标准。日本商标法第 25 条规定，商标权人享有专有权利，在指定的商品或者服务上使用核准注册的商标。依据这个规定，如果未经许可而在指定的商品或者服务上使用了他人的注册商标，就会构成侵权。除此之外，日本商标法第 37 条规定了以下 8 种商标侵权行为：

（1）在相同的商品或者服务上使用与注册商标近似的商标，或者在类似的商品或者服务上使用与注册商标相同或者近似的商标；

（2）为了转让、交付或者出口的目的，拥有与指定商品相同的商品，或者拥有与指定的商品或者服务类似的商品，并且在所拥有的商品或者其包装上贴附了与注册商标相同或者近似的商标；

（3）在提供指定服务或者类似服务的过程中，拥有或者进口贴附了与注册商标相同或者近似商标的物品，或者让服务的接受者使用该物品；

（4）在提供指定服务或者类似服务的过程中，转让、交付，或者为了转让或者交付的目的而拥有或者进口贴附了与注册商标相同或者近似商标的物品，或者让服务的接受者使用该物品；

（5）拥有贴附了与注册商标相同或者近似商标的商品，其目的是在指定的商品或者服务上或者在类似的商品或者服务上使用与注册相同或者近似的商标；

（6）转让、交付，或者为了转让或者交付的目的而拥有贴附了与注册商标相同或者近似商标的物品，其目的是造成他人在指定的商品或者服务上，或者在类似的商品或者服务上，使用与注册商标相同或者近似的商标；

（7）为了在指定的商品或者服务上或者在类似的商品或者服务上使用或者让他人使用与注册商标相同或者近似的商标，制造和进口贴附了与注册商标相同或者近似商标的物品；

（8）在商业活动中，制造、转让、交付或者进口相关的物品，而且该物品专门用于制造贴附了与注册商标相同或者近似商标的物品。❶

大体说来，上述 8 种侵犯商标权的行为，涉及了商标的使用，商品的制造、转让、交付和进口，以及服务的提供和与服务相关物品的提供。其中，在商标的使用方面，涉及了与注册商标相同或者近似的商标；在商品或者服务方面，涉及了与指定商品同类和类似的商品、与指定服务同类和类似的服务。正是由此出发，我们可以将上述 8 种情形归纳为：在制造、销售、进口和提供商

---

❶　参见日本商标法第 37 条。

品或者提供服务的时候，将与注册商标相同或者近似的商标使用在了同类或者类似的商品或者服务上。

无论是按照日本商标法第 25 条关于商标权的规定，还是按照日本商标法第 37 条关于侵犯商标权行为的规定，其基本点都是他人未经许可，将与注册商标相同或者近似的商标使用在了同类或者类似的商品或者服务上。至少是从第 37 条的规定来看，没有提及消费者混淆可能性的问题。● 然而在相关的司法实务中，日本法院不仅关注了商标的近似与否，而且关注了是否有消费者混淆的可能性。下面来看一个典型案例。

在 1997 年的"小僧寿司案"● 中，原告是一家餐饮企业，就食品和调味品注册了"小僧"商标，但仅在大阪地区象征性地经营了寿司、饭团等食品的外卖。该案的被告也是一家餐饮企业，以"小僧寿司本部"的企业名称从事商业活动，并且进行了广泛的连锁经营活动。具体而言，被告在经营寿司业务的时候，使用了"小僧寿司""KOZO""KOZO SUSHI""KOZO ZUSHI"等商标。随着被告寿司外卖业务的扩大，原告依据自己的注册商标"小僧"提起了诉讼，主张被告侵犯了自己的商标权，要求被告停止侵权和赔偿损失。

一审法院经过审理认为，被告使用的"小僧"和"KOZO"两件商标，与原告的注册商标近似，构成侵权。但是被告使用的其他商标，例如"小僧寿司""KOZO SUSHI""KOZO ZUSHI"，则与原告的商标不近似，没有构成侵权。原告不服一审判决而提起上诉，但是二审法院维持了一审判决。随后，原告又向日本最高法院提起了上诉。日本最高法院经过审理，维持了一审和二审判决。

日本最高法院在判决中论证说，两件商标是否属于近似商标，

● 应该说，这种状况与中国 2014 年《商标法》修订以前的情况相似。当时的中国《商标法》也是仅仅规定了商标的相同、近似，商品（服务）的同类和类似。

● 日本最高法院"小僧寿司案"（平成 9.3.11.，民集 51 卷 3 号 1055 页）。

要考虑两件商标使用的商品是否属于类似商品，要考虑两件商标的外形、含义和称呼等要素，要考虑购买者、消费者对于两件商标的印象、记忆和联想等要素。只有将上述这些要素综合起来，才可以判断两件商标是否属于近似商标。日本最高法院进一步论证说，如果两件商标的外观、含义和称呼近似，就可以推定被告商标的使用有可能造成商品来源的误认或者混淆。然而，即使外观、含义和称呼近似，还应当考虑其他的几个要素，例如购买者或者消费者的注意力，他们是否对于商品的来源产生了误认或者混淆。如果购买者或者消费者没有在商品的来源上产生误认或者混淆，就可以否定商标的近似。

日本最高法院在判决中说，就该案而言，被告所使用的"小僧寿司""KOZO SUSHI""KOZO ZUSHI"，都含有"小僧"或者"KOZO"的字样。这样，与原告的注册商标"小僧"相比对，属于外观上和含义上近似的商标。然而，在被告的这几件商标中，能够独立出来并且能够指示商品来源的是"小僧寿司"的字词。但是在含义上，被告的"小僧寿司"不是"小僧"（原告注册商标），而是著名的连锁企业的简称。日本最高法院认为，该案的被告在其制造和销售的商品上使用"小僧寿司"的标记，是在使用企业名称的简称，并且以"小僧寿司"的简称指示商品的来源。在这方面，被告在其制造和销售的商品上使用"小僧寿司"的企业简称，在消费者之中具有很高的识别力。购买者或者消费者不会在商品的来源上发生误认或者混淆。

值得注意的是，在"小僧寿司案"中，无论是一审法院和二审法院，还是作出终审判决的日本最高法院，在有关商标侵权的讨论中，不仅分析了双方当事人的商标是否近似，而且分析了消费者、购买者误认或者混淆的问题。由此可见，尽管日本商标法第37条关于商标侵权的规定没有"消费者""购买者"和"误认""混淆"等术语，但是法院却从商标近似与否的分析中，引入了消费者、购买者"误认"或者"混淆"的概念。

中日两国的商标法，继承了欧洲大陆法系的传统，将商标注册视为商标权的获得途径。例如，我国《商标法》第 4 条中规定："自然人、法人或者其他组织在生产经营活动中，对其商品或者服务需要取得商标专用权的，应当向商标局申请商标注册。"第 56 条规定："注册商标的专用权，以核准注册的商标和核定使用的商品为限。"日本商标法则在第 18 条规定明确规定："商标权经设定注册而产生。"这表明，无论是中国的"商标专用权"还是日本的"商标权"，都是经由注册程序而产生的。

然而在另一方面，如果商标局的程序出现失误，将不应当注册的商标核准注册，又该如何面对这样的"商标权"呢？在这方面，我国《商标法》在第 44 条至第 47 条规定了"注册商标的宣告无效"。而日本商标法也在第 43 条之一到第 43 条之十五的 15 个条文中，规定了"注册异议的申请"。除此之外，中日两国的司法机关还在相关案件的审理中，以两个商标不相近似、不存在消费者混淆的可能性为由，判定被告没有侵犯原告的注册商标权利。

先来看一个中国的典型案例。在 2016 年的"非诚勿扰案"❶中，华谊兄弟拍摄了一部电影《非诚勿扰》，并且就电视节目制作申请注册了"非诚勿扰"的商标，许可给江苏省广播电视总台（以下简称"江苏电视台"）使用。该案的原告是浙江温州的一个个体户金某，就婚介服务申请注册了"非诚勿扰"的商标。由于江苏电视台制作和播放的电视节目"非诚勿扰"主要以婚介为内容，金某于 2013 年向深圳市南山区人民法院提起了侵权诉讼。一审法院认为，原告的商标与被告的商标相同，都是"非诚勿扰"。但是，原告的服务类别是婚介，而被告的服务类别是电视节目制作和播放，不构成服务的类似，因而被告没有侵犯原告的注册商标权利。金某不服一审判决，向深圳市中级人民法院提起上诉。二审法院则认为，原告注册商标指定使用的服务是婚介、交友，

---

❶ 参见广东省高级人民法院（2016）粤民再 447 号民事判决书（2016 年 12 月 16 日）。

而被告制作和播放的"非诚勿扰"节目主要以婚介和交友为内容，属于相同或者类似服务。二审法院还特别指出，在判定被告是否构成商标侵权的时候，不能只考虑"非诚勿扰"节目在电视上播出的形式，更应当考虑电视节目的内容和目的等，进而判定两者服务类别是否同类或者类似。由此出发，二审法院判定被告构成商标侵权。被告不服二审判决，又向广东省高级人民法院提起了再审请求。

广东省高级人民法院经过审理，认定被告没有侵犯原告的注册商标权利。法院在判决中指出，根据《商标法》，注册商标的专用权，以核准注册的商标和核定使用的商品（服务）为限。未经商标注册人的许可，在同一种商品（服务）上使用与其注册商标相同的商标，属于侵犯注册商标专用权的行为；在同一种商品（服务）上使用与其注册商标近似的商标，或者在类似商品（服务）上使用与其注册商标相同或近似的商标，容易导致混淆的，亦构成侵权。据此，在商标侵权裁判中，必须对被诉标识与注册商标是否相同或近似、两者服务是否同类或类似，以及是否容易引起相关公众的混淆误认作出判断。

广东省高级人民法院进而指出，被告使用的是"非诚勿扰"及图的标识，与原告的文字商标"非诚勿扰"不同，属于近似商标。法院的判决进一步论证说，被告的电视节目是否与"交友、婚介"服务类似，不能仅看其题材或表现形式来简单判定，而应当根据商标在商业流通中发挥识别作用的本质，结合相关服务的目的、内容、方式、对象等情况，并且结合相关公众的一般认识，进行综合考量。就该案而言，被告的"非诚勿扰"电视节目，经过长期的播放已经有了稳定的观众，不会将被告的电视节目"非诚勿扰"与原告的注册商标"非诚勿扰"联系起来。法院继续论证说，退一步而言，即使如金某所主张，认为江苏电视台提供的节目与"交友服务、婚姻介绍"服务类似，但因被诉行为不会导致相关公众对服务来源产生混淆误认，也不构成商标侵权。这样，广东省高级人民法院就从商标的近似与否、服务类别的类似与否，以及非常重要的是否存在消费者可能性的角度，作出了被告没有侵犯原告注册商标权利的判决。

值得注意的是，在"非诚勿扰"一案中，无论是一审法院和二审法院，还是再审法院，都不仅分析了原告商标与被告商标是否相同或者近似、原告服务与被告服务是否同类或者类似的问题，而且分析了消费者混淆可能性的问题。然而仔细观察三级法院的判决就会发现，一审法院认定商标相同但服务不类似，进而判定不构成侵权。二审法院认定商标相同、服务类似，进而判定构成侵权。至于再审法院，则认定原告与被告的商标近似、服务类似，进而分析了不存在消费者混淆可能性的问题。由此可见，是否存在消费者混淆的可能性，基点还在于商标的相同与近似、服务的同类与类似。

同样值得注意的是，在"非诚勿扰案"中，三级法院都认定原告金某获准注册了"非诚勿扰"的商标，就享有了应当获得保护的权利。然而就笔者所知，金某申请和注册"非诚勿扰"的商标，未经许可使用了华谊兄弟的知名电影名称；无论是在注册之前还是在注册之后，金某在实际的商业活动中都没有使用过"非诚勿扰"的商标。这又反映了目前中国的理论界和实务界将商标注册当作授权的看法。至于一审法院和再审法院，也似乎刻意绕开注册与授权的核心问题，找出种种理由为被告开脱。显然，这反映了中国商标注册制度的困境。

日本则在不挑战商标注册有效性的前提下，发展出了"商标权滥用"的抗辩。在平成 2 年（1990 年）的"POPEYE 案"❶ 中，美国人创作了大力水手的系列漫画，并且享有著作权。该案的原告于昭和 34 年（1959 年）获准注册了一件商标，指定使用在纺织品上。原告的商标由三部分构成：上部是英文的"POPEYE"，下

---

❶ 日本最高法院"POPEYE 案"（平成 2.7.20.，判时 1356 号 132 页）。

部是日文的片假名"ポパイ"，中间则是一个水兵的图形，显然抄袭了美国人的漫画作品。该案的被告是一家纺织品的制造和销售商，从"POPEYE"作品的著作权人那里获得许可，在衬衫等物品上使用"POPEYE"的字样和漫画形象。于是，原告依据自己的注册商标和"商标权"，向大阪地方法院提起侵权诉讼。而被告则提出了原告滥用商标权的抗辩。

大阪地方法院经过审理认定，被告的商标虽然与原告的注册商标近似，但来自著作权人的许可，因而没有侵犯原告的商标权。法院还在判决中指出，商标权的授予和商标权的无效宣告，都属于日本特许厅的职权范围。同时，受理商标侵权诉讼的法院，也不会对日本特许厅作出的商标权是否有效的决定作出审查。因为，如果一方或者双方当事人对于日本特许厅作出的授权与否的决定，或者商标权有效与否的决定不服，可以起诉到东京高等法院，上诉到日本最高法院。当然，如果存在原告的商标无效或者商标权无效的理由，那么原告行使其禁止权的行为，就是滥用商标权的行为，应当予以制止。

原告不服一审判决，向大阪高等法院提起了上诉。二审法院经过审理，认定被告使用相同或者近似的商标，侵犯了原告的注册商标权。二审法院还认为，原告依据自己的注册商标行使权利，不存在权利滥用的问题。被告不服二审判决，又向日本最高法院提起了上诉。日本最高法院经过审理，最终作出了有利于被告的判决，并且阐述了商标权滥用的理论。

日本最高法院在判决中说，当原告申请商标注册的时候，连载漫画作品"POPEYE"已经问世，其中的主人公"POPEYE"具有一致的个性特征和外形特征，为世界各国和日本国内的读者所熟知。在这方面，"POPEYE"的名称和漫画作品中的主人公形象，属于不可分割的一个整体。所以，当被告使用第一个文字标记"POPEYE"的时候，就会让人联想起漫画作品中的主人公形象。当原告申请商标注册的时候，一般人都会认为，申请注册的商标无论在含义（义）上还是在称呼（音）上，都与漫画中的主人公是一致的。由此可见，原告申请注册的商标，无偿利用了他人漫画作品中的著名人物形象。按照商标法的宗旨，商标保护应当维护公正的市场竞争秩序。在该案中，被告使用自己的两件标记，已经获得了漫画作品著作权人的许可。在这种情况下，原告依据自己的注册商标或者"商标权"，主张被告使用两件标记属于侵犯商标权，并且要求停止侵权和支付损害赔偿，显然是扰乱了公正的市场竞争秩序，属于滥用权利的行为。

四、结语

商标是指示商品或者服务来源的标记，同时还具有区别不同市场主体商品或者服务的功能、保障某一市场主体提供的商品或者服务具有相对稳定品质的功能，以及广告宣传的功能。按照中日两国主流的学术观点，同时也按照国际上的通行看法，商标的核心功能是指示商品或者服务的来源。

从商标的核心功能来看，如果未经许可而将相同或者近似的商标使用在同类或者类似的商品（服务）上，则有可能造成消费者在商品或者服务来源上的混淆。与此相应，在防止消费者混淆可能性的前提下，应当防止与他人商标相同或者近似的商标获准注册，应当防止与他人商标相同或者近似的商标在商业活动中的使用。在这方面，无论是《巴黎公约》还是 TRIPS，都在防止消费者混淆可能性的前提之下，规定成员方应当防止与他人驰名商标相同或者近似的商标、防止与他人注册商标相同或者近似的商标，获得主管机关的注册。同时，成员方还应当制止这类商标在商业活动中的使用。

中日两国都是《巴黎公约》和 TRIPS 的成员，都在各自的商标法和反不正当竞争法中，以及相关的司法实践中，落实了《巴黎公约》和 TRIPS 的相关要求。当然从另一方面来看，规定对于未注册驰名商标、注册商标的保护，包括防止相同或者近似的商标获准注册、防止相同或者近似的商标在商业活动中的使用，也是商标保护的应有之义。所以，即使没有《巴黎公约》和TRIPS的要求，世界各国和地区的商标法或者反不正当竞争法也会作出必要的规定。

从商标注册角度来看，中日两国的商标法都规定，与他人注册商标相同或者近似的商标，不得在同类或者类似的商品上获准注册。如果已经注册，则应当撤销注册或者宣告注册无效。虽然两国的商标法在相关的条文中，没有规定消费者混淆可能性的判定标准，但两国的商标注册部门和法院在相关案件的处理中，都不仅考虑了商标的相同或者近似，而且考虑了消费者混淆可能性的要素。在中国法院处理的"百威"案和"利莱森玛"案中，在日本法院处理的"橘正宗"案和"月友会"案中，都体现了对于消费者混淆可能性的考虑。

从商标侵权纠纷的处理来看，我国《商标法》自2013年修订以后，在侵权认定的标准上引入了消费者混淆的可能性。与此相应，中国法院在处理商标纠纷的时候，也将分析的重点放在了是否存在消费者混淆可能性的问题上，而不像以前那样重点分析商标的近似与否、商品的同类或类似。2016年的"非诚勿扰"案，充分反映了法院依据是否存在消费者混淆可能性的标准判定是否存在商标侵权。日本虽然没有在商标法的相关条文中规定"消费者混淆可能性"的侵权认定标准，但在相关的司法实践中，也是从是否存在消费者混淆可能性的角度，处理了相关的商标侵权纠纷。这在"小僧寿司"案和"POPEYE"案的判决中有着充分的体现。

值得注意的是，在注册商标的保护方面，中日两国都继承了欧洲大陆法系的传统，将行政机关的商标注册视为商标权的获得途径。在这方面，日本商标法明确规定，商标权经由注册而设定。我国《商标法》也规定市场主体经由行政注册程序可以获得"商标专用权"。然而在笔者看来，将行政机关的注册行为视为财产权的授予行为，存在巨大的弊病。一旦出现错误的注册，就会造成司法机关难以处理相关的纠纷，进而造成市场竞争秩序的混乱。为了解决这一问题，日本法院在相关的司法实践中形成了"商标权滥用"的规则，比较好地解决了相关的问题。至于中国，如何在行政的宣告注册无效的程序之外，面对注册不当的商标和与之相关的纠纷，仍然是一个探索中的问题。或许，中国可以接受英美法系的观点，行政机关的商标注册不过是一个公示程序，与财产权的授予毫无关系。与此相应，在相关的司法程序中，法院也就可以在必要的时候纠正不当的商标注册了。

比较中日两国的商标法律，就日本商标法而言，最值得称道的地方是第4条第1款第19项的规定，对于仅仅在其他国家驰名的商标也提供不予注册的保护。根据这个规定可以看出，日本对于驰名商标的认定和保护，已经具有了超越地域性的特点。显然，在经济贸易全球化的背景之下，在互联网和相应的电子商务日益发达的背景之下，以超越地域性的视野认定和保护驰名商标，应当是国际商标保护的一个必然趋势。在这方面，中国有必要积极借鉴日本的做法。

有关日本商标法中"知名度"解析

井手李咲*

一、引言

在日本的商标法中并不存在"知名度"这样的词语，在各个条文中被描述为"需求者❶可以认知其为何人的业务相关商品或服务的"（例如，商标法❷第 3 条第 2 款、第 26 条第 1 款第 6 项等）或"在需求者之间被广为认知的"［例如，商标法第 4 条第 1 款第 3 项、第 10 项、第 19 项，第 7 条之二，第 32 条，第 33 条，第 46 条，第 47 条，第 60 条，第 64 条等］。另外，在商标法中，虽然有个别的条文中使用了"著名"一词，但并非是为了判断本文中所涉及商标知名度而规定的。本文篇幅有限，不对此进行具体讨论。

本文将主要通过分析商标法第 3 条第 2 款、第 4 条第 1 款第 10 项及第 19 项、第 7 条之二、第 32 条、第 64 条，以及与此相关的其他条文对日本商标法中的"知名度"作一解析。

首先，何谓知名。在日本的文献中用"周知"一词。在商标法制度框架下，知名是指"作为特定某人的商标在交易者及需求者之间被相当广泛地认知，成为业务之信用基础的客观状态"。❸

---

* 作者简介：井手李咲，法学博士，日本知识产权研究教育财团知识产权研究所主任研究员。

❶ 在本文中，"需求者"作为包括消费者在内的概念使用。

❷ 在本文中不作特别说明的皆指日本商标法。

❸ 丰崎光卫. 工业所有权法：法律学全集 [M]. 东京：有斐阁，1980：365.

对于这样的定义，目前的学术界不存在任何异议。以这样的定义为前提，商标法在注册阶段和权利行使阶段对于商标知名度作不同的解释。

二、商标法第 3 条第 2 款解析

作为商标注册积极要件的商标法第 3 条，其制度目的在于阻止不具有显著性的标记注册。而其第 2 款的制度旨趣在于，已经例外地获得了识别自他商品之显著性的标记缺乏对其不予以商标注册的实质性理由，而且独占使用状态在事实上被认可的情况下可以判断其已经丧失了为他人留存该商标之使用的公益性理由。❶因此，即使是在第 3 条第 1 款第 3 项到第 5 项中规定的不可以作为商标注册的标记，其使用的结果使得需求者可以认知其为何人的业务相关商品或服务之客观状态得以实现之时，不具有显著性的状态已经改变且该标记独占使用的状态事实上已被认可，这样的标记就可以作为商标注册。

该条款的问题在于特别显著性的获得是否仅限于指定商品或服务之上。对此，法院在不同的阶段作出了不同的判断。在早些年的"Georgia 案件"❷中法院指出，"根据商标法第 3 条第 2 款可以获得商标注册的仅限于，商标对于特定的商品达到了满足该条款所规定之要件时，将该特定商品作为指定商品之时"。并且，在此后的案件❸中因为指定商品中包含了使用范围之外的商品而被判决不可以适用商标法第 3 条第 2 款。

近年来，通过使用获得了显著性范围内的商品或服务，仅对

---

❶ 知识产权高等裁判所平成 19［2007］年 3 月 29 日［平 18（行ケ）第 10441 号］［医生的护膝带（原名：お医者さんのひざベルト）］。

❷ 东京高等裁判所昭和 59［1984］・9・26 无体财产权关系民事・行政裁判例集第 16 卷第 3 号第 660 页［Georgia（ジョージア）］。

❸ 东京高等裁判所平成 3［1991］・1・29 判例时报第 1379 号第 130 页［Digestive（ダイジェステイブ事案）］。

于将其作为指定商品或服务方可注册商标之条件有所缓和。在
2013 年的知识产权高等裁判所判决❶中法院认为，"没有必要将指
定商品限定为成为取得识别出处之理由的具体商品 a 上。不因为申
请人将指定商品设定为包含了商品 a 的商品 A，对于商标法第 3 条
第 2 款的适用便即刻认为其为特定不充分"。

而就该问题，商标审查基准规定，原则上对于申请注册商标
的指定商品或服务与商标所使用的商品或服务不同时，不认为申
请注册商标在指定商品或服务上被使用。但同时也规定，即使是
指定商品或服务与使用的商品或服务严格判断为不一致的情形，
考虑到交易的实际情形，在认为指定商品或服务与所使用的商品
或服务的同一性不受损时，可以判断在指定商品或服务上使用了
申请注册商标。

对于这样的判断标准与该商标的知名度有怎样的关系，2012 年
知识产权高等裁判所给出了一定的答案。在"Kawasaki 案件"❷ 中，
法院认为"商标法第 3 条第 2 款规定的是，对于被使用的结果需求
者可以认知其为何人的业务相关商品或服务的……可以接受商标
注册。商标法中并未规定该商标应当是被使用在指定商品或服务
上的结果获得了识别自他商品的显著性。同时，该条款的旨趣在
于该条第 1 款第 3 项到第 5 项的商标，特定人常年使用于其业务相
关商品或服务上的结果，经验上可以认为该商标与其商品或服务
密切结合达到了标示其出处之功能，由此规定这种情况下判断其
已经产生了特别显著性而获得商标注册"。该条款被法院解释为，
注册相关的商标在特定人业务相关商品或服务上常年被使用的结
果，该商标与特定人的业务相关商品或服务发生关联性，具有了
标示其出处的功能之时，该商标使用于指定商品或服务上也可认

❶ 知识产权高等裁判所平成 25 ［2013］·1·24 判例时报第 2177 号第 114 页［红
豆条案件（あずきバー事案）］。

❷ 知识产权高等裁判所平成 24 ［2012］·9·13 判例时报第 2166 号第 131 页
［Kawasaki 案件（Kawasaki 事案）］。

可其具有标示出处的功能，则应该适用商标法第 3 条第 2 款的规定。也就是说，原本属于商标法第 3 条第 1 款第 3 项到第 5 项的注册申请商标，其被使用的结果在指定商品或服务之外也具有了产生显著性程度的知名度，则可以超过该商标使用范围指定商品或服务而获得商标注册。

其判断方法需要综合考虑。具体来讲，注册申请商标为标示指定商品品质或形状适用商标法第 3 条第 1 款第 3 项时，其能否适用该条第 2 款规定而获得注册应该综合考虑使用相关的商标与商品、使用开始时间与使用时间、使用地域、该商品的销售量等以及广告宣传的方式及次数等，通过判断注册申请商标被使用的结果是否可以认为需要者可认知其为何人的业务相关商品而决定。❶上述判断方式，也许是对于立体商标的特别判断。因为在其他案件的立体商标获得显著性判断之时也用到了相类似的判断方法。❷这一点需要进一步探讨和验证。

三、商标法第 4 条第 1 款第 10 项解析

有关商标法第 4 条第 1 款第 10 项的规定源于明治 42 年（1909年）年商标法第 2 条第 1 款第 5 项，当时的条文规定，"世人所周知的与他人的标记相同或近似且使用于同一商品上的"。❸ 该条文在大正 10 年（1921 年）年的商标法第 2 条第 1 款第 8 项中被修改为，"在交易者或需求者之间广为认知的与他人的标记相同或近似

---

❶　参见东京高等裁判所平成 14〔2002〕·1·30 判例时报第 1782 号第 109 页〔角瓶案件（角瓶事案）〕。

❷　例如，在 Maglite 案件（知识产权高等裁判所平成 19〔2007〕·6·27 判例时报第 1984 号第 3 页）中也作出了同样的判断。

❸　明治 42（1909 年）年商标法第 2 条第 1 款第 5 项原文："世人ノ周知スル他人ノ標章ト同一又ハ類似ニシテ同一商品ニ使用スルモノ"。

且使用于相同或近似商品上的"。❶ 随着《巴黎公约》第 6 条之二的
条款内容在 1925 年的海牙修订公约中被导入，该条款规定对于恶意
取得商标注册的不需要设定除斥期间。由此，在昭和 9 年（1934 年）
部分修订商标法时，对于恶意取得注册的注册商标以违反大正 10 年
（1921 年）商标法第 2 条第 1 款第 8 项为理由的无效复审废止 5 年之
除斥期间［大正 10 年（1921 年）商标法第 23 条但书规定］。

　　现行法当中的第 4 条第 1 款第 10 项大体延续了大正 10 年
（1921 年）商标法第 2 条第 1 款第 8 项规定的内容。虽然在具体的
条款规定上，比如"交易者或需求者"被修改为"需求者"，或者
"与标记相同或近似"被修改为"商标或与其近似的商标"等，但
其旨趣与内容方面没有差别。

　　对于明治 42 年（1909 年）商标法第 2 条第 1 款第 5 项及大正
10 年（1921 年）商标法第 2 条第 1 款第 8 项，在学说与判决中大
体将其分为三类：防止出处混淆的"出处混淆防止说"❷、保护使
用事实的"使用事实保护说"❸、折中了前两种考虑方式的"折中
说"❹。就有些判决❺来看，被认为至少没有以"使用事实保护说"
进行判断。例如，在"Computer World 案件"中法院认为，如果
以"使用事实保护说"为依据，则外国知名商标仅限于在日本被
使用于该商品或服务上而达到知名的标记，因在日本进行了广告
宣传的标记无法适用该条款；而在该案件中，法院以"出处混淆

---

　　❶ 大正 10 年（1921 年）商标法第 2 条第 1 款第 8 项原文："取引者又ハ需要者ノ
間ニ広ク認識セラルル他人ノ標章ト同一又ハ類似ニシテ同一又ハ類似ノ商品ニ使用ス
ルモノ"。
　　❷ 田中鐵二郎 . 商標法要論［M］. 東京：巌松堂，1911：43；安達祥三 . 商標
法（現代法学全集）［M］. 日本評論社，1931：374；末弘厳太郎 . 工業所有権法（新
法学全集 29）［M］. 東京：日本評論社，1942：21 等。
　　❸ 兼子，染野义信 . 特许・商标（全订版）［M］. 东京：青林书院，1958：440.
　　❹ 三宅发士郎 . 日本商标法［M］. 东京：严松堂书店，1931：142.
　　❺ 东京高等裁判所平成 4［1992］・2・26 判例时报第 1430 号第 116 页［Comput-
er World 案件（コンピューターワールド事案）］。

防止说"为依据，认为即使是未在日本实际使用的商标，如果具有使需求者产生混淆之虞就应当适用该条款。

防止混淆具有公益保护色彩，如果站在"出处混淆防止说"的立场上，则不应当设定有以私益保护为其对象的无效复审请求中的除斥期间。因此，也有人认为采用"出处混淆防止说"不够妥当。❶ 但是，作为防止出处混淆的概括性规定的商标法第 4 条第 1 款第 15 项为私益保护规定，且第 4 条第 1 款第 11 项也通过减少类似商标的并存而保护商标权人。这些被作为是现行商标法的立场。由此，将商标法第 4 条第 1 款第 10 项看作防止出处混淆的规定与该条款为保护私益的规定似乎并不存在矛盾。

另外，在该条款中的"他人"是指，申请注册该商标的申请人之外的，与该注册申请商标相同或近似知名商标的支配人，其不对国内外人区别判断。该条款中的"他人"，作为其判断要件，即使是不能明确知名商标的使用人为何人，只要可以知道使用知名商标制造或销售的商品或所提供的服务为特定之人即可。❷

同时，商标的知名度应当是通过持续的使用而获得的，在其过程中使用人并非仅限于同一人。在东京高等裁判所的判决中，法院将与该商品或服务相关的业务持续过程中出现的继承人判断为该条款中的"他人"。❸ 也就是说，该业务的继承人也可成为知名商标之主。

而对于其知名度的具体判断，则充分考虑了根据交易形式特殊的商品或服务以及外国商标在外国的知名度等而进行判断的。❹

❶ 三宅发士郎．日本商标法［M］．东京：平松堂书店，1931：141；涉谷达纪．商标法的理论［M］．东京：东京大学出版会，1973：269.

❷ 大审院判决大正 15［1926］·6·2 审决公报判决商标第 1 卷第 1 号第 117 页。

❸ 东京高等裁判所昭和 43［1968］·10·04 判例 Times 第 227 号第 227 页［滩万案件（灘萬事案）］。

❹ 商标审查基准（改订第 14 版）第 3、九、第 4 条第 1 款第 10 项（他人的知名商标）。

具体来看，交易形式特殊的商品或服务，例如像医疗用医药品等流通于特定市场上的商品，或者像医药品的试验或检查或者研究等只在有限的市场中被提供的服务等；主要使用于外国的商标，在外国知名的事实，向多个国家出口的事实，或者在多个国家提供服务的事实等，对于这些的举证方法及以此为基础的知名度判断等，特别应当充分考虑其商品或服务的交易实情而进行判断。

就第 4 条第 1 款第 10 项中知名度判断的地域范围，被认为如果在全国范围内被认知则毋庸置疑，即使在一个地域具有知名度也足以满足适用该条款的条件。对此不存在争议。知名度当然应当是在日本国内，❶ 但是主要在外国使用的商标其作为在日本标示具有价值的商品等之商标在日本国内报道或引用而被知名的，也有判断其可以适用商标法第 4 条第 1 条第 10 项的案件。❷ 同时，其知名度的判断还受到指定商品或服务的性质的影响。

对于在全国流通的日常被使用的一般商品的商标，为满足商标法第 4 条第 1 款第 10 项规定中"在需求者之间被广为认知"之要件，考虑到该商标为未注册的条件下结合实际使用的事实而可以阻止在后的商标申请并获得不在需求者之间引起误认和混同之虞的保护，以及现今商品流通的实际情况及广告和宣传媒体的实际情况等而进行判断。具体来说，在这种情况下的知名度判断，应当是在全国主要商业圈中同种商品交易业者之间在相当程度上被认知，或者至少不限于一个县❸在相邻的数个县中相当范围内的地域中，至少在半数程度的同种商品交易业者中被认知。❹ 商标法第 4 条第 1 款第 10 项中的知名度应当是结合其具体使用形式，能够满足在商标注册申请的阶段有效排除有可能引起混淆之商标被

---

❶ 大审院判决大正 3〔1914〕·5·12 大审院民事判决录第 20 辑第 382 页。

❷ 如前述 Computer World 案件中东京高等裁判所的判决。

❸ 日本的行政区划中，"县"相当于中国的"省"。

❹ 东京高等裁判所昭和 58〔1983〕·6·16 无体财产权关系民事·行政裁判例集第 15 卷第 2 号第 501 页〔DCC 案件（DCC 案件）〕。

注册之初衷的程度即可。即使是在全国范围内一般流通的商品，也不对该条款的适用设定过高的障碍。

该条款的旨趣还在于，在防止混淆商品或服务的出处的同时，实现对于已经积累了一定商誉的未注册商标的利益。换言之，商标在经过使用获得了对于标示自己的"业务相关商品或服务在需求者之间广为认知"程度的商誉之时，虽然无法对于他人积极行使权利，但是可以通过该条款阻止他人的商标注册。如果他人违反该条款的商标被注册，也还有后述商标法第32条中规定的先使用权可供抗辩。

四、商标法第4条第1款第19项解析

该条款作为商标注册申请过程中不注册理由之一而被设定。其具体规定为，与他人在日本国内或外国知名的商标相同或近似，且以不正当理由使用的商标不予注册。该条款是在平成8年（1996年）商标法部分修订中新设的条款，该修订版商标法在1997年4月1日起实施。

在该条款被导引之前，对于与在日本国内或外国知名的商标相同或近似的商标以不正当理由在日本申请注册的，只能援用商标法第4条第1款第7项（违反公序良俗）以及该款第15项（出处的混淆）而拒绝其注册。然而，纵观世界局势，有必要回应明确知名商标保护的需求，同时日本国内外对于防止以不正当目的使用知名商标的需求日益高涨等，基于这些理由新设了该条款。

对于该条款中的"知名度"如何理解，可以在日本商标审查基准中确认以下的内容。根据商标审查基准，对于需求者的认知程度如何判断，准用商标法第4条第1款第10项中之相关规定；而对于"在外国需求者之间广为认知的商标"的判断则规定，虽然需要在日本以外的一个国家中知名，但并不要求在多个国家具有知名度。同时，商标在外国具有知名度时，不问其在日本国内

的知名度。❶ 可见，在该条款中将侧重点放在了不正当目的上，对于知名度的要求水平与商标法第4条第1款第10项并无异样。

从知名度这一点来讲，该条款与商标法第4条第1款第10项不作区别，该条款是为了防止适用商标法第3条及第4条第1款第1项到第18项规定也没有具体依据阻止具有不正当使用目的的商标注册而设定。由此，在该条款中对于知名的理解也应结合不正当使用目的的存在而进行解析。

所谓"不正当目的"，也就是以获得不当利益为目的、给他人带来损害的目的及其他不正当目的、以这种贪图利益及加害目的等违反交易中的诚信原则等之目的。在这里没有使用"不正当竞争的目的"而是使用了"不正当目的"，是为了防止即使是在交易活动中不存在竞争关系的当事人以违反诚信原则之目的而申请注册的商标被注册。

判断具有"不正当目的"而适用该条款的具体例子，日本特许厅发行的逐条解说❷中作了如下的整理。

其一，与在外国知名的他人商标相同或近似的商标，视该商标没有在日本国内被注册为千载难逢的机会，以让其高额购回或阻止该外国权利人进入国内市场或强行缔结国内总代理契约等不正当目的而抢注商标。

其二，与在日本国内不分商品或服务领域在全国具有所谓著名（相当于中文语境中的"驰名"）程度之商标相同或近似的商标，即使是不存在引起混淆出处的程度，但以使商标标示出处的功能被淡化或毁损其名声为目的之商标注册申请。

其三，其他对于日本国内外知名的商标以违反诚信原则目的而申请。

---

❶ 商标审查基准（改订第14版）第十七章、商标法第4条第1款第19项（与他人的知名商标相同或近似以不正当目的使用的商标）。

❷ 日本特许厅. 工业所有权法（产业财产权法）逐条解说［M］. 20版. 东京：发明推进协会，2017：1416.

总而言之，适用该条款之商标的知名程度取决于，该商标的知名度已足以构成使他人甚至以不正当目的想要夺取它的程度的价值。也就是说，足以证明他人以不正当理由注册申请的标的商标的知名度，正是判断适用商标法第 4 条第 1 款第 19 项规定之要件中有关知名度的判断标准。

五、商标法第 7 条之二解析

地域团体商标制度是商标法中的政策性规定，它有别于地理标志。❶ 该条款是为了维持地域产品等相关业者的信用，保护地域品牌而强化国内产业竞争力以及刺激地域经济，对于地域品牌中经常使用的地域名称与商品或服务名称等而构成的文字商标，缓和其注册要件而制定的政策性条款。❷ 因为，在该条款被制定之前，与地名相关的文字商标因商标法第 3 条第 1 款第 3 项到第 6 项而被原则上拒绝注册。对此，被普遍认为对于地域团体商标的保护不够充分。

该条款是在平成 17 年（2005 年）商标法部分修订中被新引入的制度，从 2006 年 4 月 1 日开始实施。该条款在平成 26 年（2014年）的商标法部分修订中有所修改，将注册主体扩大到商工会、商工会议所、特定非营利活动促进法第 2 条中规定的特定非营利活动法人等，并于同年 8 月 1 日起实施。该条款的性质为公益保护之规定，地域团体商标申请的拒绝理由为注册异议申请之理由，也是无效理由。

能够作为地域团体商标注册的商标，即该条款适用的客体要件之一就是知名度。作为地域团体商标注册申请的商标需要通过其使用，在相邻都道府县范围具有知名度。为了能够作为地域团

---

❶ 有关地理标志的规定，通过 2014 年制定的日本农林水产省《有关特定农林水产物等名称保护的法律》（通常被称为"地理标志法"）加以规制。

❷ 日本特许厅. 工业所有权（产业财产权法）逐条解说［M］. 20 版. 东京：发明推进协会，2017：1436.

体商标注册，该商标需要具有即使是限制第三人的自由使用也需要保护的商誉被积累之程度的知名度。同时，想要接受注册的商标应当是限于已经具有引起第三人"搭便车"程度之商誉积累以上程度知名度的商标。由此，作为地域团体商标使用的结果，虽然不要求商标法第 3 条第 2 款程度的全国范围内的知名度，上述程度的知名度成为作为地域团体商标注册的要件之一。

具体来讲，对该知名度依据商品或服务的种类、需求者层、交涉的实际情况等进行个别判断。虽未达到在全国范围的需求者之间被认知，但需要在一定范围的需求者，例如在超过都道府县程度范围中为多数需求者所认知，且作为地域团体商标注册申请人或其构成成员之商标而被广为认知。例如，商标"喜多方拉面"就是因为不满足该商标为注册申请人或其构成成员的商标具有知名度这一要件而被拒绝注册。在该案中知识产权高等裁判所认为，[1] 即使是可以认为老面会或其加盟店在市内持续积累了喜多方拉面广告宣传，在市外的非加盟店也在相当长的时间里用"喜多方拉面"的名称开展着拉面店的经营，法院仍判断消费者并未将"喜多方拉面"作为老面会加盟店拉面加以认识，该商标不能被老面会作为地域团体商标注册。该判断由于日本最高裁判所不受理上诉而成为最终判断。

该制度是日本农林水产省主管的所谓地理标志法尚未被制定之时被引人的。与地理标志法更为注重客体的注册要件相比，该制度更偏重于对主体要件的判断。然而，因为两者皆为与地名相关的标识且在表面上具有相当高的相似性，因此也不能说其中没有认知上的问题等存在。

六、商标法第 32 条解析

有关先使用商标的制度，在日本始于大正 10 年（1921 年）商

----

[1] 知识产权高等裁判所平成 22［2010］·11·15 判例时报第 2111 号第 109 页［喜多方拉面案件（喜多方ラーメン事件）］。

标法。该法第 9 条❶规定，"在他人注册商标申请注册前，就在与该商标相同或近似商品交涉者或需求者之间被广为认知的与此相同或近似的标记，善意使用该标记的，即使是他人的商标被注册，也可以继续使用。与经营或业务一同继承了该标记使用的继承人亦同"。因为当时的商标必须与经营或业务一同转让，因此会出现条文后一半之规定。现行法中该部分条文被修订为：继承了该业务的人也相同。

同时，大正 10 年（1921 年）商标法第 23 条中，除了恶意申请的情况，对于无效复审请求设定了 5 年的除斥期间。其结果是出现了与知名先使用商标相同或近似的商标如果被他人错误注册，在除斥期间过去后知名先使用商标无法被保护的尴尬局面。为了在这样的情况下对知名先使用商标加以保护而设定了先使用商标制度。❷

该制度被定位为是先申请原则及注册原则之例外，是将先使用者的商誉与其使用状态作为不受注册商标行使其权利之影响的前提而规定的。具体来说，即使是未注册的商标，通过过去的实际使用已经充分获得了指示性功能，先使用商标制度是为了保护这种商标的商誉而设定的，是注册原则的极大例外。❸ 也有人认为先使用商标制度，是为了避免在贯彻注册原则过程中产生的交易社会中的不公正结果，在一定的条件下将使用原则的考虑方式融入到了实体法当中。❹ 与其类似的说法还有，作为注册原则及先申请原则之例外，将注册原则与使用原则、先申请原则与先使用原

---

❶ 大正 10 年（1921）商标法第 9 条原文："他人ノ登録商標ノ登録出願前ヨリ同一又ハ類似ノ商品ニ付取引者又ハ需要者ノ間ニ広ク認識セラレタル同一又ハ類似ノ標章ヲ善意ニ使用スル者ハ其ノ他人ノ商標ノ登録ニ拘ラス其ノ使用ヲ継続スルコトヲ得。営業又ハ業務ト共ニ其ノ標章ノ使用ヲ継続シタル者亦同シ。"

❷ 小野昌延．注解商标法（新版）：上卷［M］．东京：青林书院，2005：797（斋藤方秀氏执笔部分）．

❸ 丰崎光卫．工业所有权法：法律学全集［M］．东京：有斐阁，1980：418．

❹ 网野诚．商标［M］．6 版．东京：有斐阁，2002：775．

则在一定条件下作修正调和，便是先使用之规定。❶

同时，还有与先使用商标的知名度相结合的考虑方式。有人指出，该制度是为了对先使用者的既得地位在注册商标的禁止权之下加以保护。而该既得地位的衡量尺度之一便是该商标的知名度。如果存在通过先使用人的努力而积累了商誉的商标，那么即使该商标为未注册商标，也应当保护其事实状态（社会关系）。❷也有对于事实上已经获得了显著性的先使用商标应当保护其使用状态的说法。❸ 还有着眼于预测可能性的保障，称如果是作为注册商标权人以外的化商誉于其身的商标先使用人存在，那么为了认可其继续使用从而保障想要形成商誉之人的预测可能性，这是有必要的。❹

对于先使用商标的认定要件主要分为以下四点。一是在他人的商标注册申请前已在与注册申请商标指定商品或服务或与其近似的商品或服务上使用着该商标或与其相近似的的商标；二是不存在不正当竞争目的；三是该商标注册申请当时，该商标作为标示先使用者本身的业务相关商品或服务已在需求者之间被认知；四是持续在该商品或服务上使用其商标。

特别是对于第三点中的"本身的业务"，一般被理解为必须作为标示与自身的业务相关商品或服务的标记而知名。例如，连锁店等不论其交易的商品有多么之多也无法被称为是"标示与自身的业务相关商品或服务的标记而知名"，也就是说不会产生先使

❶ 小野昌延．商标法概说［M］．2版．东京：有斐阁，1999：248－249．

❷ 小野昌延．三山峻司．新・商标法概说［M］．2版．东京：青林书院，2013：295；牧野利秋，饭村敏明，三村量一，等．知识产权法的理论与实务：第3卷［M］．东京：新日本法规出版，2007：144．

❸ 高部真规子．实务详说商标关系诉讼［M］．东京：金融财政事情研究会，2015：77．

❹ 田村善之．商标法概说［M］．2版．东京：私文堂，2000：79．

用权。❶

七、商标法第 64 条解析

商标法第 64 条规定是有关部门"防护标记"的制度。因其并不是以使用意思为前提，所以不称其为"商标"而是"标记"。该制度源于现行商标法的制定过程之中，也就是说在制定昭和 34 年（1959 年）商标法时新设的规定。该制度是在以使用意思为前提的日本商标法框架下唯一的例外。

防护标记制度是，对于在需求者中被广为认知的注册商标，如果他人将与其相同或近似的商标使用于与指定商品近似的商品以外的商品上或与指定商品近似的服务以外的服务上时（第 1 款），将与服务相关的商标使用于与指定服务近似的服务以外的服务上或与指定服务近似的商品以外的商品上（第 2 款），会有引起出处混淆之虞时，通过事先允许没有使用意思的标记在非近似商品或非近似服务上注册而达到扩大知名或著名商标的保护范围之目的的制度。

根据日本商标审查基准，在这里所指的"在需求者之间被广为认知的情况"应当是达到了著名的程度。所谓著名商标，是指在知名商标中知名度高的，一般情况下需要在全国范围内知名。但在此并不是说，需要被所有的需求者等知晓，只要是在指定商品或服务的交易者或消费者的大半之间被知晓即可。

判断其知名度需要从以下四个方面出发。一是考虑防护标记注册申请相关注册商标（以下称为"原注册商标"）的使用开始时期、使用期间、使用商品或使用服务的范围等事实；二是考虑原注册商标的广告宣传等的程度或普及程度；三是考虑原注册商标权人的企业规模、经营关系、企业的交易品目等与商品之间的关

---

❶ 小野昌延. 商标法概说［M］. 2 版. 东京：有斐阁：249；小野昌延. 注解商标法（新版）：上卷［M］. 东京：青林书院，2005：803（斎藤氏执笔部分）.

联性，从而考察该企业的状况；四是原注册商标是否为著名，探讨对此在日本特许厅中是否为显著的事实。

而为了被判断为达到了著名程度，需要综合考虑上述问题，但不需要满足全部四个要件。❶

知识产权高等裁判所在判决❷中认为，"在防护标记注册时，与通常的商标不同，不仅未将其判断为商标法第 3 条及第 4 条等的拒绝理由，也不会将其以不使用为理由而撤销。其效力较之通常的商标权的效力是被扩张了的。如果综合考虑会存在给第三人带来选择商标或使用商标以制约之虞等诸多事实，那么商标法第 64 条第 1 款所规定的'注册商标……在需求者之间被广为认知'的要件，仅该注册商标被广为认知的程度还不够充分，需要在商品或服务不近似的情况下也会产生商品或服务出处混淆程度的强有力的显著性。换言之，具有了能够达到上述程度的著名度。"

另外，未注册的商标即使达到了著名标记的程度，也不可作为防护标记注册。

八、其他

以下大体整理一下其他与商标知名度相关的条文以及各个条文之间的关系。

首先来看商标法第 4 条第 1 款第 15 项。该条款被作为商标注册申请中不注册事由之一而被规定。商标法第 4 条第 1 款第 15 项是将存在引起出处混淆之虞的商标不可注册作为其宗旨的规定。该条款继承了大正 10 年（1921 年）商标法第 2 条第 1 款第 11 项中的规定，❸ 其旨趣与内容没有变化。

---

❶　工藤莞司. 以实例看商标审查基准的解说［M］. 东京：发明推进协会，2009：468.

❷　知识产权高等裁判所平成 22［2010］·2·25 法院官网（Journal Standard 案件）。

❸　大正 10［1921］年商标法第 2 条第 1 款第 11 项原文："商品ノ混同ヲ生セシムルノ虞アルモノ"。

该条款是商标注册申请阶段作为商标不注册事由之一而被设定的条文。该条款规定，"与他人的业务相关商品或服务产生混淆之虞的商标"不可以作为商标注册。第 15 项规定的旨趣在于，对于通过了商标法第 3 条规定及第 4 条第 1 款第 1～14 项的规定之判断之后仍然存在引起商品或服务之出处混淆的标记，不可作为商标注册。❶

　　还有一个重要的条文就是商标法第 4 条第 1 款第 19 项。如果依次适用商标法的条文直到第 4 条第 1 款第 18 项已解决了问题，该条款项就不会被适用。具体来讲，在日本国内与知名商标相同或近似的商标，使用于与其商品或服务相同或近似的商品或服务上时，适用的是商标法第 4 条第 1 款第 10 项规定；在日本国内与著名商标存在产生混淆之虞时，则适用商标法第 4 条第 1 款第 15 项。因此，除了上述情形之外，与在日本国内外知名或著名的商标相同或近似的商标使用于与其商品或服务非近似商品或服务上且其使用具有不正当目的时，除了适用第 4 条第 1 款第 7 项（公序良俗）的情形之外，适用该款第 19 项。

　　与该条款相关的有专门规制不正当竞争行为的日本不正当竞争防止法第 2 条第 1 款第 2 项。然而两者应当加以区别，不正当竞争防止法第 2 条第 1 款第 2 项是将使用与著名标记相同或近似的标记的行为作为不正当竞争行为之一而加以禁止的规定；而商标法第 4 条第 1 款第 19 项是当与在日本国内外知名的商标相同或近似的商标以不正当目的被注册申请时，对该申请注册加以阻止的规定。

　　探讨到这里可以发现，商标法中相同的措辞却因为各自的条文旨趣存在着不同的解释。为了进一步理解商标法中的知名度，可以对于各个相关条文作横向的比较分析。

　　对于商标法第 4 条第 1 款第 10 项与第 32 条规定中的"知名

---

　　❶　日本特许厅. 工业所有权法（产业财产权法）逐条解说［M］. 19 版. 东京：发明推进协会，2012：1289.

度",就存在着不同的考虑方式。第一种想法认为,两个条款中的"知名度"是相同且同义的。❶ 其理由主要有,即使是违反第 4 条第 1 款第 10 项的商标被错误注册,只要满足第 32 条的要件,除斥期间过后该条规定也可作为救济规定起到保护使用事实的作用;虽然关于于第 4 条规定中的"知名度",存在因其为先申请原则的例外而应当严格解释的见解,但笔者认为该见解缺乏具有说服力的依据。即使是例外的存在,既然有要件被规定,只要这些要件被确切判断即可,并不存在特别对其严格的理由。

第二种想法则认为,商标法第 32 条第 1 款的"知名度"不需要与第 4 条第 1 款第 10 项的"知名度"相同且同义,第 32 条中先使用的知名度应当放缓。然而其理由却各有不同。其中主要的理由有:第 4 条第 1 款第 10 项作为先申请原则的例外,具有知名度的商标使用者可以排除他人相同或近似商标的注册,而第 32 条只是对于他人的先申请商标权的禁止权行使,在知名度形成的范围内先使用者可以要求商标权人考量这些因素而行使它,两者被判断其知名度而受影响的权益存在着质的不同;❷ 先使用中的知名度判断,站在覆灭善意之人的既得利益状态是否妥当的观点上,先使用中的知名度可以低于认可知名商标使用者以商标申请之权利的第 4 条第 1 款第 10 项规定中的知名度;❸ 先使用权是为了保护商标使用人既得利益的权利,由此对于先使用要求的知名度没有必要要求妨碍他人商标注册的知名商标(第 10 项)程度的知名度❹,等等。

第三种想法则认为,商标法第 4 条第 1 款第 10 项与第 32 条之间的"相同说"与"非相同说"之间的对立构架不见得一定受其

❶ 村林隆一先生还历纪念论文集刊行会. 判例商标法:村林隆一先生还历纪念论文集 [M]. 东京:发明协会,1991:858.

❷ 网野诚. 商标 [M]. 6 版. 东京:有斐阁,2002:778.

❸ 小野昌延. 商标法概说 [M]. 2 版. 东京:有斐阁,1999.

❹ 涩谷达纪. 知识产权法讲义Ⅲ [M]. 东京:有斐阁,2008:507.

约束。❶ 作为商标注册要件的商标法第 4 条第 1 款第 10 项的判断
与在侵权诉讼中原告与被告之间的具体平衡应当被考虑的先使用
权（第 32 条）的判断，它们之间的异同并不重要。对于先使用
权，可以阻止原告的禁令请求等，可以认可其已经具有了与此相
当的知名度，从这样的观点出发依据案情酌情处理。

在判决❷中法院认为，商标法第 32 条中的"在需求者之间被
广为认知"的要件没有必要与依据同样的描述被规定为注册障碍
事由的第 4 条第 1 款第 10 项作相同的解释。法院认为第 32 条的要
件应当较第 4 条第 1 款第 10 项规定放缓，应根据交易的实际情况
具体判断。

而从地域范围来看，普遍认为❸商标法第 32 条中规定的知名
度范围可以小于第 4 条第 1 款第 10 项中规定的知名度范围。商标
法第 32 条中的规定，只是对于先使用商标在先使用地域中认可其
继续使用，并不是允许超过先使用地域的范围标示该商标。即使
解释为在狭小的地域中的知名度就满足其条件也不会出现弊端，
相反，在其地域形成的具体的使用本身应当被加以保护。❹ 同时，
也依据商品或服务的种类及性质，与其相关的事业形态等，对于
在较狭小的范围内进行商品或服务的交易的，也存在在一个县内
的一个地域知名也认可其第 32 条中规定之要件的知名度的情况。

当然也有相反的判断。在"古潭案件"❺ 中，法院认为，考虑

---

❶　高部真规子 . 实务洋说商标关系诉讼［M］. 东京：金融财政事情研究会，
2015：80.

❷　东京高等裁判所平成 5 ［1993］·7·22 知识产权关系民事·行政裁判例集第 25
卷第 2 号第 296 页［Zelda 案件（ゼルダ控诉事件）］。

❸　山形地方裁判所昭和 32 ［1957］·10·10 判例时报第 133 号第 26 页［白鹰案
件（白鷹案）］；东京地方裁判所平成 22 ［2010］·7·16 判决时报第 2104 号第 111 页
［Silver villa 案件（シウバーヴィラ事案）］等。

❹　田村善之 . 商标法概说［M］. 2 版 . 弘文堂，2000：80.

❺　大阪地方裁判所平成 9 ［1997］·12·9 知识产权关系民事·行政裁判例集第 29
卷第 4 号第 1224 页［古潭案件（古潭事案）］。

到拉面的提供与四处流通的商品不同，由此即使是考虑了业界的报纸、地方广播、传单、地域信息杂志等的广告宣传，在原告注册申请商标之日被告标记作为标示与被告的业务相关服务的标记被需求者认知的地域性范围不超过水户市及相邻地域。这样的情况下不可以判断其具有了商标法第 32 条中规定的知名度。

另外，根据采纳两条款"相同说"与"非相同说"，需求者层也有对其不同的解释。大体来看，如果是依据"相同说"，则两者的需求者层也不作区别；如果是依据"非相同说"，则根据使用了标记的商品或服务的特性或市场交易的具体实情有所不同。例如，在与广告宣传相关的案件❶中法院作了如下的判决：根据向顾客发出的大量的广告邮件，向大学应届毕业生举行共同企业说明会的次数，报纸广告、电车上广告、车站粘贴广告等活动通知上记载了原告商标的情况，网页中的会员注册人数等，以这些为理由判断被告商标注册申请阶段已经具有了知名度。换言之，在该案中的需求者层是各种宣传手段的对象以及网上的会员等。

换一个角度，还需要看看商标法第 7 条之二和第 3 条第 1 款第 1 项及第 2 项之间的关系。如前所述，商标法第 7 条之二是有关地域团体商标的规定。地域团体商标在注册申请时，同样适用商标法第 3 条第 1 款第 1 项及第 2 项。这是因为由商品或服务的普通名称而来的商标或惯用商标，特别需要保证让任何人可以使用它，即使是作为地域团体商标也不应当认可其注册。"普通名称"如萨摩芋或西条柿。"惯用商标"如工业品中的"烧"（泛指陶器或瓷器）、"织"（泛指纺织物）、"涂"（泛指漆器或涂物）、"牛"（泛指牛肉）、"豚"（泛指猪肉）、"渍"（泛指腌制物）。

而在地域团体商标的标记为商标法第 3 条第 1 款第 3 项至第 5 项中所规定的情况下，则考虑该标记是否满足第 3 条第 2 款的适用要件而进行判断。

---

❶　大阪地方裁判所平成 16［2004］·4·20 法院官网（Career－Japan 案件）。

另外，从商标法第 7 条之二与第 4 条第 1 款第 10 项的适用关系角度来看，在同一地域对于同一个地域团体商标由多数的团体使用并各自形成知名度时，为了避免需求者产生混淆，对该地域团体商标的来自任何团体的注册申请都将被拒绝。例如，"鸣门海菜"是德岛县与兵库县的双方渔业协同组合一同使其获得了知名度的。但两者之一的团体单独申请注册地域团体商标，另一团体对此提出异议申请使得注册被撤销。❶ 其他还有"松坂牛"被 10 个团体一同使用的情况等。

九、小结

本文通过解析商标法第 3 条第 2 款、第 4 条第 1 款第 10 项及第 19 项、第 7 条之二、第 32 条、第 64 条以及与此相关的商标法第 4 条第 1 款第 15 项，不正当竞争防止法第 2 条第 1 款第 2 项等，尝试对日本商标法中的"知名度"作了简要的解析。

商标的价值在于通过使用将其标示的商誉等信息传达到需求者一侧。其中，衡量商标价值最为重要的因素之一便是该商标的知名度。日本的商标法中虽有诸多相关的条文规定，但在解决具体的案件之时作出了不同的解释。但对于知名度的性质是为需求者所认知的一种"客观状态"，对此的认识是一致的。

当然，就日本商标制度中的"知名度"问题，本文并未能够涵盖到所有的内容，但希望通过本文对于大家初步理解日本商标法中有关"知名度"的判断方式有些许帮助。

---

❶ 异议平成 21〔2009〕·7·21 决定（异议第 2008 - 900188 号）。

外国驰名商标的保护

张 鹏[*]

一、引言

中国商标法下的外国驰名商标保护问题本是一个传统话题，在中国加入《保护工业产权巴黎公约》（以下简称《巴黎公约》）❶并履行相关条约义务之际就在不断从立法上与司法上划定外国驰名商标保护的边界。这一话题再度成为焦点源于 2019 年 11 月 4 日北京市高级人民法院就无印良品侵犯商标权纠纷案作出的终审判决。该判决维持了一审法院判决，即判令良品计画、上海无印良品立即停止侵犯棉田公司、北京无印良品注册商标专用权的行为，在天猫无印良品 MUJI 官方旗舰店和中国大陆的实体门店发布声明以消除侵权影响，并赔偿经济损失 50 万元及合理开支 12.6 万余元。❷ 在此侵权诉讼之前，双方就北京无印良品在第 24 类商品上注册的"无印良品"商标是否有效亦存在行政诉讼。良品计画主张北京无印良品涉嫌恶意抢注，应撤销其注册商标。但是最高人民法院并没有支持原告的主张。❸

---

* 作者简介：张鹏，法学博士，中国社会科学院法学研究所助理研究员，中国社会科学院知识产权中心研究员。

❶ 中国于 1985 年 3 月 19 日加入《保护工业产权巴黎公约》，由第六届全国人民代表大会常务委员会第八次会议决定。

❷ 无印良品（上海）商业有限公司等与北京无印良品投资有限公司等侵害商标权纠纷二审民事判决书［北京市高级人民法院（2018）京民终 172 号］。

❸ 最高人民法院（2012）行提字第 2 号行政判决书。

该侵权判决的作出，在中国着力优化营商环境❶、强化知识产权保护❷的背景下引起了各方面的强烈反响。而其判决背后体现的就是中国商标法下如何处理外国驰名商标所有人和国内商标注册人之间的利益调整问题。对此问题，本文将探寻中国商标法处理在中国尚未实际使用的外国驰名商标被抢注问题的现有解决方案，并在此基础上分析现有保护程度是否周延以及需要何种程度的修正。

　　本文认为，造成外国驰名商标权人无法借由既有规范（如《商标法》第13条第2款、第32条后段、第15条等）阻却他人抢注商标的原因主要在于司法机关在适用中国商标法规范时存在遵循严格的属地主义倾向，特别强调外国驰名商标权人在中国域内的实际使用行为，而并未全面地考察声誉是否实际及于中国域内。事实上在《巴黎公约》第6条之二第1款中仅要求"商标所有人要求商标注册国或使用国将其商标作为驰名商标来保护，必须证明其商标在该注册国或使用国已经驰名"，而并没有要求"一定在该注册国进行了实际使用"。另外，从诚实信用原则的角度看，由于不存在一个一般性条款规制实践中种类繁多的恶意行为，因此现实中也存在使得恶意抢注主体得以继续存在的情况。综合上述两点，本文认为，如果正确理解"驰名"的含义的话，似乎并不需要立法上引入日本商标法第4条第1款第19项之规定。但是在"不正当竞争目的"（恶意）问题上中国商标法需要能够具有灵活性的兜底条款，在之后更为全面的商标法修改中有必要从诚实信用角度设置一个一般性条款，并使其贯穿审查、异议、无效、侵权诉讼等商标权取得和行使的各个环节。

---

　　❶　2019年10月8日国务院第66次常务会议通过《优化营商环境条例》（国务院令第722号），2020年1月1日起施行。
　　❷　中共中央办公厅 国务院办公厅印发《关于强化知识产权保护的意见》[EB/OL]. (2019－11－24). http://www.xinhuanet.com/politics/2019－11/24/c_1125268659.htm.

二、现行中国商标法下的应对

对于在外国具有相当知名度的商标，由于尚未在中国域内实际使用而被与该外国商标毫无相关的第三人抢注的问题，中国商标法上并不是不存在相应的救济渠道，只不过是散布于不同的规范之中，并在具体的司法实践中予以体现。当然这种分散的规制模式，结合既有的一些理念束缚，可能导致对外国驰名商标在中国的保护存在缝隙。作为对此种立法论上讨论的前提性工作，以下笔者将客观呈现现行中国司法实践中对于抢注外国驰名商标的应对情况，进而对产生这种实践局面的理念进行分析。由于外国驰名商标保护上的问题涉及注册环节与权利行使环节，因此以下分别予以论述。

（一）注册环节中对外国驰名商标的保护

1. 未注册商标的保护

在重视注册主义功能，并采用这一制度的基础上，并不意味着未注册商标不具有任何效力。未注册商标是通过使用获得具体信用，从法律保护商业标识的宗旨来看，注册主义的终极目标也是促进具体信用的形成，因此二者不存在冲突。但是在具体制度设计上，与通过注册获得全国统一效力的注册商标制度不同，对未注册商标根据所产生的具体信用的不同而设定不同效力范围，因此在未注册商标不同具体信用区间上可能会导致对于在后注册商标不同的处理态度。

在处理申请日前就已形成具体信用的未注册商标与在后商标注册的关系上，应依据三个原则处理相关解释问题：其一是阻却在后商标注册时应维护注册主义的制度优势，只有在先未注册商标达到一定影响下才能承认这一效力；其二是排除在后注册商标使用时应重视具体信用的形成，只有当具体信用的存在导致混淆状态时才能承认排他权的行使；其三是坚持未注册商标效力法定主义原则，只有在存在明确请求权基础时才可以主张其效力，不应针对未注册商标在效力上设置开放性解释，以防抵消注册主义的制度功能。具体到《商标法》中的相应规范，包括第 13 条第 2 款"未注册驰名商标阻却他人抢注"与第 32 条后段"他人已经使用并有一定影响的商标"。因此在下文就上述两个条款运用于外国驰名商标保护的情况进行论述。

（1）《商标法》第 13 条第 2 款

仅从笔者所检索的涉及外国驰名商标被他人在中国注册后，外国驰名商标权人主张适用《商标法》第 13 条第 2 款阻却该注册的情况看，既有的司法实践均持否定性见解。而主要理由则集中在由于外国驰名商标的实际使用情况均发生在中国域外，即使在域外的实际使用可能导致中国域内的相关公众广为知晓，但是在《商标法》第 13 条第 2 款下也并不进行法律意义上的评价。例如，在"热刺案"❶ 中法院指出，热刺公司主张"热刺"商标为其未在中国注册的足球俱乐部或体育领域的驰名商标，但其提交的证据部分形成于境外；在"MONTAGUT案"❷ 中法院指出，在该案评审程序中提交的使用证据多属于非中国的使用和宣传证据；在"YES 案"❸ 最近判决中指出，"YES"品牌拉链商品进入流通领域并被相关公众知晓是在中国以外，故该证据无法证明"YES"商标在中国已经构成驰名商标或已经产生一定影响。在"Dr. fresh 案"❹ 中法院指出，两项证据仅能证明氟芮栩公司商标在中国以外其他国家和地区获准注册的情况，不能证明氟芮栩公司商标在中国的使用及知名度情况；在"NFL案"❺中法院指出，原告关于中国的相关公众在 1996 年 6 月之前可以很容易从电视、广播、互联网络、杂志等媒体及通过出国旅行

---

❶ 北京市高级人民法院（2015）高行（知）终字第 1435 号行政判决书。
❷ 北京市第一中级人民法院（2010）一中知行初字第 38 号行政判决书。
❸ 北京市高级人民法院（2010）高行终字第 1067 号行政判决书。
❹ 北京市第一中级人民法院（2010）一中知行初字第 873 号行政判决书。
❺ 北京市第一中级人民法院（2005）一中行初字第 1108 号行政判决书。

的方式获得关于原告商标的信息的主张没有事实依据，故不予
支持。

当然也存在一些案例在对实际使用事实的评价方面并不囿于
必须发生在中国，而是从知名度所及范围进行讨论，但是由于
《商标法》第13条第2款下的保护所要求的驰名程度很高，在结论
上否定了外国驰名商标权人的请求。如在"金莎案"❶中法院指
出，从原告提交的证据来看，大部分证据是原告商标在中国香港
和台湾地区以及其他国家和地区使用、宣传的证据，但根据商标
权的地域性原则，在中国香港和台湾地区以及其他国家和地区的
使用、宣传的证据，并不能当然等同于其在中国所作宣传；综合
上述证据中的部分证据，能够证明在争议商标申请注册之前，原
告使用的"金莎"商标在中国具有一定的知名度，但并未达到驰
名商标的程度。

在一些案例中，外国驰名商标权人主张存在在中国境内定牌
加工生产并出口到外国的情况，其在中国境内的生产和出口行为
应构成在中国境内存在对于外国驰名商标的实际使用行为，故应
该将其作为评价《商标法》第13条第2款下保护条件的基础。但
是在司法实践中对此亦均持否定性见解。如在"J. Lindeberg 案"❷
中法院就指出：J公司欲证明其图形商标在中国的知名度，即在于
证明中国消费者能够知晓其图形商标，毫无疑问消费者主体存在
于市场环节中；J公司提供的发生在中国广东省的证据能够证明其
品牌产品的加工生产环节发生在中国，但该环节所连接的销售市
场不在中国，不与中国消费者发生联系，中国消费者对此不得而
知，因此无法证明中国消费者知晓其图形商标从而使该图形商标
在中国产生一定的影响，甚或形成较高的知名度。

---

❶ 北京市第一中级人民法院（2012）一中知行初字第108号行政判决书。
❷ 北京市第一中级人民法院（2011）一中知行初字第1017号行政判决书。

（2）《商标法》第 32 条后段

《商标法》第 32 条后段规定在效果上体现为异议事由（第 33 条）和相对无效事由（第 45 条），因此第 32 条后段也可以作为阻却他人注册的请求权基础。从要件上看，第 32 条后段是"有一定影响"＋"不正当手段"，其中对于"有一定影响"，如果仅仅因为在某一地域知名，而不是较大区域或全国知名，就可以阻却他人商标注册的话，由于商标注册人无法对狭小地域内标识是否存在使用实情进行调查，且未注册标识不存在公示、公告，因此可能大为阻碍他人选择营业标识的自由。当然该条后段在狭小区域内的"一定影响"之外增加了"不正当手段"这一要件，但是对于何为"不正当手段"的判断寓于商标注册人的主观情势。对于在"一定影响"范围下的一定区域内使用的在先未注册标识，只要在后的商标注册人存在主观恶意，具体来说包括知道或应当知道这一在先未注册标识的存在等，就应该阻却其在后注册。❶ 但是司法解释的制定者尽管认为对于有"一定影响"的认定标准可以视案情而定，总体上不易把握过高，但也提出了不能仅凭注册人事先知晓被抢注商标就当然认定其具有一定影响。❷ 对未在一定区域具有一定影响的未注册商标，即使他人采用了不正当手段，也不应排除他人在后商标注册。

在第 32 条后段规定适用于外国驰名商标保护问题上，最具有先例价值的当属"无印良品"行政诉讼案。该案中最高人民法院对第 32 条后段在适用上的三个问题给出了明确的答案。其一是在"一定影响"的认定上，仅以在中国境内的实际使用为准，即尽管该案中，良品计画在行政程序和诉讼程序中提交了一系列证据以证明"無印良品"商标在被异议商标申请日 2000 年 4 月 6 日之前

<hr />

❶ 《最高人民法院关于审理商标授权确权行政案件若干问题的意见》（法发〔2010〕12 号）第 18 条。

❷ 孔祥俊，夏君丽，周云川.《关于审理商标授权确权行政案件若干问题的意见》的理解与适用［J］. 人民司法（应用），2010（11）：21－29.

在中国境内在第 24 类商品上已经使用并有一定影响，但其提供的证据只能证明 2000 年 4 月 6 日之前良品计画的"無印良品"商标在日本、中国香港地区等地宣传使用的情况以及在这些地区的知名度情况，并不能证明"無印良品"商标在中国境内实际使用在第 24 类毛巾等商品上并具有一定影响的事实。

其二是对于以定牌加工形式委托在中国境内生产并出口的行为并不能作为产生一定影响的商标使用行为。判旨指出：商标的基本功能在于商标的识别性，即区别不同商品或服务的来源，因此商标只有在商品的流通环节中才能发挥其功能。二审法院认为良品计画委托中国境内厂家生产加工第 24 类商品供出口，且宣传、报道等均是在中国境外，不属于《商标法》规定的"已经使用并有一定影响的商标"，符合《商标法》的立法原意。

其三是在第 32 条后段所述"有一定影响"＋"不正当手段"两要件的关系问题上，强调不论恶意程度如何，均要求在中国境内使用而产生"一定影响"。判旨指出：《商标法》有关"不得以不正当手段抢先注册他人已经使用并有一定影响的商标"的规定的立法目的在于禁止恶意抢注，但并不涉及所有未注册商标，只有在先使用并有一定影响的商标才属于该条禁止抢注的范围。良品计画的"無印良品"商标虽然具有较强的显著性和创造性，但在其提供的证据不足以证明该商标在中国境内在第 24 类商品上在先使用并有一定影响的情况下，关于棉田公司申请注册被异议商标是否具有主观恶意已无评判必要。

对于判旨的第一个方面，即仅在外国驰名商标在中国境内存在实际使用行为时才予以认定产生"一定影响"，实践中也存在不同于该案判旨第一段中严格理解属地主义的判决。如在"NUXE案"❶ 中，法院指出：在被异议商标申请注册日之前已经在欧美国家以及中国香港地区具有了较高的知名度，且通过娜可丝公司的

---

❶ 北京市第一中级人民法院（2012）一中知行初字第 1053 号行政判决书。

宣传和使用，原告的"NUXE PARIS 及树图形"商标具备了较高的商业价值，以及一定的影响。化妆品类商品属于受关注度较高的日常用品，相关公众对该类商品的认知程度有别于其他商品，且客观上确实存在大量的我国相关消费者由国外购买并带回国内使用的情况。综合上述因素进行判断，就该案而言，能够认定在被异议商标申请注册日之前，娜可丝公司的"NUXE PARIS 及树图形"商标在化妆品等商品上在我国已为相关公众所知晓，并形成了一定的知名度。当然在一定程度上突破既有的严格的属地主义的理解的情况很少见。绝大多数适用第 32 条后段的案例仍持"无印良品"行政诉讼案同样的见解。

　　而对于判旨的第二方面，即在中国境内的定牌加工生产行为是否构成商标性使用问题，在该案之后的司法实践仍持同样否定性观点。例如，"MELISSA 案"❶ 判决中指出：爱德科思公司提交的证据及相关陈述仅能证明该公司委托中国境内厂家生产带有"MELISSA"商标的商品向国外出口，并未在中国销售、宣传；在"GANZ 案"❷ 指出：展姿公司委托中国境内厂家生产加工玩具商品供出口，无证据证明"GANZ"商标在中国境内在玩具商品上在先使用并为一定范围内的相关公众所知晓；"Euro‐pro 案"❸ 判决中指出：虽显示真空吸尘器等商品在中国境内加工，但却销售至加拿大魁北克公司，即相关产品并非在中国境内销售，故不能证明"Euro‐pro"作为商标在中国使用并有一定知名度；"hunkemöller 案"❹ 判决中指出：赫克莫尔公司提交的关于其"hunkemöller"商标的使用证据中与中国有关的仅为其委托国内代工厂加工，且生产的相关产品均直接用于境外销售，该委托加工行为因相关产品未进入中国的流通领域不能起到商标区分商品来

---

❶　北京知识产权法院（2015）京知行初字第 6581 号行政判决书。
❷　北京市高级人民法院（2016）京行终 879 号行政判决书。
❸　北京市高级人民法院（2013）高行终字第 922 号行政判决书。
❹　北京知识产权法院（2015）京知行初字第 1874 号行政判决书。

源的作用，不应被视为商标使用行为；"CAPLE 案"❶ 判决中指出在中国仅有委托加工行为，产品全部出口，在中国境内没有销售，故其 "CAPLE" 商标在中国境内未进行过商标法意义上的使用，亦不可能产生一定影响。原告主张其生产商就是相关公众，但是由于在特定市场主体之间发生的委托加工关系，不是通过商标的识别作用而建立的，故难以认定该商标起到了区分商品来源的作用，不属于商标法意义上的使用行为。

2. 从诚实信用原则角度防止恶意抢注

2013 年修改后的《商标法》第 7 条第 1 款规定了"申请注册和使用商标，应当遵循诚实信用原则"。借该次商标法修改，表明了立法机关对于商标注册与使用过程中种种不诚信行为的重视。但这一规范是否意味着以诚信为核心的商标注册与使用体系业已在我国商标立法中搭建起来？如果回答是肯定性的话，接下来的任务是，如何依据诚信原则本身的规定让其在必要的场合出现，成为判断、评价商标注册与使用行为是否具有效力的根据？如何在商标法原理中的注册与使用两大永恒命题间探寻诚信原则的地位？如何将除《商标法》第 7 条第 1 款之外的可能涉及需要借由诚信原则取得正当性的相关规范进行体系化的适用？

从历史沿革上看，在 1982 年《商标法》中并不存在针对注册与使用过程中非诚信行为的规范，恶意注册行为最先进入立法的视野是在 1993 年修订的《商标法》中，在其第 27 条中将第 8 条有关注册商标的实质性条件以及具有兜底性质的"以欺骗手段或者其他不正当手段取得注册的"列为绝对理由。其中对于"以欺骗手段或者其他不正当手段取得注册"的解释，在原国家工商行政管理总局《关于〈中华人民共和国商标法修正案（草案）〉的说明》中指出："目前在注册商标管理工作中碰到的一个问题是，某些人弄虚作假骗取商标注册，还有的人以不正当手段将他人长期

---

❶ 北京知识产权法院（2015）京知行初字第 4151 号行政判决书。

使用并具有一定信誉的商标抢先注册，谋取非法利益。现行《商标法》对这种欺骗性注册的问题缺乏相应的规定。针对这一情况，参照一些国家的做法，草案在现行《商标法》第三十条中增加一款，作为第二款：'用欺骗手段或者其他不正当手段取得商标注册的，由商标局撤销该注册商标。'"

与1993年《商标法》配套的《商标法实施细则》在第25条第1款对《商标法》第27条第1款所指的以欺骗手段或者其他不正当手段取得注册的行为作出了解释，包括：（1）虚构、隐瞒事实真相或者伪造申请书件及有关文件进行注册的；（2）违反诚实信用原则，以复制、模仿、翻译等方式，将他人已为公众熟知的商标进行注册的；（3）未经授权，代理人以其名义将被代理人的商标进行注册的；（4）侵犯他人合法的在先权利进行注册的；（5）以其他不正当手段取得注册的。

上述5项分别转化为了现行《商标法》上的独立条文。其中第（1）、第（5）项对应于现行《商标法》第44条第1款，第（2）项对应于现行《商标法》第13条第2款；第（3）项对应于现行商标法第15条第1款，第（4）项对应于现行商标法第32条前段。由于现行《商标法》第13条第2款有关驰名商标阻却他人注册的规定仅限于在中国使用并达到驰名程度的商标，因此在国内使用并达到驰名程度的未注册商标可以阻却他人在后抢注的商标。《商标法》第13条第2款规定应该从注册主义下具体信用的保护角度予以把握。

（1）《商标法》第15条（代理人等抢注）

从立法沿革来看，我国有关代理人等抢注的规范是在逐渐扩大其适用范围的。在与1993年《商标法》配套的《商标法实施细则》第25条中该规范限于"代理人"。2001年《商标法》则在第15条中将其扩展为"代理人或者代表人"，而不仅仅限于所谓的商标申请注册中介性质的代理人。在2013年《商标法》第15条中，在原第1款之外增加了第2款规定。《最高人民法院关于审理商标授权确权行政案件若干问题的规定》（法释〔2017〕2号，以下简

称《授权确权规定》）第 16 条中对《商标法》第 15 条第 2 款中的
"其他关系"作出了扩大性的解释，即包括亲属关系；劳动关系；
营业地址邻近；曾就达成代理、代表关系进行过磋商，但未达成
代理、代表关系；曾就达成合同、业务往来关系进行过磋商，但
未达成合同、业务往来关系。这样大大扩充了该条规定所能适用
的范围。因此有学者也指出《商标法》第 15 条第 2 款规定可以称
为规制抢注外国驰名商标的兜底条款。❶ 但是从对于该条规定的司
法实践来看，对第 15 条第 1 款中的"代理人或代表人"抢注的情
形，尽管并不要求被代理人在中国存在实际使用，但对于代理与
代表关系的认定还是较为严格的；而对于第 15 条第 2 款中的"其
他关系"等的认定尽管大大降低了证明要求，但是要求存在中国
境内的在先使用行为。

（2）《商标法》第 44 条第 1 款（以欺骗手段或其他不正当手段
取得商标注册）

在《商标法》第 44 条第 1 款规定的无效事由所对应的条款中，
第 10 条大都对应于有损公序良俗及国际礼让的商标，第 11 条大都
对应于不具有显著性或不宜被垄断的商标，第 12 条对应于三维商
标。这些都是传统商标法上作为阻却他人注册的绝对事由，在提
起主体上不受利害关系人等的限制，也不受 5 年除斥期间的限制。
对于该款规定争议较大的就是如何理解"其他不正当手段"。在
《商标审查及审理标准》❷ 中，也在审查过程中依据《商标法》第
44 条第 1 款规定阻却以下情形的商标注册：（1）系争商标申请人
申请注册多件商标，且与他人具有较强显著性的商标构成相同或
者近似的；（2）系争商标申请人申请注册多件商标，且与他人字

---

❶ 臧宝清. 关于商标法第十五条第二款适用的几个问题 [EB/OL]. （2020 - 01 -
08）. [2020 - 01 - 11]. https：//baijiahao. baidu. com/s？ id=1655129707744036160.

❷ 国家工商行政管理总局商标局. 关于公布新修订《商标审查及审理标准》的
公告 [EB/OL]. （2017 - 01 - 04） [2020 - 01 - 11]. http：//sbj. saic. gov. cn/tzgg/
201701/t20170104_233075. html.

号、企业名称等构成相同或者近似的；（3）系争商标申请人申请大量商标，且明显缺乏真实使用意图的。因此有学者指出第44条第1款中"其他不正当手段"在各种程序中的适用，实际上起到了对于没有使用意图性质的大量跨类注册的阻却功能，初步具备了作为"不正当手段"为唯一要件的一般条款功能。❶

但是对于该款规定的适用，在实践中仍然存在诸多问题。其一是强调"其他不正当手段"是扰乱商标注册秩序、损害公共利益、不正当占用公共资源或者谋取不正当利益的行为（《授权确权规定》第24条），而对于特定民事主体权益的保护则不属于其调整范围。但是实践中也存在针对特定主体权益而适用该款规定的案例。在"蜡笔小新案"❷中，《蜡笔小新》系列漫画及动画片早于争议商标申请日之前已在日本、中国香港、中国台湾地区广泛发行和播放，具有较高知名度。争议商标的原申请人诚益公司地处广州，毗邻香港，理应知晓"蜡笔小新"的知名度。诚益公司将"蜡笔小新"文字或卡通形象申请注册商标，主观恶意明显。同时，诚益公司具有大批量、规模性抢注他人商标并转卖牟利的行为，情节恶劣，已构成以其他不正当手段取得注册的情形。特定主体权益往往可以对应于商标法中其他阻却他人注册的条款（如第13条第2款、第32条），但是两者的主要区别就在于提出主体与除斥期间的设置上，对于罹于除斥期间，不能按照特定权益提出无效宣告程序的，只有证明"不正当手段"才可以阻却他人的抢注行为。

其二是在多大程度上"大规模、大批量"才认定为可以适用该款规定。实践中存在许多不确定性。且单纯地从量的角度进行判断可能难以得出划一的结论，因此还应回归恶意的角度进行综合性的衡量。当然这也是一般性条款使用过程中所必然存在的对于可预测性的损害问题。

❶ 张鹏. 规制商标恶意抢注规范的体系化解读 [J]. 知识产权，2018 (7)：17-32.
❷ 北京市高级人民法院（2011）高行终字第1428号行政判决书。

（3）《商标法》第 4 条（不以使用为目的的恶意商标注册申请）

在中国商标法中并没有对于"使用意图"的要求，尽管《商标法》第 4 条中的"在生产经营活动中"使用，以及《商标法》第 7 条中"申请注册和使用商标，应当遵循诚实信用原则"可能成为起到"使用意图"要件作用的法解释工具，但是由于这两条规定在审查、异议、无效程序中并没有法律效果上的对应，因此很难起到规范作用。

针对此种情况，2019 年 4 月 23 日，第十三届全国人民代表大会常务委员会第十次会议审议通过《关于修改〈中华人民共和国商标法〉等多部法律的决定》。该次修改与 2013 年《商标法》第三次修改时隔如此短的时间就再次开展的背景在于：近年来，我国的商标注册申请量不断攀升，而其中不乏大量恶意抢注的现象。在目前申请注册和获准注册的商标中，有相当一部分是从来没有实际使用过，甚至不打算实际使用的。因此亟须通过商标法的修改应对这一日益严重的商标制度异化现象，这也是该次商标法修改最值得关注之所在。该次修改将第 4 条第 1 款修改为："自然人、法人或者其他组织在生产经营活动中，对其商品或者服务需要取得商标专用权的，应当向商标局申请商标注册。不以使用为目的的恶意商标注册申请，应当予以驳回。"同时针对代理机构，将第 19 条第 3 款修改为："商标代理机构知道或者应当知道委托人申请注册的商标属于本法第四条、第十五条和第三十二条规定情形的，不得接受其委托。"并在第 33 条中将第 4 条的情形纳入异议事由，在第 44 条第 1 款中将第 4 条的情形纳入无效事由。其中争议的焦点就在于何种情况构成第 4 条中不以使用为目的的恶意商标注册申请行为。对此国家市场监督管理总局也出台细化规定，以明确其适用范围。❶ 也就是该次立法将"不以使用为目的的恶意商标注

---

❶ 《规范商标申请注册行为若干规定》（国家市场监督管理总局令第 17 号，发布时间：2019 年 10 月 17 日）。

册申请"作为在审查、异议、无效程序中具有法律效果的规范。

但不以使用为目的的恶意商标申请规定仅是针对恶意商标申请中的一种情况，即不以使用为目的，仍不足以涵盖所有类别的恶意申请，且其制度效果仍有待观察。

（4）《商标法》第 32 条前段（在先权利阻却他人注册）

《商标法》第 32 条前段规定的"申请商标注册不得损害他人现有的在先权利"，其立法目的就在于规避权利冲突，具体而言就是避免商标注册后的使用行为构成对他人在先权利或权益的损害。该规范在实践中也被外国驰名商标权利人所利用，依据作为在先权利的著作权或商号权来主张在中国的抢注商标无效。但是在具体案例中并没有取得很好的阻却效果，其主要理由就在于该规范并不是专门针对抢注外国驰名商标这一情形而作出的规定。

如在主张外国驰名商标（文字或图形）构成中国著作权法上的作品，并主张享有著作权而阻却在后抢注的情况下，最高人民法院作出的"雄狮标识案"❶ 判决就特别指出："著作权作为一种特殊的权利类型，权利的保护期限长、范围广。但是当著作权作为商标法中的在先权利予以保护时，应当予以严格限制，对其保护范围予以限缩，不能使在先著作权获得犹如驰名商标的保护范围和保护力度，否则就与商标法依法、严格、有限保护在先权利的立法本意不符。"在这一判旨的指导下，对于由字母或简单的标识类图形组成的外国驰名商标很难认定为《商标法》第 32 条下的"在先权利"。如"ja 图形案"❷ 判决中就指出：该案中的"ja 图形"由简单的黑色粗线条通过简单的方式组合而成，该智力成果未能达到独创性所要求的基本的智力创作高度，如对其给予著作权这种专有权利的保护，将可能导致公共资源被不合理占有的后果，亦难以起到鼓励作品创作的目的。

---

❶ 最高人民法院（2017）最高法行再 11 号行政判决书。
❷ 北京市第一中级人民法院（2012）一中知行初字第 598 号行政判决书。

而就作为在先权利之一的商号权的情况，对于并非在中国登记注册的商号，尽管主张商号权不以在中国登记注册为要件（"HISHINUMA 案"❶），但司法实践中仍需要证明经其在中国境内的使用具有了一定知名度后方可享受企业名称等上的权益（"远藤案"❷），即权利基础为在中国对商号的使用行为。外国驰名商标权人在没有在中国境内使用商号的情况下，仍不享有作为在先权利的商号权。

（二）侵权环节中对外国驰名商标的保护

1. 外国驰名商标权人可否针对他人的商标使用行为主张救济

在中国法下则主要依据《商标法》第 13 条第 2 款（在先使用的未注册驰名商标禁止他人使用）、《商标法》第 15 条（被代理人等禁止他人使用）、《反不正当竞争法》第 6 条（商品等主体混淆行为）。

从上述各规定的要件来看，中国除了被代理人等禁止他人使用的规定外，其他规定的适用仍强调排他权仅限定在驰名性所产生的地域范围内。因此如果外国驰名商标没有在中国境内存在实际使用行为，但是其在中国境内存在广为知晓的知名度的话，仍然可以在知名度所及范围行使侵权救济。

对于单纯在外国广为知晓，但在中国境内并未存在知名度的情形，则应否定在侵权环节中的救济。从司法实践的观察来看，中国存在本国商标法/反不正当竞争法域外适用的案例，从而使得本国商标法/反不正当竞争法在结果上保护了单纯的外国驰名商标权人的利益。在"春光食品案"❸ 中法院指出：对于被控侵权产品在出口环节只销往阿联酋这一单一国外市场而言，依据被请求保护地法律的规定，原告应当首先证明其在该国外市场属于知名商

---

❶　北京知识产权法院（2015）京知行初字第 4398 号行政判决书。
❷　北京市高级人民法院（2018）京行终 122 号行政判决书。
❸　海南省高级人民法院（2018）琼民终 552 号民事判决书。

品。该案中的被请求保护地法律指的是阿联酋的法律，但是由于该案的特殊性在于双方当事人共同选择了适用中国反不正当竞争法，因此最终适用的是中国的反不正当竞争法。也就是在结论上和日本实践相同，都是通过本国法律对外国驰名商标给予了在出口环节的保护。

2. 外国驰名商标权人可否针对抢注主体的侵权诉讼主张抗辩

在侵权环节，外国驰名商标权人针对在中国境内被抢注后的商标注册人的侵权主张仍可以主张抗辩。而通过司法实践确立了两种情形，其一是以恶意抢注为理由的权利滥用抗辩，其二是定牌加工出口中的不侵权抗辩。

其中以恶意抢注为理由的权利滥用抗辩是在最高人民法院作出的"歌力思案"❶ 判决中确立的。判旨中指出：诚实信用原则是一切市场活动参与者所应遵循的基本准则。一方面，它鼓励和支持人们通过诚实劳动积累社会财富和创造社会价值，并保护在此基础上形成的财产性权益，以及基于合法、正当的目的支配该财产性权益的自由和权利；另一方面，它又要求人们在市场活动中讲究信用、诚实不欺，在不损害他人合法利益、社会公共利益和市场秩序的前提下追求自己的利益。民事诉讼活动同样应当遵循诚实信用原则。一方面，它保障当事人有权在法律规定的范围内行使和处分自己的民事权利和诉讼权利；另一方面，它又要求当事人在不损害他人和社会公共利益的前提下，善意、审慎地行使自己的权利。任何违背法律目的和精神，以损害他人正当权益为目的，恶意取得并行使权利、扰乱市场正当竞争秩序的行为均属于权利滥用，其相关权利主张不应得到法律的保护和支持。

在针对外国驰名商标适用时，在"PHILLIPS案"❷ 中法院指出：菲利普公司依法享有"PHILLIPS""菲利普"及狮子图形系

---

❶　最高人民法院（2014）民提字第 24 号民事判决书。
❷　浙江省宁波市中级人民法院（2017）浙 02 民终 2164 号民事判决书。

列商标权，该系列商标核定使用商品包括电动车等，且"PHILL-LIPS"系列商标历史悠久，经过长期的使用积累了一定的知名度和商誉。菲利普公司授权其他公司贴牌生产菲利普电动车专用电池，授权公司在其生产的电动车配件蓄电池上使用"PHILLIPS""菲利普"及狮子图形系列商标，具有正当性和合理性。反观菲迅公司，其作为一家电动车制造企业，其申请多个带有"PHILL-LIPS""菲利普"字样及狮子图形的商标的行为具有攀附"PHILL-LIPS"及"菲利普"电动车商誉的故意，违反了诚实信用原则。菲迅公司获准注册第10967672号商标后，提起侵权诉讼，其行为难言正当，属于对其注册商标专用权的滥用。

而定牌加工出口中的不侵权抗辩主要是指在国内商标权系抢注外国驰名商标的情况下，对于外国驰名商标权人委托国内加工企业生产商品并全部出口外国的情况，法院基本上均不支持国内商标权人主张定牌加工企业侵权的主张（"iska案"❶等案均体现了此种见解）。在既有的司法实践中本身不承认定牌加工生产并出口行为构成商标侵权是主流的实践，因此对于国内企业抢注外国驰名商标并维权的情况造成的恶果并不突出，单独称为一类抗辩的意义性不大。

但是近期对于涉外定牌加工出口是否构成商标侵权的司法导向出现了一定的变化。在最高人民法院在"HONDA案"❷中持侵权看法的情况下，就需要将外国驰名商标权人委托国内加工企业生产商品并全部出口外国的情况作为不侵权的一种抗辩予以处理。这样在一定程度上实现了对于外国驰名商标的保护。

三、有无在立法上进行探讨的必要

通过上述整理可以发现，我国司法实践受严格的属地主义原

---

❶ 福建省高级人民法院（2012）闽民终字第378号民事判决书。
❷ 最高人民法院（2019）最高法民再138号民事判决书。

则限制，中国法院对于是否在中国境内实际使用产生一定影响或驰名性往往采取十分严格的态度。尽管《巴黎公约》第 6 条之二第 1 款中要求"商标所有人要求商标注册国或使用国将其商标作为驰名商标来保护，必须证明其商标在该注册国或使用国已经驰名"。但是并没有要求"一定在该注册国进行了实际使用"。我国既有司法实践在理解《商标法》第 13 条第 2 款与第 32 条后段时均要求必须在中国境内存在实际使用行为。这种理解本身就可能是对于《巴黎公约》要求的误读。特别是在《关于保护驰名商标的规定的联合建议》❶ 中也特别指出，"该商标已在该成员国中使用，或该商标已在该成员国或就该成员国进行注册或提出注册申请"作为成员国不得要求的事项。

这样一来，如果正确理解"驰名"的含义的话，只需要从知名度的角度考察外国驰名商标是否及于中国境内，而不是仅仅考察外国商标权人是否在中国实际使用。除了上述列举的在行政诉讼中存在改变原有理解的案例外，在民事侵权案件中也存在网络环境下对于在中国境内使用进行扩大解释的案例。在"匹克案"❷ 中就强调："即便出口商品不在境内销售，也难以避免通过各类电子商务网站使国内消费者得以接触到已出口至境外的商品及其标识，此种情况下商品上的标识会起到识别商品来源作用。"这样的法解释如果贯彻到商标注册环节，可能会起到对于在外国著名但尚未在中国实际使用，而仅仅通过电子商务等途径使得中国相关消费者知晓的商标抢注行为给予规制。

在诚信原则的具体化方面，中国商标法提供了较为广泛的救济可能。从实务部门的反映来看，对于 2013 年商标法修订中体现的诚信原则及其适用都给予了积极的评价。但在现有的个别规范

---

❶ 由保护工业产权巴黎联盟大会和世界知识产权组织（WIPO）大会在 1999 年 9 月 20 日至 29 日召开的世界知识产权组织成员国大会第三十四届系列会议上通过，载于 https：//www.wipo.int/edocs/pubdocs/zh/marks/833/pub833.pdf.
❷ 上海知识产权法院（2016）沪 73 民终 37 号民事判决书。

的基础上，针对"不正当竞争目的"（恶意）问题中国商标法需要能够具有灵活性的兜底条款。❶ 相反，如何提高诚信原则具体化条款的可预见性，进而防止对其肆意适用而导致的对注册主义功能的损害，应是将来面临的课题。一方面，面对恶意抢注的行为有设置及运用防止不诚信行为的一般条款的必要；另一方面，也需要在针对抢注行为所侵害的利益进行类型化后，将能够通过其他条款规制的情形排除适用一般条款，从而尽可能明确一般条款的适用范围，以增强可预见性。

---

❶ 田村善之教授曾在 1996 年修改的审议会上指出并不将具有周知性作为独立的要件，而是将周知性作为考察是否具有不正当竞争目的的一个因素，并以不正当竞争目的作为要件来适用日本商标法第 4 条第 1 款第 19 项之规定（田村善之．商標法概説 [M]．2 版．東京；有斐閣，2000；106）。尽管最终修法没有实现这一建议，但是从诚实信用角度设置一个一般性条款的必要性在中国商标法下仍是存在的。

商标混淆可能性判定中的商品销售渠道因素

杨祝顺[*]

商标侵权的判定标准是混淆可能性，而混淆可能性的判定适用多因素测试法。商标混淆可能性的判定并非法庭当中的标记比较，而是回归到相关商标使用的实际环境，综合考虑可能影响消费者购买决定的各种因素，不仅包括商标近似性、商品类似性、消费者注意力等因素，还包括容易被忽视但作用独特的商品销售渠道因素。

商品销售渠道因素关注商品的消费者群体是否重合，进而是否可能同时遇到原告商标和被告商标，乃至发生商标混淆可能性。可见，商品销售渠道因素与混淆可能性的判定密切相关。同时，商品销售渠道因素意味着相关商品已进入流通领域，而相关商标已投入实际使用，故该因素能够有效化解"注而不用"商标的侵权纠纷。此外，商品销售渠道因素还能简化涉外定牌加工中商标侵权的分析思路，因为原告商品销往境内，被告商品全部销往境外，消费者群体不同，难以引发混淆可能性。由此出发，商品销售渠道因素被列入美国诸多巡回上诉法院的混淆可能性因素清单，且积累了丰富的适用规则。❶

* 作者简介：杨祝顺，法学博士，广西师范大学法学院讲师。

本文来自基金项目：国家社科基金青年项目"商标混淆可能性的判定因素与实证研究"（19CFX053）。

❶ DINWOOPIE G B, JANIS M D. Trademarks and unfair competition: law and policy [M]. 3rd ed. New York: Walters Kluwer Publish, 2012: 506 – 508.

具体到我国商标司法实践，虽然商品销售渠道因素得到一定的适用，❶ 但相对于作为关注焦点的商标近似性因素、商品类似性因素而言，商品销售渠道因素则容易被忽略。尽管我国相关司法解释提及了商品销售渠道，但其目的是说明类似商品的判定问题，❷ 难以凸显其对商标混淆可能性判定的重要作用。本文将结合美国的典型案例，提炼商品销售渠道因素的适用规则，以期为我国司法实践重视和适用该因素分析商标侵权提供参考。

一、商品销售渠道与混淆可能性

商品销售渠道（marketing channel），是指相关商品或服务通过何种渠道到达何种类型的消费者。其涉及两种考虑，一是当事人是否使用相同方式销售商品，二是主要的消费者是否相同。❸ 商品销售渠道因素有利于反映市场中发生的行为，尤其是当其他判定因素并不能有效证明混淆可能性时，商品销售渠道对混淆可能性的判定具有重要作用。❹

（一）商品销售渠道对混淆可能性的影响

商品销售渠道的相似性，导致相关商品面向的消费者群体具有重合性，消费者同时遇到原告商品和被告商品的可能性随之增大，进而由于商标的近似性而对商品的来源发生混淆可能性。正如相关评论指出的："商品销售渠道发挥重要性的门槛是，商品销售渠道引导去了何处，以及相同的消费者群体是否最终遇到（ex-

---

❶　参见最高人民法院（2008）行提字第 2 号行政判决书（法院认为，使用"采乐"商标的药品只在医院和药店出售，使用"采乐 CAILE"商标的普通洗发水未进入医药流通领域，两个商标的同时使用不会产生混淆可能性）。

❷　详见《最高人民法院关于审理商标民事纠纷案件适用法律若干问题的解释》（法释〔2002〕32 号）第 11 条。

❸　Gen. Motors Corp. v. Keystone Auto. Incus. , Inc. , 453 F. 3d 351 (6th Cir. 2006).

❹　Homeowners Grp. , Inc. v. Home Mktg. Specialists, Inc. , 931 F. 2d 1100 (6th Cir. 1991).

posed to) 争议商标，并很可能导致混淆。"❶ 美国的相关判决亦指出："原告商品和被告商品的销售渠道之间的差异与主要消费者之间的差异，能够减少混淆、错误或者欺骗的可能性。"❷ 由此可见，商品销售渠道与商标混淆可能性密切相关。

在"TUNDRA 案"❸ 中，商标申请人在汽车上提出"TUNDRA"商标的注册申请，商标异议人以其在服装上的"TUNDRA"商标提出异议。由于当事人双方的商品在完全不同的销售环境中被销售：商标异议人的服装通过服装商店、百货商店等通常渠道进行销售；商标申请人的汽车通过汽车经销商进行销售，而不是销售服装的通常渠道。两种商品的标记将不会被购买者在容易导致混淆的销售环境中遇到。在此基础上，美国商标审理与上诉委员会判定不构成混淆可能性。

在"Big Daddy's 案"❹ 中，原告是乐器经营者，在乐器上拥有"Daddy's"注册商标，通过零售店和邮购系统进行销售，并向被告所在区域的居民寄送了商品邮购目录。被告是原告的竞争者，使用"Big Daddy's"商标，通过零售店和直接邮寄方式进行销售，并向当地居民寄送单页广告进行宣传。原告提起商标侵权诉讼，地方法院认为不构成混淆可能性。上诉法院认为，考虑到原告向距离被告不到 30 公里的居民寄送了邮购目录，且被告亦向当地居民寄送了相似的广告，原告和被告的销售渠道具有重合性，尽管原告的邮购目录和被告的广告存在区别；且双方以相似的价格销售相似乐器的事实，进一步表明二者的消费者群体具有重合性。

---

❶　KIRKPATRICK R L Likelihood of confusion in trademark law［M］. 2nd ed. New York：Practising Law Institution Press，2017：5 - 40.

❷　Amstar Corp. v. Domino's Pizza, Inc.，615 F. 2d 252, 262（5th Cir. ），cert. denied，449 U. S. 899，101 S. Ct. 268，66 L. Ed. 2d 129（1980）.

❸　Standard Knitting，Ltd. v. Toyota Jidosha Kabushiki Kaisha，77 U. S. P. Q. 2d 1917（T. T. A. B. 2006）.

❹　Daddy's Junky Music Stores, Inc. v. Big Daddy's Family Music Center，109 F. 3d 275（6th Cir. 1997）.

上诉法院判定双方销售渠道存在相似性，推翻了地方法院的判决。

需要指出的是，由于商品销售渠道关注的是购买时混淆，对于相关商品或服务已经到达相关消费者并投入到实际使用的售后混淆，商品销售渠道对混淆可能性的判定并不产生任何影响。❶

（二）商品销售渠道的消费者感知

尽管商品销售渠道的重合有利于混淆可能性的判定，但其发挥作用的前提仍然以消费者的感知作为基础。因为"消费者可能会错误地相信具有同一来源的商品或服务通过若干渠道进行销售，或者不同类型的销售渠道具有某种程度的隶属关系。他们对商品或服务的来源通过一种渠道和多种渠道销售的事实是不知情的"。❷

在"Sparkomatic案"❸ 中，商标申请人是车载音响的生产者，商标异议人是汽车和零部件销售者。商标申请人认为，其商品销售渠道是汽车配件商店和大型超市，其音响并没有销售给商标异议人的经销商，或者通过商标异议人的经销商进行销售，故二者的商品销售渠道不重合，其申请的商标不会引发混淆可能性。美国商标审理与上诉委员会反驳说，关键问题不是商标异议人是否曾在折扣商店或大型超市销售过汽车或车载音响，也不是商标申请人的商品是否曾在商标异议人的经销商处被销售或安装；关键的问题是消费者是否有理由相信，商标异议人的经销商或其他独立的汽车经营者提供、销售或安装了来自汽车制造者或者获得汽车制造者授权或认可的汽车音响。

也就是说，即使商标申请人与商标异议人实际上运用了不同的销售渠道，但如果在消费者看来，商标异议人的经销商所提供

❶ Gen. Motors Corp. v. Keystone Auto. Incus., Inc., 453 F. 3d 351 (6th Cir. 2006).

❷ KIRKPATRICK R L. Likelihood of confusion in trademark law [M]. 2nd ed. New York: Practising Law Institution Press, 2017: (5 - 42) - (5 - 43).

❸ Saab - Scania Aktiebolag v. Sparkomatic Corp., 26 U. S. P. Q. 2d 1709 (T. T. A. B. 1993).

的汽车音响与汽车均来自相同的提供者，或者存在赞助、认可的关系，那么商品销售渠道不同的事实，不能阻却混淆可能性的判定。可见，商品销售渠道是否重合，乃至能否影响混淆可能性的判定，应以消费者的感知作为判定标准。

（三）商品销售渠道与商标实际使用

商品销售渠道因素关注相关商品是否通过相同的销售渠道，到达了具有重合性的消费者群体。商品销售渠道因素的暗含前提是，相关商品已经投入流通领域，而相关商标已经投入实际使用。显然，通过商品销售渠道因素的分析，能够避免混淆可能性的判定偏离市场的真实环境。特别是，那些仅仅持有商标"注册证书"而无实际使用的商标侵权纠纷，以及商品全部销往国外的涉外定牌加工商标侵权纠纷，都可以在商品销售渠道因素面前不攻自破。因为消费者不会遇到商标"注册证书"所列的商品或服务，更不会发生混淆可能性。可见，商品销售渠道因素的适用，不仅有助于商标混淆可能性的正确判定，而且有助于减少商标恶意抢注的现象。

二、商品销售渠道的具体判定

商品销售渠道的重合，仅需证明相关商品通过相似的销售渠道进行销售，不要求具体的销售者或代理人相同，亦不要求证明某个销售者同时销售双方当事人的商品。❶ 商品销售渠道是否重合，可以综合分析具体销售渠道、广告方式以及价格幅度的差异，同时考虑混淆可能性的其他判定因素的影响。

（一）具体销售渠道

分析经营者商品的具体销售渠道，有助于展示相关商品是否面向相同的消费者群体。在市场环境中，商品的销售渠道可作如

---

❶ Century 21 Real Estate Corp. v. Century Life of America，970 F. 2d 874（Fed. Cir. 1992）.

下分类。

1. 零售渠道与批发渠道

按商品是否销售给终端消费者的标准，商品销售渠道可分为零售渠道和批发渠道。零售渠道（retail outlet）面对的消费者群体是商品的终端消费者，相应的商品往往属于成品（finished goods）。而批发渠道（wholesale outlet）面对的消费者群体是具备专业知识的中间商，相应的商品往往属于成品的原材料或零部件。零售渠道和批发渠道面向的消费者群体并不相同，故难以引发商品的来源混淆或赞助混淆。正如相关评论指出的："如果一个标记使用者专门通过零售渠道销售，而另一个标记使用者专门销售给做生意的购买者（commercial buyers），那么可能存在很小的混淆可能性，因为没有购买者会购买两种商品。"❶

在"JBJ案"❷中，原告是服装生产者，其生产的服装使用"JBJ"注册商标，通过零售渠道销售给终端消费者。被告是布料图案设计和印制者，其加工的布料使用"JBJ"标记，购买者是经验丰富的服装生产者。关于商品销售渠道，美国纽约南区地方法院指出，原告的商品销售给零售商和最终消费者，而被告的加工布料主要销售给服装生产者，故原告的服装和被告的布料之间不存在竞争，因为它们采用明显不同的销售渠道。法院进一步指出："双方商品存在不同的物理特性，它们指向不同的消费者，且它们通过不同贸易渠道进行销售。虽然二者商品非常接近，甚至造成些许（possible）混淆，但并没有达到混淆可能性的程度。"

如果相关商品并未去掉其原材料或零部件的商标，当消费者能够同时遇到原材料或零部件商标和最终商品商标时，零售渠道和批发渠道的区别不能必然抵消混淆可能性。"当处于零售的制成

---

❶ MCCARTHY J T. McCarthy on trademarks and unfair competition [M]. 4th ed. Eagan: Thomson/West, 2012: 24 - 126.6.

❷ Oxford Industries, Inc. v. JBJ Fabrics, Inc, 6 U.S.P.Q. 2d 1756（S.D. N.Y. 1988）.

品带有其组成部分的商标时，混淆可能性无法避免，如布料的商标与外套制成品同时被展示。"❶ 同时，商品销售渠道因素对混淆可能性的支持，并不要求双方当事人存在直接竞争。如果采用零售渠道的商标在后使用者，严重损害了采用批发渠道的商标在先使用者的竞争能力，那么商品销售渠道的差别亦不能抵消混淆可能性。

在"Marathon案"❷中，原告是电池的生产商，商品通过批发渠道销售给原装设备制造商，使用"MARATHON"商标。被告是备用电源的组装商，商品通过零售渠道销售给消费者，使用"MARATHON 10"商标。尽管二者的销售渠道和消费者群体并不相同，二者亦不存在直接的竞争关系，但由于商标近似性和商品类似性，购买原告商品的设备制造商误认为原告进入了零售市场，导致原告在批发市场的竞争能力因质量低劣的被告商品而受到损害。于是，法院判定被告使用的商标具有混淆可能性。

2. 一般渠道与特许经销渠道

根据商品或服务的销售是否需要特别许可的标准，商品销售渠道可以分为一般渠道和特许经销渠道。一般渠道并不需要商标权人的特别许可，消费者在一般的零售场所就可以购买到相关商品或服务。大宗商品或服务往往都采取一般渠道进行销售。而特许经销渠道则需要商标权人的特别许可，消费者只能在商标权人许可的商店才能购买到相关商品或服务。显然，一般渠道和特许经销渠道属于平行的销售渠道，消费者难以对两种销售渠道中的商品或服务发生混淆。

在"Paco Rabanne"案❸中，原告是服装经营者，使用"PACO"商标。被告是香水和化妆品经营者，拥有代表高端和时尚形象的

❶ KIRKPATRICK R L. Likelihood of confusion in trademark law［M］. 2nd ed. New York：Practising Law Institution Press，2017：5 - 50.

❷ Marathon Mfg. Co. v. Enerlite Prods. Corp. ，767 F. 2d 214 (5th Cir. 1985).

❸ Paco Sport，Ltd. v. Paco Rabanne Parfums，234 F. 3d 1262 (2d Cir. 2000).

"Paco Rabanne"注册商标。原告提起宣告商标不侵权的诉讼，地方法院判定不构成混淆可能性，上诉法院维持了地方法院的判定。关于商品销售渠道，上诉法院认为："原告商品销售给年轻的城市男士消费者，而被告的香水销售给追求时尚且收入较高的消费者。原告的销售渠道是城市社区中的便宜零售网点，而被告的销售渠道是专门、高档的商店和专卖店。"由于原告和被告处于不同的商品销售渠道，上诉法院判定商品销售渠道因素并不支持混淆可能性的判定。

3. 相同商店内的商品销售

现代商店往往同时销售大量不同类型的商品，但不能由此判定相关商品处于相同的销售渠道，否则商标的保护范围将极大扩张。美国俄亥俄州南部地方法院指出："消费者知道现代杂货商店销售大量不相关联的商品……相对几十年前的消费者，现代消费者不太可能仅仅根据相关商品同时出现在一家杂货店，就推断使用相同标记的商品间存在关联。"❶ 美国关税与专利上诉法院亦表示："为方便消费者，种类繁多的商品被聚集到现代超市：不仅来自一个行业的不同生产者，而且来自众多行业的不同生产者。仅仅这种环境的存在不应当停止关于混淆可能性的进一步调查。"❷

在"Sportstick案"❸ 中，原告是药物生产者，其唇膏商品使用"Sportstick"注册商标。被告是除臭剂生产者，使用"Right Guard Sport Stick"商标。关于二者的商品销售渠道，美国第二巡回上诉法院首先指出，两种商品确实共享一些销售渠道，但该因素单独并不能使二者处于相同的商品销售渠道，因为现代市场的销售方法倾向于将非常不同的商品类型统一于相同的零售渠道或

---

❶ Worthington Foods, Inc. v. Kellogg Co., 732 F. Supp. 1417 (S. D. Ohio 1990).

❷ Federal Foods, Inc. v. Fort Howard Paper Co., 544 F. 2d 1098 (C. C. P. A. 1976).

❸ W. W. W. Pharm. Co. v. Gillette Co., 984 F. 2d 567 (2d Cir. 1993).

分销网络，导致商品销售渠道因素并不是特别重要。上诉法院进一步指出，唇膏和除臭剂并未在食品或药品商店的相同区域被陈列展示，唇膏商品往往在收银台被销售，而除臭剂商品则在该类商品的专门区域被销售。上诉法院得出结论说，商品销售渠道因素对存在混淆可能性的判定并没有多大帮助。

与相同商店销售成千上万种商品相对应，公司消费者往往会购买成千上万种商品。原告商品和被告商品被相同公司消费者购买的事实，并不能说明原告和被告面向的消费者群体相同，进而处于相同的商品销售渠道。美国联邦巡回上诉法院在"*E. D. S.*案"❶就认为，尽管使用"E. D. S."商标的计算机服务与使用"EDS"商标的电源和充电器会被一些公司同时购买，但二者处于不同的销售渠道，因为相关购买决定是由这些公司的不同部门或个人作出的。美国商标审理与上诉委员会亦表示："如果只需证明工厂同时购买了双方的商品就可以判定构成混淆可能性的话，我们将会忽略工厂购买种类繁多的大量商品的事实……同时也会忽视商品间完全不同的特点，导致实质上赋予商标在先使用者以商标垄断权（right in gross），进而背离商标法的已有原则。"❷

（二）广告方式

作为商品促销的重要手段，广告是商品销售渠道的重要组成部分。广告方式对商品销售渠道乃至混淆可能性的判定产生影响，其理论基础在于：相同的广告方式意味着相关广告的受众相同，进而表明相关商品或服务具有相同的消费者群体，容易导致消费者对使用相同或近似商标的商品或服务发生混淆。美国第五巡回上诉法院明确指出："促销活动（campaign）越相似，混淆可能性

---

❶ Electronic Design & Sales, Inc. v. Electronic Data Systems Corp., 954 F. 2d 713 (Fed. Cir. 1992).

❷ Shoe Factory Supplies Co. v. Thermal Eng'g Co., 207 U. S. P. Q. 517 (T. T. A. B. 1980).

越大。"❶

在"La Quinta 案"❷ 中，原告是美国的酒店经营者，使用 "La Quinta"商标。被告是墨西哥的酒店经营者，使用"Quinta Real"商标。原告和被告都通过第三方网站 Expedia. com 开展广告宣传和酒店预订。地方法院认为，双方的广告方式具有重合性，因为双方都通过第三方旅行网站和旅行指南进行销售。上诉法院维持了地方法院判决，指出："使用相同的第三方旅行网站非常可能引起混淆，因为它允许竞争性标记在相同的时间和相同的屏幕被遇到。"

值得注意的是，广告载体存在区别并不必然消除混淆可能性。广告方式关注相关广告的阅读者是否具有重合性，乃至同时遇到原告和被告的商标，进而因为关于商标的不完整记忆，引发相关商品或服务的来源混淆或者赞助混淆。只要相关广告面向的阅读者具有重合性，就有可能引发混淆可能性，具体的广告载体是否存在区别无关紧要。

在"Frehling 案"❸ 中，原告是高端家具经营者，使用 "OGGETTI"商标。被告经营放置电子设备的简易安装家具，使用"BELL'OGGETTI"商标。地方法院认为，二者从未在相同的杂志上做广告，故两者的广告方式并不相同。上诉法院推翻了地方法院的该项判定，认为尽管二者并未在相同的杂志上做广告，但采用相同的杂志并不作要求，相关的标准是双方做广告的出版物的读者群是否存在足够的重合性，以至于发生混淆可能性。由于二者都在类似的家庭杂志上做广告，读者群存在一定的重合性。

---

❶ Exxon Corp. v. Texas Motor Exchange of Houston Inc. 628 F. 2d 500（5th Cir. 1980）.

❷ La Quinta Worldwide LLC v. Q. R. T. M.，S. A. DE C. V.，dba Quinta Real，No. 12 – 15985（9th Cir. 2014）.

❸ Frehling Enterprises, Inc. v. International Select Group, Inc.，192 F. 3d 1330 （11th Cir. 1999）.

这样，很多相同的消费者会遇到两种杂志，进而遇到两个商标。上诉法院得出结论："尽管双方并没有在完全相同的期刊上做广告，但两者广告都出现在非常类似的期刊上，故广告方式因素支持原告。"

（三）价格幅度的差异

相关商品或服务存在不同的价格幅度（price range），亦有助于证明商品销售渠道是否重合。价格幅度的差异能够影响商品销售渠道，其理论基础在于：价格幅度存在差别，表明相关商品或服务定位的消费者群体不同，相关消费者并不会同时购买两种商品或服务。价格幅度的差异发生作用的条件是，价格幅度的差异能够证明相关商品或服务被完全不同的消费者群体考虑购买。❶

在"Blazon案"❷中，原告经营儿童玩具和运动装备商品，价格幅度为41美分到46美元，使用"Blazon"注册商标。被告经营"Blazon"旅行拖车和露营车，价格幅度为970美元到2645美元。原告提起商标侵权诉讼。关于商品销售渠道因素，美国第七巡回上诉法院指出，儿童玩具和运动装备市场独立于旅行拖车和露营车市场。而且，双方商品的销售方法和各自价格亦否定了关于商品来源的混淆可能性。双方商品均在各自的商品领域具有知名度，不能判定原告的"Blazon"商标能够覆盖娱乐领域的所有商品。

值得注意的是，尽管相关商品或服务的价格幅度存在差异，但并不排除相关消费者认为原告或被告扩张进入不同市场的可能性。相关评论指出："即使商品的价格幅度非常大且明显不存在竞争，这也并不意味着低价商品购买者甚至没有听说过昂贵商品，他们可能会认为昂贵商品的销售者扩张进入了低价市场领域。"❸

---

❶ MCCARTHY J T. McCarthy on trademarks and unfair competition [M]. 4th ed. Eagan：Thomson/West，2012：24 - 126.9.

❷ Blazon，Inc. v. Blazon Mobile Homes Corp.，416 F. 2d 598 (7th Cir. 1969).

❸ MCCARTHY J T. McCarthy on trademarks and unfair competition [M]. 4th ed. Eagan：Thomson/West，2012：24 - 126.9.

相关案例亦认为："价格区别的标记并不总是能够使消费者保持警惕，进而防止购买到不同的商品。可能的情况是，他们会认为自己购买到了便宜货或特价货。"❶

（四）其他判定因素的影响

商品销售渠道因素不能孤立地被考虑，商品销售渠道是否重合还与混淆可能性的其他判定因素密切相关，特别是消费注意力因素和商品类似性因素。在消费者施加的注意力水平较高且商品不相同的情况下，即便相关商品的销售渠道存在一定重合，消费者亦并不容易发生混淆。

在"Alpha Tube 案"❷ 中，原告是钢筋切割机器的提供者，使用"ALPHA"商标，其商品销售给钢管商品的制造者。被告是钢管生产者，使用"ALPHA STEEL"商标，其商品亦销售给钢管商品的制造者。原告提起商标侵权诉讼，地方法院判定商品销售渠道不相同，上诉法院维持地方法院的该项判定。上诉法院指出，双方商品相关联但并不相同，其购买者处于不同群体，在购买者非常博识和商品价格昂贵的场合，消费者施加的注意力较高，商品销售渠道存在一定重合并不足以使双方处于相同的销售渠道。"即使认为销售渠道相同，也应当根据其他判定因素的权重来对该因素作出恰当的分析。纵然对商品销售渠道因素重新评估，在权衡其他判定因素后，地方法院的最终判定也站得住脚"。

三、互联网销售渠道的法律效果

随着互联网的日益普及，互联网逐渐成为商品的销售渠道。商标权人常常以双方均将互联网作为商品销售渠道为由，请求判

---

❶ Anne Klein Studio v. Hong Kong Quality Knitters，Ltd.，192 U. S. P. Q. 514 (D. N. J. 1976).

❷ Alpha Industries v. Alpha Steel Tube & Shapes，616 F. 2d 440（9th Cir. 1980).

定商品销售渠道重合，进而引发混淆可能性。关于原告和被告均采用互联网销售渠道的法律效果，司法实践经历了从构成商品销售渠道的重合到不能简单将其作为判定依据的发展历程。

（一）互联网构成商品销售渠道的重合

在互联网发展的初期，将互联网作为商品销售渠道的商业模式尚未普及。与之相应，司法实践将互联网作为一般的商品销售渠道对待。当事人均运用互联网销售商品的事实，常常作为商品销售渠道重合的依据，进而容易引发混淆可能性。

在1999年"Brookfield案"❶中，原告通过网站经营娱乐信息检索数据库，使用"Movie Buff"注册商标。被告注册了"moviebuff. com"域名，经营类似的娱乐信息检索数据库。关于商品销售渠道因素，上诉法院指出，原告和被告都使用互联网作为销售和广告的设施，该因素会加剧混淆可能性。"显然，两个公司都意识到网络商业快速增长的重要性，并想方设法通过互联网吸引消费者。他们不仅竞争具有重合性的网络消费者的资助，而且 Movie Buff 和moviebuff. com 都被使用于以互联网为基础的商品"。考虑到"moviebuff. com"和"Movie Buff"的实质性相同，以及这些标记所使用的商品和服务的类似性，两公司都同时使用互联网作为销售和广告的工具，很可能会导致很多类型的消费者混淆。

（二）互联网不构成商品销售渠道的重合

随着互联网与市场的深度融合，运用互联网销售商品日益普及。尤其是平台经济的迅速发展，大大降低了经营者运用互联网销售商品或者广告宣传的门槛，互联网已经成为经营者共同的商品销售渠道。受此影响，司法实践的态度逐渐转变，双方均运用互联网销售商品或者广告宣传的单一事实，并不能说明商品销售渠道重合乃至构成混淆可能性。正如相关判决指出的："商业零售

❶ Brookfield Communications, Inc. v. West Coast Entertainment Corp. , 174 F. 3d 1036 （9th Cir. 1999）.

者不在互联网做广告的情况是非常罕见的，而且这种普遍销售渠道的共享使用并不能对消费者的混淆可能性产生多大影响。"❶

在 2002 年 "Entrepreneur Media 案"❷ 中，原告经营《企业家杂志》和 entrepreneur.com 网站，为中小企业提供广告、交易信息等服务，拥有 "ENTREPRENEUR" 注册商标。被告经营《企业家说明》和 entrepreneurpr.com 网站，为中小企业提供企业宣传服务。地方法院认为，双方都以互联网作为商品和服务的销售渠道，构成商品销售渠道的重合，并判定具有混淆可能性。上诉法院推翻了地方法院的该项判定，认为以互联网作为销售渠道并不能单独在法律上构成销售渠道的重合。合理的审查是：双方是否都使用网络作为主要的销售和广告渠道，双方的标记是否被使用于以网络为基础的商品，双方的销售渠道是否存在其他方式的重合。由于没有证据表明原告或者被告的互联网使用达到了相当重要的程度，上诉法院判定商品销售渠道因素并不支持混淆可能性的判定。

笔者认为，互联网已经成为经营者开展商业活动的通用渠道，几乎任何商品都可以通过互联网进行广告和销售。经营者均运用互联网销售商品的单一事实，并不足以构成商品销售渠道重合的依据，商品销售渠道是否重合还应结合案件的其他事实。正如相关评论指出的："在 21 世纪，互联网已经成为各类商品和服务开展广告和销售的渠道。双方当事人的商品或服务均能在互联网上被找到的事实，很少能够证明——如果可以证明的话——消费者对用于这些商品或服务的近似标记发生混淆可能性。"❸

---

❶ Network Automation, Inc. v. Advanced Systems Concepts, Inc., 638 F. 3d 1137 (9th Cir. 2011).

❷ Entrepreneur Media, Inc. v. Smith, 279 F. 3d 1135 (9th Cir. 2002).

❸ MCCARTHY J T. McCarthy on trademarks and unfair competition [M]. 4th ed. Eagan: Thomson/West, 2012: 24 - 126.14.

四、不同销售渠道抗辩的限制

司法实践中，被告常常以双方当前的商品销售渠道并不重合为由提出抗辩，主张并不构成混淆可能性。尽管法院对双方当前的商品销售渠道并不重合的事实予以肯定，但仍然判定构成混淆可能性，这就涉及不同商品销售渠道抗辩的限制问题。对商品销售渠道的抗辩进行限制，其理论基础如下。

第一，商品的销售渠道并不是固定不变的，而是随着市场的需要不断调整。尽管当前双方的销售渠道并不重合，但无法保障未来的销售渠道亦各自平行，故商品销售渠道的区别并不必然能够抵消混淆可能性。正如相关评论指出的："商标出现在通过不同销售渠道或者处在不同销售水平或者在不同地域市场被销售的商品上的事实，并不必然意味着不存在混淆可能性，因为相关的规则是，商品之间的竞争并不是商标侵权的条件。"❶

在"Posner 案"❷ 中，商标申请人在头发护理商品上申请注册"Posner's ebonaire"商标。商标异议人在皮肤护理商品上拥有"Debonair"注册商标。针对商标申请人提出的商品销售渠道不重合的抗辩，美国关税与专利上诉法院指出，尽管商标申请人的商品只通过商店进行销售，而商标异议人的商品只进行挨家挨户的上门销售，但双方均没有被商标注册或商标申请限制在特定的销售渠道。故当前的销售方法对该案并没有决定作用。上诉法院还援引另一案例的经典表述："商标申请人将重点放在销售环境的做法是不合适的，因为商标注册并没有将销售限制在任何特定方式或任何特定商店，且一般认为销售方法随时可能发生变化。"由此，上诉法院判定，商品销售渠道的区别并不能抗辩混淆可能性

---

❶ MCCARTHY J T. McCarthy on trademarks and unfair competition [M]. 4th ed. Eagan: Thomson/West, 2012: 24 - 126.12.

❷ Daggett & Ramsdell, Inc. v. I. Posner, Inc., 277 F. 2d 952 (C.C.P.A. 1960).

的判定。

第二，不同商品销售渠道的抗辩效果，取决于一般消费者的感知。虽然原告和被告当前的商品销售渠道不相同，但如果由于相同或者近似商标的使用，使一般消费者误认为原告从批发市场扩张到零售市场，那么商品销售渠道的区分不能抗辩混淆可能性的判定。

在"World Carpets 案"❶ 中，原告是地毯生产者，商品通过覆盖美国各州的批发网络销售给零售商，使用"World"商标。被告是地毯零售商，通过零售渠道销售地毯商品，使用"New World"商标。原告提起商标侵权诉讼。被告认为二者分别处在零售市场和批发市场，并不存在竞争关系，故不存在混淆。上诉法院反驳指出，没有竞争对混淆乃至侵权而言并不具有决定性，这是商标法理论长期认可的。如果允许被告继续使用侵权标记，那么其选择销售低等级或低标准地毯的行为，将会最终损害原告的商誉。因为被告对侵权标记的使用，将向相关公众暗示原告扩张到了零售市场，进而损害原告在批发市场中的竞争能力。上诉法院进一步认为，商标在后使用者严重损害商标在先使用者商誉的行为具有可诉性，如果采用零售渠道的商标在后使用者的出现，严重损害了采用批发渠道的商标在先使用者的竞争能力，那么更应该具有可诉性。

此外，不同商品销售渠道的抗辩效果，还与混淆可能性的其他判定因素密切相关。在具体案件中，如果混淆可能性的其他因素表明存在混淆可能性，那么商品销售渠道的区别并不能阻却混淆可能性的判定。美国关税与专利上诉法院就指出："当双方各自的商品均使用相同商标时，当前的销售和分配方法并不具有决定

---

❶　World Carpets, Inc. v. Dick Littrell's New World Carpets, 438 F. 2d 482 (5th Cir. 1971).

性，且并不能作为缺乏混淆可能性的判定基础。"❶

五、我国商品销售渠道因素的适用建议

虽然商品销售渠道因素有助于商标混淆可能性的判定，但我国相关司法解释并未对其适用规则作出明确规定，仅在解释"类似商品"时作了简单提及。根据规定，类似商品是指在功能、用途、生产部门、销售渠道、消费对象等方面相同，即商品销售渠道被融入商品类似性因素的分析过程。❷ 即便是相关司法解释明确规定的未注册驰名商标混淆可能性的多因素测试法，亦未明确列举商品销售渠道因素。❸ 相关司法解释的缺位，使得商品销售渠道因素对商标混淆可能性判定的独特作用难以凸显。

在"莱斯公司诉亚环公司案"❹ 中，原告在锁类商品上拥有"pretul 及椭圆图形"注册商标。被告从事涉外定牌加工业务，其生产的挂锁和外包装分别使用"pretul"和"pretul 及椭圆图形"标记，并全部销往墨西哥市场。一审法院认为，被告使用的"pretul"标记与原告商标不相同，不构成混淆可能性，但使用的"pretul 及椭圆图形"标记与原告商标相同，构成商标侵权。二审法院认为，被告在锁体上使用的"pretul"标记构成原告注册商标的近似商标，在锁包装上使用的"pretul 及椭圆图形"构成原告注册商标的相同商标，二者均构成商标侵权。最高人民法院认为，被告在挂锁上使用的"pretul"标记在中国境内并不发挥来源识别功能，混淆可能性应当以商标的识别功能被破坏为前提。在商标

---

❶ J. C. Hall Co. v. Hallmark Cards, Inc., 340 F. 2d 960 (C. C. P. A. 1965).

❷ 详见《最高人民法院关于审理商标民事纠纷案件适用法律若干问题的解释》（法释〔2002〕32 号）第 11 条。

❸ 详见《最高人民法院关于审理商标授权确权行政案件若干问题的规定》（法释〔2017〕2 号）第 12 条。

❹ 最高人民法院（2014）民提字第 38 号民事判决书；浙江省高级人民法院（2012）浙知终字第 285 号民事判决书；宁波市中级人民法院（2011）浙甬知初字第 56 号民事判决书。

并不能发挥识别作用，非商标法意义上的商标使用的情况下，判断是否容易导致混淆，没有实际意义。

显然，该案的一审法院和二审法院均未将商品销售渠道因素纳入商标侵权的分析过程，导致其对案件的判决偏离商标法的基本理论。事实上，在原告莱斯公司并未提供涉案产品在中国境内销售的证据的基础上，只要考察商品销售渠道因素就不难发现，原告并没有相关的销售商品渠道，而被告定牌加工的挂锁都销往墨西哥市场。即便原告提供了相关商品在中国境内销售的证据，但由于被告定牌加工的商品全部销往国外，二者并不指向相同的消费者群体，更不会引发消费者的混淆可能性。

笔者认为，商品销售渠道因素属于司法实践的问题，有必要借鉴美国的司法实践经验，通过司法解释的方式，明确规定我国商标混淆可能性的多因素测试法，并将商品销售渠道因素纳入因素清单。这无论是在法律层面还是实践层面都具有可行性。一方面，从法律层面而言，现行《商标法》明确将混淆可能性作为商标侵权的判定标准，而司法实践中的商标侵权判定适用多因素测试法，包括可能影响消费者购买决定的各种因素。将商品销售渠道因素明确规定为多因素测试法的因素，是落实现行法律规定的应有之义。另一方面，从实践层面而言，商品销售渠道因素对商标混淆可能性具有较强证明力。明确规定商品销售渠道因素，能够促进商品销售渠道因素在司法实践中得到广泛考虑，提高混淆可能性判定的科学性和准确性。同时，明确规定商品销售渠道因素，还有助于应对当前较为突出的"注而不用"商标的侵权纠纷和商标恶意抢注问题。因为商品销售渠道因素以相关商标投入实际使用为前提，能够区分商品或服务的来源，那些仅有注册而未投入实际使用的商标，消费者在市场环境中无法遇到，不存在混淆可能性。

六、结论

商品销售渠道因素能够直观地反映市场环境中消费者的思想

状态，对混淆可能性的判定具有重要作用。尽管如此，我国司法实践的混淆可能性判定，更多关注的是商标近似性、商品类似性等因素，商品销售渠道因素并未得到足够的重视。本文结合司法实践的典型案例，提炼了商品销售渠道因素的适用规则，包括商品销售渠道对混淆可能性的影响、商品销售渠道是否重合的具体判定、互联网销售渠道的法律效果以及不同商品销售渠道的抗辩限制。由于商品销售渠道因素有助于商标混淆可能性的判定，对那些注而不用的商标侵权和涉外定牌加工的商标侵权的判定亦具有独特作用，有必要借鉴美国的司法实践经验，明确规定商标混淆可能性的多因素测试法，并将商品销售渠道因素纳入因素清单。

商标法中合法来源抗辩的认定标准

王若婧[*]

一、引言

现行《商标法》第 64 条规定，销售不知道是侵犯注册商标专用权的商品，能证明商品是自己合法取得并说明提供者的，不承担赔偿责任。商标法中关于销售商合法来源抗辩的规定，最早见于 2001 年修订的《商标法》中。普遍认为，合法来源条款是基于"入世"前夕，为了与相关国际公约规定的成员方承担的国际义务保持一致，根据《与贸易有关的知识产权协议》（TRIPS）对我国知识产权法律全面梳理后所增设的条款。增设合法来源条款的初衷是为无过错侵权人提供救济途径。❶

合法来源抗辩是民法中善意第三人理论在知识产权法中的应用。从促进商品流通、降低交易成本的角度看，对商品流通环节的经营者施以较高的注意义务和审查义务显然不利于市场交易的进行。因此，无论是从法理还是现实情况考虑，在满足了一定的主客观情形时，为善意的销售者提供不承担赔偿责任的抗辩有必要。但同时，为了使权利人锁定、追诉真正的侵权人，商标法又同时规定销售商在主张合法来源抗辩时，需说明提供者。

* 作者简介：王若婧，北京允天律师事务所律师。

❶ 李双利，魏大海 . 合法来源条款立法文本新探 [J]. 中华商标，2011（5）：42 -45.

根据法律规定，合法来源抗辩的审查认定包括两个方面：主观上，销售商应为善意，即不明知且不应知被控侵权商品为侵权商品；客观上，销售商应举证其商品由正规、合法渠道取得，并指明提供者。本文将通过梳理适用合法来源抗辩的司法案例，以期厘清认定的主客观标准。此外，本文还将重点讨论两种较为特殊的情况，即在销售商为服务提供者或者进口商的情况下，合法来源抗辩是否仍然适用的问题。

首先需要明确的是，知识产权侵权在归责上适用无过错责任原则，销售行为作为商标法明确规定的直接侵权行为❶，无论销售商的主观意图如何，均需承担停止侵权的责任。而《商标法》第64条是针对赔偿责任如何分配的规定，即销售商即使抗辩成功，能够免除的也仅仅是赔偿损失而非停止销售的侵权责任。

虽然在法条的描述上，要求销售商"不知道"且能证明"合法取得"，但从逻辑上来讲，一般是由销售商举证证明"合法取得"，然后判断其是否"不知道"。如果销售者不能证明合法取得并说明提供者，其主张主观上对侵权不知情就没有任何说服力。因此，本文先就"合法取得"的证明进行梳理。

二、关于商品来源的"合法取得"的证据认定

《商标法实施条例》第79条❷对合法来源的情形作了具体规定。笔者梳理了几件较为典型的案例，对上述条例中规定的证据情形进行举例说明。

---

❶ 《商标法》第57条："有下列行为之一的，均属侵犯注册商标专用权：……（三）销售侵犯注册商标专用权的商品的……"

❷ 《商标法实施条例》第79条："下列情形属于商标法第六十条规定的能证明该商品是自己合法取得的情形：（一）有供货单位合法签章的供货清单和货款收据且经查证属实或者供货单位认可的；（二）有供销双方签订的进货合同且经查证已真实履行的；（三）有合法进货发票且发票记载事项与涉案商品对应的；（四）其他能够证明合法取得涉案商品的情形。"

（一）"合法来源"的一般认定标准

在煌家伟仕顿（十堰）油品有限公司与东风油品大名县有限公司、自贡锐志汽车配件有限公司侵害商标权纠纷案❶中，销售商审查了生产商的公司营业执照、承诺书、涉案商标复印件并向法院提交了《授权代理商合同》及增值税发票；在宜宾五粮液股份有限公司与广州太阳城大酒店有限公司侵害商标权纠纷案❷中，销售商提交了进仓单以及未明显低于市场价格的购货发票；在拉菲罗斯柴尔德酒庄与孙世玉侵害商标权纠纷、不正当竞争纠纷案❸中，被告提交了其供货商的订货合同、出入境检验检疫卫生证书、境外汇款申请书以及酒类流通随附单；在广东美的生活电器制造有限公司与杨锦意侵害商标权纠纷案❹中，销售商提交了体现商品的销售单。

从上述案例可见，对于"合法来源"的证明，销售者一般需要举证证明：第一，其对上游供货者的资质进行了审核；第二，与供货者之间有相关的交易证明，如销售合同、供货单、出货单等；第三，有相关的收据或发票可以证明该交易实际履行；第四，上述证据中显示的商品需与被诉侵权商品一致。

（二）对"合法来源"从严认定的情况

上述标准并非一个一刀切的判断标准，在具体的案件中，往往需要宽严适度，个案认定。比如，在被诉侵权商品为药品、酒类、化妆品等的情况下，该类商品关乎消费者的生命健康，其流通需要履行一定的行政程序，因此对于该类被诉侵权商品的举证，除了交易证明之外，还需要举证对于行政审批手续是否进行了审

---

❶ 四川省高级人民法院（2018）川民终 408 号民事判决书。

❷ 广东省高级人民法院（2016）粤 73 民终 393 号民事判决书。

❸ 黑龙江省哈尔滨市中级人民法院（2014）哈知初字第 80 号民事判决书。

❹ 广西壮族自治区南宁市中级人民法院（2015）南市民三初字第 64 号民事判决书。

查。在前述的拉菲罗斯柴尔德酒庄与孙世玉侵害商标权及不正当竞争纠纷案中，被告提交了酒类流通随附单；在哈药集团三精制药有限公司与哈尔滨市香坊区精彩染发店等侵害商标权及不正当竞争纠纷案中，被告则提交了原国家食品药品监督管理总局国产特殊用途化妆品行政许可批件、检测报告、成品检验报告单等证据。

在江西珍视明药业有限公司与曹建春侵害商标权纠纷案[1]中，法院明确表示从严认定，认为被诉侵权产品名称为"真视萌"护眼液，消费者一般只有在药品销售场所才能购买到，以一般消费者的认知角度，此类产品应视为药用类产品。药用类产品直接使用于人体，与消费者的身体健康直接相关，国家对药用产品的生产、流通和销售的各个环节也有着严格的规定，故该案在审查销售者是否尽到了合理的审查和注意义务时，应不同于一般商品，在标准的掌握上应当更为严格。该案中，被告经营的医药商店是一家具有药品销售资质的专业药店，在进货途径上应当严格遵循相关行政管理规范，保留完整的票证资料，确保来源可追溯。被告虽然在一审中提交了所谓的被诉侵权产品提供者的出库清单、企业法人营业执照、组织机构代码证等相关证据材料，但并没有提交相关的药品经营许可证和增值税发票。因此，法院认定被告有关其销售的被诉侵权产品有合法来源的抗辩不能成立。

（三）"合法来源"的证据亦应考虑日常的交易习惯进行认定

对于一些个体工商户等销售者，法院则会考虑日常的交易习惯对"合法来源"的证据进行考量。笔者列举几例从证据形式上看虽存在一定瑕疵，但最终被法院认可的案例。

在哈药集团三精制药有限公司与哈尔滨市香坊区精彩染发店、

---

[1] 福建省高级人民法院（2018）闽民再173号民事判决书。

北京三精日化有限公司侵害商标权及不正当竞争纠纷案❶中，被告提交了 26 张未加盖公章和签名的发货单，但均系统一样式的机打票据，且票据上记载的发货人、业务员等能够与收条记载的人员相对应。法院认为，鉴于被告为个体工商户，根据目前我国商品流通市场实际状况和日常交易习惯以及被诉侵权商品的性质，如果要求被告举证正规购销合同以及记载商品批号、生产日期等完整信息并经合法签章的供货票据，方可证明其销售被诉侵权商品有合法来源，则使其承担过于严苛的举证责任，与现实交易情况不符，不符合该案实际。在无锡小天鹅股份有限公司与扬州市万明电器有限公司侵害商标权纠纷案❷中，被告仅提供了手写有第三人企业名称的送货单，在诉讼发生后第三人补充出具了加盖公章的证明。法院认为，虽然送货单上并无第三人的签章，但第三人出具的证明内容可视为第三人对其向被告供货的认可，且与送货单相互印证。因此，被告能够证明涉案商品是合法取得并能够说明提供者，被告的合法来源抗辩成立。在夏日文与佛山市贝特利汽车用品有限公司侵害商标权纠纷❸中，被告夏日文为销售商，其提交了注明所购商品情况并加盖了第三人印章的送货单，以及该第三人的工商登记信息。法院认为按照交易习惯和日常经验，送货单是合同当事人之间存在买卖货物合同关系的凭证之一，在无其他证据予以否认的情况下，可以确认被告与第三人之间存在买卖货物的关系。同时，考虑到被告是从专业的批发市场和专门从事汽车零配件批发的经营者处购得不具有明显瑕疵的被诉侵权商品，在购买被诉侵权商品时其所准备经营的个体户尚未成立，销售被诉侵权商品时个体户成立也仅不到 3 个月时间，被告本身识别能力尚低，法院最终认定被告已经尽到了合理的注意义务。

---

❶ 黑龙江省哈尔滨市中级人民法院（2015）哈知初字第 155 号民事判决书。
❷ 江苏省扬州市中级人民法院（2015）扬知民初字第 00013 号民事判决书。
❸ 广东省佛山市中级人民法院（2015）佛中法知民终字第 63 号民事判决书。

此外，实践中还存在一种特殊情形是，作为被告的"销售者"提交的关于"合法来源"的证据来源于其关联公司。一般而言，从主观状态上来看，关联公司无法自证其不知道；从客观效果上来看，如认定了关联公司的"合法来源"，则有可能导致恶意的销售者通过关联公司的内部交易，制造合法取得的事实，从而逃避赔偿责任。因此，对于关联公司的"合法来源"证据，不应予以采信。在王建平、广州市美馨化妆品有限公司与欧莱雅（中国）有限公司等侵害商标权纠纷案❶中，法院从两个方面对关联公司证据进行否认：第一，关联公司实为一体，具有相同的主观心理状态，关于合法取得的证据需再追溯一层（关联公司的合法来源证据）并说明提供者；第二，如果被告确属善意销售者，要求其进一步提供关联公司合法取得被诉侵权产品的证据，也不会超出被告的举证能力。因此，在被告不能证明其关联公司合法取得被诉侵权产品并说明提供者的情况下，就不能证明其是善意销售者，也就不能适用销售者的合法来源抗辩。

　　（四）指明提供者也是"合法取得"的证据中的一个要件

　　要求销售者"说明提供者"，目的在于通过销售者提供的证据锁定上游提供者，以便商标权人打击侵权源头。因此，销售者应说明上游提供者的名称、住所等基本身份信息，提供工商登记资料等证据，相关证据应足以证明上游提供者真实存在且确系被诉侵权商品的提供者。证明"合法取得"的证据一般会涉及上游提供者，也可用于"说明提供者"。

　　但需要说明，合法来源抗辩中的三个要件，在适用上是缺一不可的，也就是说，即使销售者指明了提供者，可以供权利人进一步追究实际侵权人的责任，但如销售者无法证明其"不知道"以及"合理取得"，仍然需要就其销售行为承担停止侵权、赔偿损

---

❶　广州知识产权法院（2015）粤知法商民终字第 357 号民事判决书。

失的责任。

在凌万义诉黄杰炬侵害商标权纠纷案❶中，被告黄杰炬提交了上游提供者的工商注册、交易记录，足以表明其系通过正常商业方式取得被诉侵权商品。但法院认定，被告在其淘宝店铺中关于被诉侵权商品的介绍，足以说明被告了解原告品牌，且正是基于原告生产的商品有较高的知名度，被告才选择了被诉侵权商品进行销售；同时，被诉侵权商品的进货价远低于正品的出厂价，而销售价却远高于进货价，明显不合常理。法院最终认定被告关于其不知道销售的是侵权商品的主张不成立。

因此，虽然被告能证明被诉侵权商品是自己合法取得并说明了提供者，但在案证据不足以证明其不知道销售的是侵权商品，不应免除赔偿责任。

三、关于"不知道"的主观认定

民法中的"不知道"包括"实际不知道且不应当知道""实际不知道但应当知道"两种情形。商标法中没有明确的规定，但《最高人民法院关于审理侵犯专利权纠纷案件应用法律若干问题的解释（二）》第 25 条第 2 款规定："本条第一款所称不知道，是指实际不知道且不应当知道。"商标法中关于"不知道"的认定标准可参照适用专利法的规定，即商标侵权案件中免除销售者赔偿责任的要件"不知道"，即"实际不知道且不应当知道"。

鉴于"不知道"为一种主观状态难以被外界直观感知，因此在司法实践中，一般通过外在的事实或行为进行推定。

在广东骆驼服饰有限公司与泉州琛宝商贸有限公司、北京京东叁佰陆拾度电子商务有限公司侵害商标权纠纷案❷中，法院认为，作为销售商的被告为专业的进出口贸易企业，对其所从事的

---

❶ 湖南省高级人民法院（2018）湘民终 911 号民事判决书。
❷ 广东省佛山市中级人民法院（2016）粤 06 民终 1966 号民事判决书。

业务是否存在侵犯知识产权情况负有相应的审查义务；在原告涉案系列注册商标的显著性和知名度均较高的情况下，被告应当知道其所销售的被诉侵权商品存在侵权的可能性，被告仍予以销售，故其主观上难谓善意。在贵州茅台酒股份有限公司诉山东银座商城股份有限公司侵害商标权纠纷案❶中，被告虽提交了证明"来源"的证据，但法院认为，茅台酒属于我国知名白酒产品，价格高于市场同类白酒；被告属于全国知名大型百货连锁企业之一，是山东省零售业巨头，经营实力雄厚，应负有较高的审查义务；在其未尽到必要的审查义务的情况下，具有过错。在李某与劲霸男装（上海）有限公司侵害商标权纠纷案❷中，被告作为专门经营箱包的经营者，应当对所销售的皮包具有合理的注意义务，在原告主张保护的商标知名度高，已达到驰名状态的情况下，被告以明显低于原告商品的价格销售侵权皮包，可以推定其对于所销售的商品系侵权产品是明知或应知的。在钟楼区邹区天霸灯饰经营部与欧普照明股份有限公司侵害商标权纠纷案❸中，被控侵权商品未标注生产厂家信息、没有合格证。法院认为，被告作为专门从事灯具及灯具配件批发、零售的经营者，更加应当负有谨慎的注意义务；即使被告提供足够证据证明产品来源，但其在经销涉案产品时存在一定过错，其关于产品合法来源的抗辩不能成立。

可以看到，关于"不知道"的主观状态认定，考虑的因素包括以下几个。第一，原告主张被侵权商品及商标的知名度。原告商标的知名度越高，销售者证明"不知道"的标准也就越高。第二，销售者本身的资质以及注意义务。一般而言，销售者本身专业性越高，营业规模越大，其注意力就越高。比如，销售者如为某类商品的专门经销商，甚至是需要获取某种营业资质才可经营

❶ 山东省高级人民法院（2015）鲁民三终字第 70 号民事判决书。
❷ 新疆维吾尔自治区高级人民法院（2015）新民三终字第 52 号民事判决书。
❸ 江苏省常州市中级人民法院（2019）苏 04 民终 197 号民事判决书。

的情况下，相比于普通的零售商，其对于行业内的商品、商标情
况理应更加熟悉，注意义务也就相对较高；销售者如为专门的贸
易公司、商场或超市经营者，其在采购时对于相关商品的"来源"
审核更为严格，甚至有专门的法务部门进行审查，在此种情况下，
是难以证明其"不知道"的。第三，被控商品本身情况。比如，
上文中提到的药品、酒类、化妆品等需要履行行政审批手续的商
品，专营的销售商若不对相关资质进行审核，则难以证明其"不
知道"。而对于商品的生产者、是否合格等的审查是销售商最基本
义务，对于被控侵权商品为"三无"产品的情况下，任何销售商
都难以"自证清白"。

此外，实践中也存在权利人举证证明销售者"知道或应当知
道"从而否认合法来源抗辩的情况，一般是基于双方既往的纠纷、
销售商曾受到行政处罚或侵权警告等情况。

在武汉金牛经济发展有限公司与武汉市东西湖天才水暖经营
部、周某等侵害商标权纠纷案❶中，法院考虑到被告天才经营部销
售侵权商品以及在销售活动中使用"金牛"文字的行为已有较长
时间，且部分行为在本案诉讼前已被人民法院认定为侵犯原告商
标权的行为，认定天才经营部应当知晓其销售的涉案商品为侵权
商品的事实。

上述证据形式以及考虑因素，哪些证据指向"合法来源"，哪
些证据指向销售者的主观状态，并不是泾渭分明的，更多情况下，
是一个综合考虑的结果。

四、在"销售者"为服务销售者的情况下，合法来源抗辩的适用问题

值得注意的是，从字面描述来看，《商标法》第 64 条第 2 款规
定的合法来源抗辩，适用的主体被限定为"商品销售者"，那么是

---

❶　湖北省武汉市中级人民法院（2017）鄂 01 民初 3603 号民事判决书。

否说明在被诉侵权的商标为服务商标的情况下，"服务的销售者"则当然不适用合法来源抗辩呢？

首先，《商标法》第 4 条规定："本法有关商品商标的规定，适用于服务商标。"因此，上述规定并非将"服务销售者"排除在外，而是出于立法体系的需要。

其次，实践中"服务销售者"难以主张合法来源抗辩主要因为服务商标使用的特殊性。在商品商标侵权案件中，销售者无法更改被诉商品和商标，也就是并未参与生产这一环节，但"服务销售者"一般是指餐饮等服务行业的授权加盟商，服务商标的"生产"过程是由"销售者"直接参与、决定，并且直接"使用"的，在此种情况下，"销售者"已经不再是单纯的"销售者"，而是被诉侵权服务的生产、使用和销售者，因此难以适用合法来源抗辩。

在杭州绿茶餐饮管理有限公司与中山区绿茶餐厅侵犯商标权及不正当竞争纠纷案❶中，法院认为，适用合法来源抗辩的仅针对侵权商品的销售者，换言之为渠道商，而非生产商，被告中山绿茶餐厅在其经营的店铺门头、菜单、名片、网络推销等活动中突出使用涉案标识的行为，显然并非单纯的推销、展示侵权服务的渠道行为，而系主动生产、使用侵权服务的源头行为。因此，中山绿茶餐厅主张其使用的涉案标识具有合法来源的主张，缺乏法律依据。

在四川仁众投资管理有限公司与双流区蜀真味小龙老火锅店侵害商标权纠纷案❷中，法院首先明确，《商标法》有关商品商标的规定，也适用于服务商标，同时，《商标法》第 57 条规定的侵权行为包括使用行为、销售行为、制造商标标志行为、帮助行为等，其中，商标的使用行为侵权并不适用合法来源抗辩。该案中，

---

❶　北京知识产权法院（2018）京 73 民终 1875 号民事判决书。
❷　四川省成都市中级人民法院（2018）川 01 民初 1682 号民事判决书。

被告蜀真味小龙老火锅店在店招、广告展架、油罐、围裙、壁画、订餐卡等处予以突出使用"小龙坎"标志属于使用侵权标志的行为，而非销售侵权商品，因此不符合合法来源抗辩适用的前提。

当然，对于"服务销售者"并不一刀切地不适用合法来源抗辩。在"销售者"能够将销售行为和生产行为割裂开，并举证证明其并未实施"生产行为"的情况下，是有可能适用合法来源抗辩的。在认定的标准上，与商品商标侵权案件中无异。

如在上海紫燕食品有限公司与句容市宝华镇苗氏卤菜店侵害商标权纠纷案❶中，法院首先就明确指出，认定销售者有合法来源，销售者不仅要能够提供进货商品的发票、付款凭证及其他证据来证明其通过合法途径取得，还需要销售者主观上对涉案商标是否系他人所有为善意不知情。该案中被告提交了证人证言、加盟资料及《房屋租赁合同》等证据，证明涉案店铺门头系案外人装修，被告从案外人处接手后未进行任何修改。从客观要件来看，是符合合法来源抗辩要求的。但法院同时认为，考虑到《加盟合同》中并未涉及商标或品牌等知识产权相关内容，被告未尽到应尽的审查义务，以及被告作为熟食食品行业的经营主体，对原告"紫燕""嘉州紫燕""紫燕百味鸡"等注册商标具有较高知名度的事实应系明知，因此，在主观要件上，被告不满足合法来源抗辩的要求。

深圳美西西餐饮管理有限公司与赵锐侵害商标权纠纷案❷中，被告赵某在其经营商铺内销售的饮品包装及店招门头上使用了与原告美西西餐饮管理有限公司商标相似的商标。被告为证明其"合法来源"，提交了与案外人签署的《专有技术许可协议》。该许可协议约定案外人负责赵某店铺的设计、产品原材料、包装等，且赵某提供了装修设计图、订货记录、付款记录等证据，能够与

---

❶　江苏省镇江市中级人民法院（2019）苏 11 民初 29 号民事判决书。
❷　山东省烟台市中级人民法院（2019）鲁 06 民终 1067 号民事判决书。

该许可协议的约定相互印证，可以证明该许可协议已经真实履行，赵某依据该许可协议合法取得涉案产品及设计。同时，法院考虑到赵某之前未从事过类似行业，因此对于案外人提供的相关产品可能侵权并不知情，因此，最终认定赵某不承担赔偿责任。

因此，在认定标准上，服务商标侵权的抗辩与商品商标侵权并无二致，但考虑服务商标的特殊性，其生产、使用和销售行为往往难以割裂开来，实践中才产生了合法来源抗辩不适用于服务商标销售者的错觉。

五、关于销售者为进口商的情况下，合法来源抗辩的适用问题

实践中还存在一种特殊的情况是，销售者为进口商，在此种情况下，"合法来源"在域外，与一般性的销售者有所不同。实践中存在以下几种情形。

1. 进口商仅仅能举证证明其进口的商品履行了合法的进口手续，但无法证明其"合法来源"，在此情况下，从客观上即不能满足认定要件。

比如，在法国卡斯特兄弟简化股份公司与法华金龙酒业（深圳）有限公司侵害商标权纠纷案❶中，被告法华金龙酒业（深圳）有限公司提交了报关单、进口关税专用缴款书、进口增值税专用缴款书及备案的标贴等证明其"合法来源"，但法院认为前述证据只能证明其进口的葡萄酒符合通关手续，并不能体现具体来源，也没有标明具体的生产商，无法证明其进口商品具有合法来源，应承担停止侵权及赔偿损失的法律责任。

2. 即使从客观要件上符合合法来源抗辩的规定，但仍无法满足合法来源抗辩的主观要件。

在勃贝雷有限公司与北京尚品百姿电子商务有限公司（以下

---

❶ 广东省深圳市中级人民法院（2013）深中法知民终字第 193 号民事判决书。

简称"尚品百姿公司")、上海耀煜电子科技有限公司、北京捷航盛达商贸发展有限公司侵犯商标权及不正当竞争纠纷案❶（以下称"BURBERRY"商标侵权案）中，作为销售者的被告尚品百姿公司提交了上游公司的注册信息、框架协议、汇款凭证、采购合同、上游公司出具的保证及邮件、尚品百姿公司催促上游公司发货的邮件、承运公司的证明及邮件等证据，用以证明其进口涉案商品已经尽到合理注意义务。法院认定，上述证据并未证明进口的涉案商品确系来自勃贝雷公司或得到了授权，因此，不足以证明尚品百姿公司已经尽到了合理注意义务，不适用合法来源抗辩。

在雀巢产品有限公司与被告北京海安天仁国际贸易有限公司（以下简称"海安天仁公司"）侵害商标权纠纷案❷（以下称"Nestle"商标侵权案）中，被告海安天仁公司进口的奶粉包装盒的中文信息所对应的生产企业为雀巢德国公司，地址为比森霍芬；该信息与其提交给中国海关的测试报告中显示的生产商及地址信息明显不符。同时，按照其自称为"Nestle BEBA中国区总代理"的身份，海安天仁公司对上述信息不符的事实是应当知晓的。因此，海安天仁公司无法证明其不知道或者不应当知道该产品侵权，作为销售者，亦应当承担赔偿责任。

3. 进口商举证证明了其商品具有"合法来源"，但结合进口商的其他经营行为，认定进口商不满足主观要件，并构成侵权。

在前述"BURBERRY"商标侵权案中，法院不仅未支持尚品百姿公司作为销售者的抗辩，还认定尚品百姿公司在其网站上使用"BURBERRY"标注商品的行为为商标使用行为，落入《商标法》第57条第1项规定的侵权行为中。

在"Nestle"商标侵权案中，除了否认被告关于合法来源的抗辩，还更进一步认定，被告在被诉侵权商品的包装盒上注明了涉

---

❶ 北京知识产权法院（2017）京73民终2002号民事判决书。
❷ 北京市朝阳区人民法院（2016）京0105民初45780号民事判决书。

案商标标识及大量中文信息，还实施了如印制宣传材料、召开发布会、签订经销代理合同、注册域名并在网站中直接使用涉案商标标识等一系列行为，因此，被告为涉案商标标识的实际使用者，应当承担相应的法律责任。

4. 直接认定合法来源抗辩的规定不适用于销售者为进口商的情况。

在丹纳赫西特传感工业控制（天津）有限公司（以下简称"丹纳赫西特公司"）诉赵某等侵害商标权纠纷案❶中，法院明确表示：首先，基于商标保护的地域性，外国公司在我国境外生产制造被控侵权产品本身并不侵犯我国注册商标专用权，但丹纳赫西特公司作为进口商进口被控侵权产品至我国并在境内销售直接导致该产品在涉案商标受保护的法域内从无到有。其次，丹纳赫西特公司虽然未直接从事生产制造被控侵权产品行为，但实际上是在我国境内首先使用被控侵权产品的主体，从商标法保护的意义上，该案丹纳赫西特公司作为进口商的行为后果与生产者的行为后果是一致的；商标法中合法来源抗辩应受地域性规则的限制，能够提出合法来源抗辩仅是不知产品侵权而销售的被控侵权方，不应包括产品的进口方。

事实上，在商品进口的情况下，中国境内是缺少"生产"环节的，因此，进口商在某种程度上充当了生产商和销售商两个角色，是被控侵权商品从无到有，如仍对其适用合法来源抗辩，将使权利人无法追诉侵权行为。这与商标法的立法本意是相悖的。笔者认为，将进口商排除在合法来源抗辩的"销售者"之外更符合商标法的立法本意，即使不直接将"进口"行为归于国内商标法上的"生产"行为，那么在适用合法来源抗辩时，不妨从严认定，对进口商课以较高的注意义务，亦可有效地防止恶意的进口商滥用合法来源抗辩，以逃脱赔偿责任。

---

❶ 上海市第一中级人民法院（2014）沪一中民五（知）终字第78号民事判决书。

从《中美经贸协议》
看补充实验数据的前世今生

许　波[*]

一、引言

美国东部时间 2020 年 1 月 15 日，中美两国签署《中华人民共和国政府和美利坚合众国政府经济贸易协议》（以下简称《中美经贸协议》）。其中，"药品相关的知识产权"问题位列第一章第三节，仅次于该章节的"一般义务"和"商业秘密和保密商务信息"，其重要性不言而喻。而在"药品相关的知识产权"部分，又首先以第 1.10 条对"补充数据"予以规定，核心内容为"中国应允许药品专利申请人在专利审查程序、专利复审程序和司法程序中，依靠补充数据来满足可专利性的相关要求，包括对公开充分和创造性的要求"。显而易见，该条规定所针对的正是我国当前专利实务中，尤其是药品专利审查中受到普遍关注，同时也饱受争议的申请日后补充提交实验数据（以下简称"补充实验数据"[❶]）的问题。

对于补充实验数据，我国的各版《专利法》和《专利法实施

　＊　作者简介：许波，北京隆诺律师事务所顾问，原北京知识产权法院法官。
　❶　《中美经贸协议》中的表述为"补充数据"（Supplemental Data），而非"补充实验数据"，前者的覆盖面更广。但在当前专利实务中，更多涉及的是医药领域中补充实验数据的问题，故本文也仅针对补充实验数据展开。尽管上述称谓有所不同，但在对具体问题的处理方面并无本质差异。

细则》中均没有规定，但在各版审查指南中均有涉及且相关规则屡有变动。由于该规则变动直接影响到对药品创新的保护，因此始终受到国内外制药企业的高度关注。但无论规则如何变化，我国专利制度的"先申请制"和"以公开换保护"的基本法理始终如一，这也是我国相关部门在处理补充实验数据问题时的根本遵循。

然而近年来，认为我国相关部门对补充实验数据的审查过于严格，主张应当放宽标准的呼声日益高涨。相关实证研究对此也有所印证，无论是我国专利行政审查部门还是法院，接受并最终采信补充实验数据的情形可谓凤毛麟角。为此，有必要结合实际案例，梳理、分析、总结与补充实验数据相关的专利法问题，以期发现症结之所在，并在此基础上研判《中美经贸协议》签署所可能引起的变化。

二、实证研究

通过梳理与补充实验数据相关的规则变迁和实际案例可以发现，争议主要集中在三个方面。

（一）是否应当考虑补充实验数据

从历次版本审查指南的规则变化可以发现，我国专利行政审查机关对于补充实验数据的态度，经历了从相对宽松到绝对严格再到适度放宽的过程，同时在审查时需要注意区分提交补充实验数据是为了满足说明书充分公开的要求，还是为了满足创造性的要求。

具体而言，相比于之后几版审查指南，《审查指南1993》的标准最为宽松，其在第二部分第十章的"化学发明的充分公开"部分规定，申请人可以在申请日后补充用途和效果，对于实施例则明确"后补交的实施例❶只能供审查员审查专利性时参考"，且在

---

❶ 《审查指南1993》仅规定了"实施例"，而未涉及"实验数据"。从2006年版《审查指南》开始，新增规定了"实验数据"，并将其与"实施例"并列。

"化合物的创造性"部分允许在申请日后提交发明效果的证据。❶
《审查指南2001》开始收紧标准，删除了《审查指南1993》中允许
申请人在申请日后补充用途和效果以及补充提交效果证据的规定，
并在"化学发明的充分公开"部分将《审查指南1993》规定的后
补交实施例对"专利性"的参考作用，限缩修改为仅对"审查新
颖性、创造性和实用性"具有参考作用，从而排除了在审查说明
书是否充分公开时接受补充实验数据的可能性。❷《审查指南2006》
继续收紧标准，一方面在"化学发明的充分公开"部分明确规定
"申请日之后补交的实施例和实验数据不予考虑"，另一方面却并
未在"化合物的创造性"部分增加与补充实验数据相关的规定。❸
《专利审查指南2010》在此方面延续了《审查指南2006》中的规
定，未作修改。

转变出现于2017年4月1日施行的修改后的《专利审查指南
2010》，其中在"化学发明的充分公开"部分新增一节"3.5关于
补交的实验数据"，将"申请日之后补交的实施例和实验数据不予
考虑"的规定修改为"对于申请日之后补交的实验数据，审查员
应当予以审查。补交实验数据所证明的技术效果应当是所属技术
领域的技术人员能够从专利申请公开的内容中得到的"。就此修
改，国家知识产权局在发布《专利审查指南修改草案（征求意见
稿）》时已经明确指出，是"对有关措辞可能带来的对补交的实验
数据不予审查的误解作出澄清"，并且"强调补充实验数据所证明
的技术效果与申请日公开事实的内在必然联系，这也是专利制度
先申请制的本质要求"❹。而在之后正式发布的《国家知识产权局
关于修改〈专利审查指南〉的决定》（局令第74号）中，国家知

---

❶　参见《审查指南1993》第二部分第十章第4.1节、第4.3节、第5.4节。
❷　参见《审查指南2001》第二部分第十章第4.1节、第4.3节、第5.5节。
❸　参见《审查指南2006》第二部分第十章第3.4节、第6.1节。
❹　《专利审查指南修改草案（征求意见稿）》解读［EB/OL］．（2016－11－28）
［2020－03－05］．http://www.sipo.gov.cn/zscqgz/1100710.htm.

识产权局也重申该修改是"为了避免现行规定可能带来的误解并明确审查员如何对补交的实验数据进行审查"。❶ 有观点认为，上述变化意味着专利行政审查部门对补充实验数据的审查放宽了标准，不再一刀切式地不予考虑。但事实上，即使是在 2017 年前的专利审查实践中，我国专利行政审查部门也并非绝对不考虑补充实验数据，尤其是在创造性审查方面，屡有采信的先例。❷ 而在修改后的《专利审查指南 2010》于 2017 年 4 月 1 日正式施行后，考虑并采信补充实验数据的情形更是有增多趋势。❸

在专利行政诉讼中，虽然我国法院采信补充实验数据的案例至今仍极为罕见，但就补充实验数据问题，始终坚持从"先申请制"和"以公开换保护"的基本立场出发，并没有受到历次审查指南中规则变化的太多影响。例如，尽管 2017 年修改前的《专利审查指南 2010》规定"申请日之后补交的实施例和实验数据不予考虑"，但最高人民法院在 2015 年的沃尼尔·朗伯公司与原专利复审委员会、第三人嘉林药业公司专利无效行政纠纷案❹（以下简称"沃尼尔·朗伯案"）中明确指出："在专利申请日后提交的用于证明说明书充分公开的实验性证据，如果可以证明以本领域技术人员在申请日前的知识水平和认知能力，通过说明书公开的内容可以实现该发明，那么该实验性证据应当予以考虑，不宜仅仅因为该证据是申请日后提交而不予接受。"又如在涉及创造性的情形，北京市高级人民法院（以下简称"北京高院"）在阿斯利康公司与原专利复审委员会、第三人信立泰公司❺（以下简称"阿斯利

---

❶ 关于修改《专利审查指南》的决定（2017）[EB/OL].（2017 - 03 - 05）[2020 - 03 - 05]. http://www. sipo. gov. cn/zcfg/zcfgflfg/flfgzl/zlbmgz/1020135. htm.

❷ 参见第 33253 号复审请求审查决定、第 74723 号复审请求审查决定、第 95778 号复审请求审查决定。

❸ 参见第 125456 号复审请求审查决定、第 134851 号复审请求审查决定、第 140125 号复审请求审查决定。

❹ 参见最高人民法院（2014）行提字第 8 号行政判决书。

❺ 北京市高级人民法院（2018）京行终 6345 号行政判决书。

康案")中指出:"在创造性判断中,针对无效请求人提交的不同于背景技术的对比文件,一般应当允许专利权人提交补充实验数据来证明本专利相对于对比文件具有预料不到的技术效果。"以上观点在司法实践中得到了普遍遵照执行。

通过以上对专利审查规则和实际案例的梳理可以看出,对于专利权人或专利申请人提交的补充实验数据是否应予考虑的问题,目前应该已无太大分歧,而且既适用于对说明书公开充分的审查,也适用于对创造性的审查。然而,仅限于"考虑"的层面显然是不够的,《中美经贸协议》将补充实验数据问题位列如此优先级,无疑是希望我国有权机关能够对其持更加开放、宽松的态度。

(二)何种补充实验数据能够被用于证明相关技术效果

虽然不应对补充实验数据一刀切式地不予考虑,但采信补充实验数据也应满足一定的前提条件。2017年修改的《专利审查指南2010》就此专门作出规定,即"补交实验数据所证明的技术效果应当是所属技术领域的技术人员能够从专利申请公开的内容中得到的"。而更早之前,最高人民法院曾在2012年的武田株式会社与原专利复审委员会、第三人海思科公司等专利无效行政纠纷案❶(以下简称"武田案")中明确指出,如果申请日后补交的实验数据不属于专利原始申请文件记载和公开的内容,也不属于现有技术,则以该补充实验数据为依据来认定相关技术效果,有违专利先申请制原则,也背离专利权以公开换保护的制度本质,因此接受补充实验数据的前提应当是针对"在原申请文件中明确记载的技术效果"。

对比以上内容可以发现,我国专利行政审查机关和司法机关的措辞略有不同,前者表述为"能够得到",后者表述为"明确记载",前者的字面范围大于后者。当然也需注意的是,前者是在说明书充分公开部分予以规定,后者则是个案创造性审查时确立的

---

❶ 最高人民法院(2012)知行字第41号行政裁定书。

裁判标准。而在过往司法实践中，专利权人提交补充实验数据多是为了证明其发明相比于现有技术取得了预料不到的技术效果，从而佐证具备创造性，因此法院基本上也都是采取了"明确记载"的标准。例如，在吉联亚公司与原专利复审委员会、第三人上海奥锐特公司等专利无效行政纠纷案❶（以下简称"吉联亚案"）中，北京高院之所以采信专利申请日之后公开的反证Ⅲ-13并据此认定相关技术效果，首先就在于"反证Ⅲ-13记载的有关抗病毒活性和细胞毒性的技术效果是本专利说明书实施例16已经明确记载的技术效果"。但也正如前文所述，类似于吉联亚案最终采信补充实验数据的情形在我国可谓凤毛麟角。目前至少在以下两种情形，专利权人提交的补充实验数据不能被用于证明相关技术效果。

1. 补充实验数据所欲证明的是原始申请文本中没有记载的技术效果

在赛尔金公司与原专利复审委员会、第三人南京卡文迪许公司专利无效行政纠纷案❷中，赛尔金公司提交了反证5，试图证明涉案专利化合物在抑制TNFα活性方面具有预料不到的技术效果，具体表现为涉案专利保护的具体化合物来那度胺的TNFα抑制活性是现有技术中沙利度胺和EM-12的约2000倍。涉案专利申请于1997年，故该案适用《审查指南1993》，但本领域技术人员在阅读完涉案专利说明书后，仅能认识到涉案专利化合物具有一般的TNFα抑制效果，而无法确信其还具有超出该一般效果的任何预料不到的技术效果，说明书中也未有相应记载或实验数据支持。因此，赛尔金公司提交反证5所欲证明的技术效果不属于《审查指南1993》所规定的"在原始说明书中已经有含蓄的提示，从而使所属领域的普通技术人员能直接推论出来的用途或效果"或者

❶　北京市高级人民法院（2017）京行终1806号行政判决书。
❷　北京市高级人民法院（2015）高行（知）终字第309号行政判决书。

"能直接从现有技术中推论出的用途或效果"，反证 5 不能被用于证明相关技术效果。

在百时美施贵宝公司与原专利复审委员会、第三人南京润诺公司专利无效行政纠纷案❶（以下简称"百时美施贵宝案"）中，百时美施贵宝公司提交了反证 4 和反证 5，试图证明涉案专利化合物在抑制凝血方面取得了预料不到的技术效果，具体表现为反证 4 和反证 5 中的抑制常数 Ki 值优于最接近现有技术中的 Ki 值。涉案专利申请于 2002 年，故该案适用《审查指南 2001》，即后补交实施例可以供审查员在审查创造性时参考。但是，涉案专利说明书中并没有与反证 4 和反证 5 中化合物、相应 Ki 值以及原始测定日期等相关的记载，换言之，反证 4 和反证 5 所欲证明的技术效果并未被记载在涉案专利说明书中，即使其可以作为审查创造性的参考，也无法被用于证明相关技术效果。

此外，某些专利说明书中看似记载了相关技术效果，但经分析发现其与补充实验数据所要证明的效果并不相同，因此同样属于未记载技术效果的情形。例如，在前述武田案中，涉案专利保护由胰岛素敏感性增强剂和胰岛素分泌增强剂组成的药物组合物，用于预防或治疗糖尿病。涉案专利说明书中记载了吡格列酮与伏格列波糖联用以及吡格列酮与优降糖联用的实验结果，所体现的是胰岛素敏感性增强剂和胰岛素分泌增强剂的联用方案相对于其中一类药物单独使用具有更好的降血糖效果，但并未比较不同药物联用方案之间的效果差异。而在之后的无效程序中，武田株式会社提交了反证 7，试图证明在降血糖方面，吡格列酮与格列美脲的联用方案相对于单独用药以及其他药物联用方案均取得了预料不到的技术效果。但如前所述，说明书中并未对各种药物联用方案之间的降血糖效果进行比较，这也意味着反证 7 所欲证明的技术效果是原始申请文本中并未记载的。又如，在前述阿斯利康案

❶ 北京市高级人民法院（2019）京行再 7 号行政判决书。

中，阿斯利康公司提交了反证5，试图证明涉案专利化合物具有良好的代谢稳定性。虽然说明书中有与代谢稳定性相关的记载，但其仅出现于"本发明的背景"部分，除此之外再未提及涉案专利化合物的代谢稳定性，也没有记载任何与代谢稳定性相关的实验数据，因此说明书中实际上并未对反证5所欲证明的技术效果予以记载。

2. 补充实验数据所欲证明的是原始申请文本中断言式描述的技术效果

此种情形在实践中亦不少见。具体而言，专利原始申请文本中的确有对相关技术效果的记载，但该记载通常都过于泛泛或仅是一种断言式声明，缺乏必要的实验数据支持，无法使本领域技术人员在阅读说明书后即能确信发明技术方案能够实现其所声称的效果。此时，如果轻易允许专利权人又通过事后提交补充实验数据的方式予以弥补，并在此基础上维持专利权有效，无疑将对我国专利制度所采取的"先申请制"造成巨大冲击，也不符合"以公开换保护"的专利法基本法理，导致私权保护与公共利益保护之间的失衡后果。

在贝林格尔公司诉原专利复审委员会专利复审行政纠纷案❶中，贝林格尔公司提交了证据1，试图证明涉案专利化合物具有预料不到的技术效果。但证据1所欲证明的技术效果在涉案专利说明书中仅泛泛表述为"其不仅具异常强效且就 β2 肾上腺素受体而言，具有高度选择性的特性"，除此之外，再没有任何实验数据予以支持。此时说明书中所记载的技术效果仅能被视为一种断言或宣称。北京知识产权法院在一审判决中也特别指出："考虑补充实验数据的前提必须是不能导致对先申请原则和专利法以公开换保护本质的破坏，即补充的目的应系对申请日公开的原始技术方案

---

❶ 北京市高级人民法院（2017）京行终 2470 号行政判决书。

能够实现以及所能实现的效果作出补强说明，以澄清审查员的误解。"❶

在诺华公司与原专利复审委员会、第三人戴某专利无效行政纠纷案❷（以下简称"诺华案"）中，诺华公司提交了反证1，试图证明涉案专利保护的药物组合物具有预料不到的技术效果，即组合使用缬沙坦和 AHU377 在降血压方面产生了比单独给药更好的协同作用。然而，本领域技术人员能够认识到，协同作用并非药物联用后所产生的简单效果叠加，而是通常体现为一种"1＋1＞2"的实质性提升，因而也往往需要一定的实验数据加以佐证。涉案专利说明书中仅记载了"所获得的结果表明本发明的组合具有意想不到的治疗作用"的结论，而未记载任何支持该结论的实验数据，无法使本领域技术人员确信涉案专利保护的药物组合物真正产生了降血压方面的协同作用，因此反证 1 不能被用于证明该声称的技术效果。

（三）如何采信补充实验数据

除以上不能被用于证明相关技术效果的情形外，补充实验数据还需符合作为证据的基本形式要求并具有证明力，才能最终被采信并证明相关技术效果。实践中，专利权人提交的补充实验数据还经常会存在以下几个方面的问题。

1. 补充实验数据不符合证据的基本形式要求

此问题在前述武田案中表现得最为明显。该案中，为证明涉案专利保护的药物组合物具有显著的降血糖效果，武田株式会社提交了反证 7。但反证 7 系域外形成，却并未经过公证和认证，而且不是实验记录的原件，内容上也无法显示是由哪一个机构或个人作出，故在对方当事人对反证 7 的真实性不予认可的情况下，法院对反证 7 不予采信。

---

❶ 北京知识产权法院（2015）京知行初字第 3431 号行政判决书。
❷ 北京知识产权法院（2018）京 73 行初 6483 号行政判决书。

2. 补充实验数据的提供方与专利权人存在利害关系

不少案件中，专利权人提交的补充实验数据都是由其研发人员或与其存在关联关系的研究机构提供。为了增强可信度，专利权人往往也会同时提交声明，声称其数据客观、真实。即便如此，如果对方当事人对专利权人的数据不予认可，专利权人又无法提供足够充分的其他佐证和解释，则无论是专利行政审查机关还是法院，通常都会以补充实验数据的提供方与专利权人存在利害关系为由而不予采信。前述百时美施贵宝案和阿斯利康案中均有此方面观点的表达。

3. 补充实验数据不具有可比性

正是由于补充实验数据系申请日后提交的缘故，其常常会遭遇可比性方面的质疑。原因在于，实验对象、实验条件等因素往往已随时间发生变化，而且通过实际案例也可以发现，专利权人为得到补充实验数据所采取的实验方法很多时候与说明书中记载的方法并不完全一致，这都可能使得补充实验数据最终无法得到采信。

在沃尼尔·朗伯案中，沃尼尔·朗伯公司提交了天津大学出具的实验报告，试图证明本领域技术人员根据说明书记载的实验方法，可以制备得到涉案专利保护的Ⅰ型结晶阿托伐他汀水合物。但该实验报告完成于 2011 年 10 月 20 日，而涉案专利申请日为 1996 年 7 月 8 日，前后相差 15 余年，且二者在结晶规模上存在显著差异，即涉案专利说明书中记载的是大规模的工业生产方法，而天津大学实验报告仅为实验室规模。此外，天津大学实验报告中记载的加热时间和冷却方式也与涉案专利说明书中的记载明显不同。对于本领域技术人员而言，结晶会受到多方面因素的影响，规模的变化通常会使得结晶条件发生相应变化，确定与结晶规模相适应的加热时间、冷却方式等具体条件客观上是存在难度的。因此，在缺乏充分证据证明对加热时间、冷却方式的选择是本领域技术人员基于现有技术能够从说明书中容易得到的情况下，天津大学的实验报告缺乏可比性，不能根据该实验报告得出本领域技术人员可以根据说明书的记载实现涉案专利的结论。

在诺华案中，诺华公司提交反证1试图证明涉案专利保护的药物组合物在降血压方面产生了协同作用。然而经对比可以发现，涉案专利采用的动物模型为DOCA模型和SHR大鼠模型，反证1采用的则是Dahl模型、SHPsp模型和SHR大鼠模型，二者所使用的动物模型并不完全相同。即便是针对相同的SHR大鼠模型，涉案专利说明书中记载的实验结论是"所获得的结果表明本发明的组合具有意想不到的治疗作用"，而反证1的结论则为该模型没有显示协同作用，即反证1在此方面并不能佐证涉案专利所声称的技术效果。诺华公司还主张，反证1中的Dahl模型与涉案专利中的DOCA模型均为本领域常规使用的动物模型，具有类似的药理途径和倾向，因此可以根据Dahl模型中的结果合理预期DOCA模型中的技术效果。但该主张并未得到法院的认可，关键就在于不同动物模型所采用的实验动物、实验条件等不同，可能会对实验结果产生影响，故在缺乏充分证据佐证的情况下，不能在不同的动物模型之间简单地进行效果上的推断。

4. 补充实验数据不可信

此方面问题在涉及补充实验数据的案件中尚未发现，但在与实验数据相关的其他专利授权确权案件中已有体现，也有必要予以关注。现有案例表明，实验数据之所以不可信，原因主要集中在两个方面：一是提供实验数据的机构缺乏必要的资质和能力，或者得出实验数据的过程、方法不恰当；二是有关实验数据、实验方法存在与本领域基本认知不符、自相矛盾等容易引发合理质疑的情形。

（四）小结

综上所述，在可专利性审查方面，专利权人提交的补充实验数据应当予以考虑，这在我国目前的专利审查和司法实践中已经不存在太大分歧。但用于证明相关技术效果的补充实验数据不能突破"先申请制"和"以公开换保护"的底线，并且在最终被有权机关采信之前仍然会面临来自证据形式、证明力等诸多方面的挑战。正是因为如此不易，北京高院2017年底在吉联亚案中采信补充实验数据并据此认定涉案专利技术效果的做法，才更具研究价值。

该案中，吉联亚公司主张涉案专利说明书实施例16记载的实验数据相比于证据Ⅱ-2具有更优异的抗病毒活性和更低的细胞毒性，并提交了申请日之后形成的反证Ⅲ-13加以佐证。北京高院首先纠正了一审法院和原专利复审委员会的相关认定，认可涉案专利说明书实施例16与证据Ⅱ-2使用了类似的实验方法，二者具有可比性，并在此基础上支持了吉联亚公司的上述主张，相关理由可以总结归纳为以下四个方面：（1）作为补充实验数据，反证Ⅲ-13记载的抗病毒活性和细胞毒性是涉案专利说明书实施例16已经明确记载的技术效果；（2）反证Ⅲ-13是公开发表的专业文献，在无相反证据的情况下，其真实性可以确认；（3）反证Ⅲ-13使用的是现有技术中的实验方法，且与证据Ⅱ-2的方法相同，并记载了具体的实验步骤；（4）反证Ⅲ-13是针对特定对比文件（即证据Ⅱ-2）提供的实验数据，对涉案专利说明书实施例16获得的化合物bis（poc）PMPA和证据Ⅱ-2公开的化合物bis（pom）PMPA的抗病毒活性和细胞毒性进行了平行对比，能够客观反映涉案专利的技术效果。该案裁判虽然仅是针对补充实验数据的一种特定情形，但其已经显露出的裁判尺度松动以及所传递出的司法导向仍然具有指引意义，很可能成为未来讨论补充实验数据问题的重要参照。

三、未来展望

基于以上实证分析可知，我国专利行政审查机关和司法机关近年来对补充实验数据所掌握的总体标准，与《中美经贸协议》第1.10条有关"补充数据"的规定并无根本冲突，分歧主要在于执行中具体尺度的把握上。

可以预判的是，在我国专利制度没有作出根本性改变的情况下，"先申请制"和"以公开换保护"的基本要求仍将是我国有权机关采信补充实验数据的根本遵循，也是底线。在此基础上，考虑到我国之前采信补充实验数据时的严格程度以及《中美经贸协议》必将产生的后续影响，未来对补充实验数据的采信标准应该会有所放宽，并最有可能在以下三个方面率先出现松动：一是对于缺乏实验数据支持的"断言式描述的技术效果"，如果说明书中还同时记载了得到该效果的实验方法，且该方法是本领域技术人员根据现有技术容易重复实施并得出结论的，则专利权人针对该"断言式描述的技术效果"提交的补充实验数据，有可能会得到采信。二是对于与专利权人存在利害关系的机构或个人提供的补充实验数据，有可能会将当前总体严格的采信标准适当放宽松，不再仅仅以存在利害关系为由不予接纳，并可能会要求不承认该实验数据的当事人提供相反证据或陈述充分理由。值得注意的是，《中美经贸协议》第 1.31 条还专门针对"证人证言"作出规定，❶虽然其仅限于"民事司法程序中"，但对证人证言的重视和强调未来也可能会传导影响到对补充实验数据的接纳上。三是对于实验数据的可比性标准，有可能会趋于宽松，不过专利权人仍有义务证明实验对象、实验条件、实验方法等方面的差异不致对结果产生不可接受的差异。仍以吉联亚案为例，一审法院在评述可比性时采取了惯常的严格标准，认为实验条件的不同会对实验结果产生影响，因此无论其他实验条件是否相同，无论数据记录形式是否相同，均无法将实验数据进行对比。二审法院则采取了相对宽松的标准，认为在实验方法类似且实验数据都指向化合物的抗病毒活性和细胞毒性的情况下，可以将实验数据进行对比。基于不

---

❶ 该条第 1 项规定："在民事司法程序中，中国应给予当事方在案件中邀请证人或专家，并在庭审中对证人证言进行质询的合理机会。"

同的出发点，两审法院的考量均有其合理之处，但二审法院的标准也许会在未来实践中得到更广泛的适用。

本文主要立足已有实践情况，探讨了补充实验数据在我国现行专利法体系下的具体适用问题，但也不可否认的是，《中美经贸协议》更多带来的是一种从业者对未来不确定性的焦虑，专利行政审查和司法裁判标准是否会随之发生相应变化受到业界普遍关注。在投入大、风险高、周期长的医药行业，尤其需要规则的明确、连续、可预期。这也让笔者想起在北京知识产权法院工作期间参加过的一次医药企业交流会。尽管针对补充实验数据的立场各有不同，但国内外医药企业的代表们都不约而同地呼吁相关规则应当保持连续和可预期。这也应是我国相关部门未来在具体落实、执行《中美经贸协议》时需要慎重考虑的首要问题。

"靴子何时落地"很重要，"靴子以何种姿势落地"同样重要。

中国专利间接侵权制度的立法模式及司法实践

顾　昕*

一、问题所在

我国《专利法》第59条规定"发明或者实用新型专利权的保护范围以其权利要求的内容为准",该条确立了专利权利要求解释的"全面覆盖原则",即被控侵权产品(方法)只有包含了专利权利要求记载的全部技术特征时,才构成专利侵权。也正是由于这项规则,一些行为人刻意只实施权利要求所保护的发明的核心部分,而将后续的实施工作交由其用户自行完成,由用户在使用产品时实施专利权利要求记载的全部技术特征,从而承担潜在的直接侵权风险。❶ 但因为用户往往分散在各地,且大量由用户完成的直接侵权行为都发生在家庭内部,权利人很难发现更难以实际追究个别用户的直接侵权责任。这样就导致行为人规避了直接侵权行为,即通过生产和销售专利核心部件的行为获得了本应该由专利法保护的商业利益。也正是为了规制这种行为,才产生了专利间接侵权制度。

我国《专利法》中没有规定专利间接侵权制度,而是在民法

＊　作者简介:顾昕,国家知识产权局知识产权发展研究中心副研究员。

❶　崔国斌.专利法:原理与案例 [M]. 2版.北京:北京大学出版社,2016:749 - 750.

共同侵权责任❶的框架下通过司法解释❷明确了其适用要件。尽管我国在几次《专利法》修法过程中均讨论了制定专利间接侵权条款的可能性，但最终没有在《专利法》中作出规定。

本文拟首先介绍我国目前专利间接侵权制度所采取的立法模式，然后总结历次《专利法》修法时没有规定专利间接侵权条款的立法顾虑，再通过梳理司法实践中不同法院针对专利间接侵权案例的裁判情况，分析当初没有规定专利间接侵权条款的立法顾虑在现阶段是否仍然存在。最后结合司法实践中出现的最新趋势和问题，讨论在《专利法》中规定专利间接侵权条款的立法必要性和可行性问题。

二、中国专利间接侵权的立法模式

我国《专利法》中没有单独规定专利间接侵权条款，实践中出现的可能涉及专利间接侵权纠纷的案件，长期以来一直通过民法上的共同侵权条款予以规制。

（一）早期适用《民法通则》的共同侵权规则

以 2010 年实施《侵权责任法》为分界点，在此之前的很长一段时间，我国专利间接侵权的问题适用 1986 年制定的《民法通则》❸中关于共同侵权的条款，该法第 130 条规定："二人以上共

---

❶ 2010 年实施的《侵权责任法》第 9 条关于共同侵权责任的规定。

❷ 2016 年《最高人民法院关于审理侵犯专利权纠纷案件应用法律若干问题的解释（二）》细化了《侵权责任法》的相关规定，明确了在专利领域帮助型和引诱型间接侵权的构成要件。

❸ 该法全称《中华人民共和国民法通则》，于 1986 年制定，1987 年 1 月 1 日起实施。在《民法通则》实施之前，我国民事领域立法几乎为空白，该法的公布为市场经济运转提供了基本的法律原则与制度，标志着中国逐渐开始民事领域的立法，国家立法逐渐地转向私法这一重心。《合同法》《物权法》《侵权责任法》《民法总则》等法律都是在此之后逐步制定的。

2019 年 12 月 16 日《中华人民共和国民法典（草案）》公布了全文，经 2020 年 5 月 28 日召开的第十三届全国人大三次会议审议通过，《中华人民共和国民法典》自 2021 年 1 月 1 日起施行。

同侵权造成他人损害的，应当承担连带责任。"

考虑到《民法通则》中对共同侵权的规定比较简单，为了更加明确共同侵权行为的类型，最高人民法院在实施《民法通则》的第二年出台了司法解释，明确教唆和帮助他人实施侵权行为的属于《民法通则》规定的共同侵权行为。❶

因此，在当时解决专利间接侵权问题的法律依据就是《民法通则》中关于共同侵权的规定以及最高人民法院对帮助和教唆行为属于共同侵权行为的解释。在这一模式下，山西省法院于1993年裁判了我国首起涉及专利间接侵权纠纷的案件。

1. 我国首例专利间接侵权案件

在这起是否侵犯权利人"磁镜式直流电弧炉"实用新型专利权的案件中，一审法院认为：原告即权利人 X 实用新型专利的法律保护范围系专利权利要求书中记载的全部必要技术特征，只有全部覆盖了这一技术特征才构成侵权。被告 Y1、Y2 生产的激磁线圈的技术特征并未覆盖权利人的专利保护范围，所以不构成侵权。❷

二审法院推翻了一审法院的判断，认为构成间接侵权。在该案中，实用新型的第一发明人从原告 X 公司离休后到被告 Y1 公司担任顾问，台湾客户因此中止和原告 X 的谈判，改为委托被告 Y1 加工 4 只激磁线圈，被告 Y1 转委托被告 Y2 生产加工的激磁线圈已经运往台湾。二审法院认为上述事实说明：被告 Y1 未经专利权人许可，客观上实施了为直接侵权人（台湾客户）加工该专利产品核心内容的专用部件激磁线圈，主观上具有诱导他人直接侵权的故意，而且被告的行为与直接侵权有明显的因果关系，应该适

---

❶ 1988 年 4 月，最高人民法院出台《关于贯彻执行〈中华人民共和国民法通则〉若干问题的意见（试行）》，其中第 148 条规定："教唆、帮助他人实施侵权行为的人，为共同侵权人，应当承担民事责任。"

❷ 山西省太原市中级人民法院（1993）法经初字第 27 号民事判决书。

用《民法通则》第 130 条的规定，构成了专利间接侵权。❶ 被告 Y2 接受 Y1 的委托，生产专利产品的专用部件激磁线圈的行为，构成了共同间接侵权。此案后经再审，最终以双方和解结案。❷

二审法院认定构成专利间接侵权的三个要件，分别是：（1）客观上实施了为直接侵权人加工该专利产品核心内容的专用部件的行为；（2）主观上具有诱导他人直接侵权的故意；❸（3）被告的行为与直接侵权有明显的因果关系。二审法院虽然提及了"专利产品核心内容的专用部件"等表述，但没有针对"核心专用部件"进一步展开论述，因此尚不清楚二审法院究竟将被告的行为定位为针对"物品"的帮助侵权❹，还是针对"行为"的引诱型帮助侵权，也存在当时法院没有明确区别两种侵权类型的可能。

2. 药品中间体案件

前述 1993 年山西省法院在审理专利间接侵权案件时，可能尚没有明确的意识将专利间接侵权区分为帮助型侵权和引诱型侵权两种类型。2000 年之后，尽管立法和司法解释中没有明文规定专利间接侵权的类型，但是很多法院在审理相关案件时，已经开始明显区分帮助侵权和教唆侵权的不同适用情况。

在重庆市 2008 年审结的一起诺瓦提斯公司诉重庆新原兴药业有限公司的药品专利间接侵权案件中，法院已经明显有了区别的意识。在该案中，被告 Y 在网站上公开销售原告 X 的专利药品，对于这种行为，一审法院和二审法院都认定构成侵权。

但是对于被告销售专利药品的中间体的行为，一审法院和二

---

❶ 山西省高级人民法院（1993）晋经终字第 152 号民事判决书。

❷ 山西省高级人民法院（1995）晋法民再字第 40 号民事调解书。

❸ "主观过错"，在我国不仅仅影响损害赔偿的计算，更是一般民事侵权责任的构成要件之一，这种观点是我国民法学界公认的侵权责任构成的通说，被广泛地应用于理论研究和实务。参见：王利明. 民法 [M]. 北京：中国人民大学出版社，2005：779 - 780.

❹ 有学者认为构成帮助型专利间接侵权，参见：张鹏. 帮助型专利间接侵权：太原重型机器厂诉太原电子系统工程公司、阳泉煤矿电子设备二厂专利侵权纠纷案 [J]. 中国发明与专利，2018（9）115 - 118.

审法院的判断产生了分歧。一审法院认为，被告 Y 生产的三种药品中间体除用于制备专利药品外并无其他商业用途，被告 Y 出售该三种中间体必然导致买受人将其用于制造侵犯原告 X 专利权的药品；另外，被告 Y 在其网站上明确说明前述中间体为制造专利药品的中间体，故被告 Y 对其行为必然导致前述后果是明知的。基于此，尽管前述中间体并未直接落入原告 X 专利保护范围，但被告 Y 制造、销售该中间体必然导致买受人实施侵犯原告专利权的行为，且被告 Y 对该后果是明知的，故被告 Y 构成间接侵权。❶

二审阶段被告 Y 提出了新的证据，❷ 证明药品中间体除了用于生产专利药品外，还可以用于合成某种已知药物的前体药，可以认为具有其他用途。二审法院据此认为，由于被告 Y 生产的药品中间体具有其他用途，并非专门用于制造专利药品，被告 Y 只要不以任何能够让人把专利药品或中间体联系起来的方式销售，法律都允许。但是该案中，被告 Y 在网站、书面宣传材料以及实际销售行为中明确将其生产的药品中间体作为原告 X 药品专利的中间体进行许诺销售和销售。被告 Y 在二审审理期间才提供其他用途证据的做法也证明了被告在该案纠纷发生前并没有意识到药品中间体尚具有其他用途，而是完全将其用于制造专利药品的。因此，被告 Y 销售和许诺销售药品中间体就是为了诱导直接侵权的发生，已经构成对涉案专利的间接侵权。❸

由此可见，二审法院已经有意识地将专利间接侵权区分为帮助侵权和引诱侵权两种类型。其中帮助侵权主要针对不具有其他

---

❶ 重庆市第一中级人民法院（2008）渝一中民初字第 133 号民事判决书。

❷ 我国在民事诉讼的二审阶段仍然可以审理事实问题，在符合一定条件的情况下当事人可以提交新证据。依据《最高人民法院关于民事诉讼证据的若干规定》第 41 条规定，二审程序中的新的证据包括：一审庭审结束后新发现的证据；当事人在一审举证期限届满前申请人民法院调查取证未获准许，二审法院经审查认为应当准许并依当事人申请调取的证据。

❸ 重庆市高级人民法院（2008）渝高法民终字第 230 号民事判决书。

用途的产品,该案被告 Y 的药品中间体具有其他用途,因此不构成帮助侵权;引诱侵权则侧重于被告是否存在故意引诱,该案中被告 Y 的销售和许诺销售行为就是为了诱导直接侵权行为的发生,从而构成引诱侵权这种类型的间接侵权。

3. 小结

对于专利间接侵权问题,我国司法实践早期是通过《民法通则》中的共同侵权规则予以解决,一定程度上解决了无据可循的问题,且专利间接侵权在司法判决中的认定率也不低。但是,无论是《专利法》还是相关司法解释中都没有关于专利间接侵权要件的具体规定,因此不同法院、不同案件之间的审理标准差别非常大,当事人对这种类型案件的审理结果无法建立起相对稳定的预测可能性。

(二)通过司法解释细化《侵权责任法》中的共同侵权规则

我国现阶段依然在民法共同侵权的框架内解决专利间接侵权问题,只不过自 2010 年《侵权责任法》实施以来,该法中关于共同责任的条款替代了《民法通则》中对于共同侵权条款的规定。《侵权责任法》第 9 条第 1 款规定:"教唆、帮助他人实施侵权行为的,应当与行为人承担连带责任。"

1. 2016 年司法解释明确专利间接侵权归责要件

《侵权责任法》第 9 条关于共同侵权责任的规定仍然没有对专利间接侵权问题的具体要件作出规定,因此司法实践中仍然存在要件不明确的问题。为了明确专利间接侵权的归责要件,2016 年最高人民法院通过司法解释❶的方式细化了《侵权责任法》的相关规定,明确了在专利领域帮助型和引诱型间接侵权的构成要件。依据该司法解释的规定,对于帮助型专利间接侵权,其规定是"明知

---

❶ 《最高人民法院关于审理侵犯专利权纠纷案件应用法律若干问题的解释(二)》(法释〔2016〕1 号)第 21 条。

有关产品系专门用于实施专利的材料、设备、零部件、中间物等，未经专利权人许可，为生产经营目的将该产品提供❶给他人实施了侵犯专利权的行为"，构成《侵权责任法》中规定的帮助侵权；而对于引诱型专利间接侵权，其规定是"明知有关产品、方法被授予专利权，未经专利权人许可，为生产经营目的积极诱导他人实施了侵犯专利权的行为"，构成《侵权责任法》中规定的教唆侵权。

2. 我国专利间接侵权模式

2016 年司法解释中确立的专利间接侵权判断规则，一定程度上借鉴了美国的模式，将专利间接侵权分为帮助型和引诱型两种类型：在帮助型专利间接侵权条款，采用了"专用品要件＋主观要件"的归责模式，当然美国帮助侵权的"无实质性非侵权用途＋主观故意"要件在内涵上与我国的要件并不完全一致；在引诱型专利间接侵权条款上也同样采用了"引诱行为＋主观要件"的模式。❷

这种模式和日本专利法中对于专利间接侵权的规定明显不同。日本专利法中仅针对诱发侵权危险性高的"物品"规定了帮助型间接侵权，并进一步又将其分为专用品条款❸和非专用品条款❹两种，对后者即非专用品条款规定了主观要件。而对于诱发高危险侵权"行为"的引诱型间接侵权，日本法则选择了交由民法第 709 条和第 719 条解决。

---

❶ 有学者认为，这里所说的"提供"并非指单纯制造或者进口专用品的行为，而是指出售、出租、赠与等让他人已经获得或者能够获得专用品的行为。仅仅制造或者进口但未通过出售、出租、赠与等行为将专用品扩散到市场，如储存在仓库的行为，不能解释为这里的提供行为。参见：李扬. 帮助型专利权间接侵权行为的法律构成 [J]. 人民司法（应用），2016 (16)：49－52.

❷ 张其鉴. 我国专利间接侵权立法模式之反思：以评析法释〔2016〕1 号第 21 条为中心 [J]. 知识产权，2017 (4)：35－41.

❸ 日本专利法第 102 条第 1 款、第 4 款。

❹ 日本专利法第 102 条第 2 款、第 5 款。

3. 构成专利间接侵权是否需要以直接侵权行为存在为要件

至于对我国专利间接侵权的"专用品要件""主观要件"等要件的具体理解问题，拟放在后述司法实践的部分予以论述。这里需要特别注意的是构成专利间接侵权是否需要存在直接侵权行为的问题。

2016 年司法解释中的正式表述是提供给他人"实施了侵犯专利权的行为"，而 2015 年公开征求修改意见的司法解释稿中的表述是提供给他人"实施侵权专利权的行为"，二者之间的区别在于表达动作已呈完成状态的"了"字。从文义上来看，2016 年司法解释的正式表述是要求存在直接侵权行为，❶ 有观点认为这种表述从字义上看是从征求意见稿的"独立说"转变到了正式司法解释中的"从属说"，❷ 即间接侵权行为依附于直接侵权行为而生，只有在发生了直接侵权时，才有间接侵权存在的空间。

该司法解释的制定者说明此问题时也表示：在一般情况下，"间接侵权应当以直接侵权为前提，故条文表述为'实施了'侵犯专利权的行为，但并不意味着，在提起间接侵权诉讼之前，必须存在认定直接侵权成立的裁判……人民法院可以根据具体案情依法决定是否将直接侵权人作为共同被告"。❸ 由此可见，对专利间接侵权是否需要存在直接侵权的问题，最高人民法院的司法解释在制定时是以存在直接侵权行为作为一般原则的，但似乎在司法案件适用该条款时并不要求绝对贯彻这一原则。

❶ 同文军，金黎峰. 专利间接侵权的比较与适用：兼评 2016 年最高人民法院司法解释的相关规定 [J]. 知识产权，2016 (7)：47 – 53.

❷ 马云鹏. 专利间接侵权的司法审查与认定：兼论《专利法修订草案（送审稿）》第 62 条的修改 [J]. 知识产权，2017 (4)：42 – 46.

❸ 宋晓明，王闯，李剑.《最高人民法院关于审理侵犯专利权纠纷案件应用法律若干问题的解释（二）》的理解与适用 [J]. 人民司法（应用），2016 (10)：28 – 36.

三、在《专利法》中没有规定专利间接侵权条款的立法顾虑

如前所述，我国长期以来一直通过民法共同侵权的规定解决专利间接侵权规则适用的问题。其实在《专利法》几次修法时期，都曾不同程度地讨论是否应该在《专利法》中单独规定专利间接侵权条款。

（一）1984 年《专利法》制定时期

尽管当时美国、日本、德国等知识产权主要国家的专利法中都规定了专利间接侵权制度，但考虑到当时我国刚刚改革开放不久，各项民事制度处于正在逐步建立的阶段，无论企业还是一般民众，其中部分人甚至对专利制度本身都尚且不接受，更别说提高保护水准的专利间接侵权制度了。在当时的环境下，"对作为一项新兴的法律制度的专利制度大多数人还不是很了解，更何况间接侵权制度这比较复杂的规定，人民尚难以理解和接受"[1]，因此当时制定的《专利法》中没有规定专利间接侵权制度。

（二）2000 年《专利法》第二次修改

在《专利法》第二次修法期间，国家知识产权局向国务院提交的专利法修改草案建议稿中曾经写入过间接侵权条款。当时的立法机关认为"《专利法》实施以后，法院和专利管理机关已经作出了一些涉及间接侵权的判决和决定，有些地方法规已经写入了有关间接侵犯专利权的规定，可见现实中确实存在制止间接侵权行为的必要性"[2]，因此在专利法修改草案中增加了关于专利间接侵权条款的规定。但最后考虑到 TRIPS 没有规定专利间接侵权，

---

[1] 伊藤贵子. 专利间接侵权：中日法律规定与司法实践比较研究 [D]. 华东政法大学，2010.

[2] 尹新天，等. 专利法修改有关问题研究 [G] //国家知识产权局条法司. 专利法研究 1999. 北京：知识产权出版社，1999.

我国也不宜提供超过 TRIPS 标准的保护力度，因此删除了专利间接侵权条款。❶

（三）2008 年《专利法》第三次修改

2005 年国家知识产权局条法司曾针对专利间接侵权问题委托学者开展相关研究，尽管提交研究成果的学者多数主张应该在《专利法》中规定专利间接侵权制度❷，但在 2006 年底第三次修订《专利法》的送审稿中，同样没有写入专利间接侵权的条款。

国家知识产权局给出的解释是："在《专利法》中增加制止专利间接侵权行为的规定，实质上是将对专利权的保护扩大到与专利技术相关，但其本身并未获得专利权的保护的产品。因此，专利间接侵权问题已经落入专利权人利益和公众利益之间十分敏感的灰色区域，有关规则的制定和适用略有不当，就会损害公众自由使用现有技术的权利。考虑到上述因素，并考虑到专利权人可以通过向直接侵权人主张权利而获得保护，可以依据《民法通则》有关共同侵权的规定追究有关人员的连带责任，我局认为目前在《专利法》中规定专利间接侵权的时机不成熟。"❸

（四）目前正在进行的《专利法》第四次修改

2015 年《专利法修订草案（送审稿）》中曾经一度增加了第 62 条关于专利间接侵权的条款❹，为了尽量减少对条文内容的争

---

❶ 于立彪. 关于我国是否有专利间接侵权理论适用空间的讨论［G］//国家知识产权局条法司. 专利法研究 2007. 北京：知识产权出版社，2008.

❷ 国家知识产权局条法司.《专利法》及《专利法实施细则》第三次修改专题研究报告［M］. 北京：知识产权出版社，2006.

❸ 于立彪. 关于我国是否有专利间接侵权理论适用空间的讨论［G］//国家知识产权局条法司. 专利法研究 2007. 北京：知识产权出版社，2008.

❹ 国务院法制办就专利法修订草案（送审稿）征求意见［EB/OL］.（2015 - 12 - 03）［2020 - 01 - 06］. http://www.gov.cn/xinwen/2015 - 12/03/content_5019664.htm.

议，新增条文和 2016 年司法解释专利间接侵权条款的表述非常类似。❶ 但出于各种原因，到了全国人大审议阶段，2019 年 1 月全国人大审议公布的《专利法修正案（草案）》中删除了新增加的专利间接侵权条款。❷ 以目前的形势来看，在这次《专利法》修改中再次纳入专利间接侵权条款的可能性不高。

（五）小结

我国在几次修改《专利法》的过程中都反复斟酌和考虑是否应当规定专利间接侵权制度，但最终均没有纳入《专利法》中。总结历次修改中立法机关的顾虑，主要基于以下两点：第一，从产业发展的角度出发，担心引入专利间接侵权条款不符合我国当时的经济发展水平，会造成专利保护水平过高的不利后果，进而增加企业的生产经营成本，有碍企业进一步发展和壮大；第二，鉴于最高人民法院 2016 年通过司法解释将"专利间接侵权"纳入《侵权责任法》的共同侵权规则中解决，已经在一定程度上明确了专利间接侵权的规则要件，那么在《专利法》中再单独规定专利间接侵权规则的立法需求似乎没有那么迫切了。

以上两点顾虑在现阶段的司法实践中的情况如何：（1）是否因为没有在《专利法》中规定专利间接侵权条款，就一定程度避免了过高水平的保护？（2）在行政裁决和司法裁判的实践中，民法共同侵权模式下的专利间接侵权判断规则究竟存在哪些难以克服的问题，才需要在《专利法》中再单独规定专利间接侵权规则？

---

❶ 第 62 条（新增）　明知有关产品系专门用于实施专利的原材料、中间物、零部件、设备，未经专利权人许可，为生产经营目的将该产品提供给他人实施了侵犯专利权的行为的，应当与侵权人承担连带责任。

明知有关产品、方法属于专利产品或者专利方法，未经专利权人许可，为生产经营目的诱导他人实施了侵犯该专利权的行为的，应当与侵权人承担连带责任。

❷ 《中华人民共和国专利法修正案（草案）》征求意见稿修改条文对照表［EB/OL］.（2019－02－22）［2020－01－06］. http：//scjg.sx.gov.cn/art/2019/2/22/art_1628905_30447030.html.

以下梳理我国司法实践中对专利间接侵权问题的认定情况。

四、司法实践中对专利间接侵权的认定

梳理司法案件中对专利间接侵权问题的判断标准，可以依据2016年最高人民法院司法解释的分类，区分为帮助型间接侵权条款和引诱型间接侵权条款两种。

（一）帮助型间接侵权条款

在2016年司法解释出台之前，我国没有相关法律规定帮助型间接侵权的要件，因此司法实践中不同法院采取的判断要件并不统一。2016年司法解释出台之后，明文规定我国帮助型间接侵权采取"专用品要件＋主观要件"的归责模式。鉴于在司法实践的很多案例中，"是否存在直接侵权行为"也往往成为判断侵权与否的胜负手。为了更准确地理解帮助型间接侵权要件的判断要件，应该考虑主观要件、客体要件以及"是否存在直接侵权行为"这三个要件。此外，尽管我国帮助型间接侵权条款中"提供"行为的概念❶不同于日本的生产、转让、进口、许诺转让等行为，但由于司法案件中"提供"这一概念并没有左右侵权与否，因此暂没有被纳入讨论的视野。

1. 主观要件

由于我国专利间接侵权问题长期在民法共同侵权的框架下解决，因此早期不少法院在判定构成侵权时从不同角度论证了什么情况下满足主观要件，诸如被控侵权人收到过权利人送来的警告书❷以及收到权利人通知书后继续销售专用部件的❸、被控侵权产

❶ 李扬. 帮助型专利权间接侵权行为的法律构成 [J]. 人民司法（应用），2016（16）：49－52.

❷ 湖南省高级人民法院（2005）湘高法民三终字第38号民事判决书。

❸ 陕西省西安市中级人民法院（2006）西民四初字第109号民事判决书。

品的说明书中记载了使用专利技术的事实❶、被控侵权人在网站上明确表示其销售的是用于制造专利侵权的产品❷、权利人在杂志上刊登了律师声明❸、被控侵权人曾多次在中国和欧洲对涉案专利提起无效程序❹等，法院认为这些行为可以说明被控侵权人对侵权行为存在主观上的认识。

也有法院以被控侵权人不具备主观要件为由否定其构成专利间接侵权。在杭州某外观设计专利权纠纷案件❺中，法院认为"被控侵权人销售的配件可以与多种不同的底座搭配组成视觉效果不同的奖杯故而不具有单一性，因此不能直接认定其具有教唆、引诱他人实施专利的故意"，从而认定不构成帮助型间接侵权。

同时也有很多案件，法院没有对主观要件展开论述，而是采用推定的方式判断被控侵权人的行为具备主观要件。譬如有的法院认为被控侵权人"作为同种产品的销售者，应该知道该产品只能用于侵权用途"❻。更有不少案件❼中，法院通过被控侵权人提供专用品的行为来推定其具备主观要件，如有的法院"仅以专用品或关键部件这一客观要素判断主观上具有过失"❽。

2016 年司法解释中明确了构成帮助型专利间接侵权需要具备"明知"的主观要件。在此之后的很多案件中，虽然法院依据司法解释会明确提示主观要件是判断是否构成间接侵权的要件之一，

---

❶ 上海市第一中级人民法院（2012）沪一中民五（知）初字第 136 号、第 137 号民事判决书。

❷ 重庆市第一中级人民法院（2008）渝一中民初字第 133 号民事判决书。

❸ 北京市高级人民法院（2003）高民终字第 503 号、第 504 号民事判决书。

❹ 江苏省高级人民法院（2015）苏知民终字第 00172 号民事判决书。

❺ 浙江省义乌市人民法院（2015）金义知民初字第 536 号民事判决书。

❻ 广西壮族自治区高级人民法院（2005）桂民三终字第 5 号民事判决书。

❼ 南京市中级人民法院（2007）宁民三初字第 307 号民事判决书；天津市高级人民法院（2008）津高民三终字第 003 号民事判决书；广西壮族自治区南宁市中级人民法院（2006）南市民三初字第 10 号民事判决书等。

❽ 上海市第一中级人民法院（2005）沪一中民五（知）初字第 365 号民事判决书；上海市第一中级人民法院（2006）沪一中民五（知）初字第 376 号民事判决书。

但是具体结合案情作出判断时，主观要件并不是决定侵权与否的"胜负手"，并没有起到参与侵权判定的作用。❶譬如在西电捷通诉索尼的二审案件中，法院提示了"明知"作为主观要件是判定构成间接侵权的要件之一，但是结合案情分析时直接通过"没有直接实施人"这一要件就否定了构成间接侵权。❷

通过与日本企业的交流发现，日本企业中存在一种声音，即对于中国专利间接侵权问题适用《侵权责任法》第 9 条共同侵权规则有所担心，担心一旦发生了间接侵权的行为，日本权利人难以证明生产被控侵权专用品的厂商之间或者厂商和用户之间的意思联络，从而难以适用该条连带责任的规定。❸对此问题，有中国学者认为"传统的共同侵权规则强调不同行为人之间的联系，而专利间接侵权在其发展过程中实际上逐步背离了传统的共同侵权规则，越来越像一种独立的侵权责任……间接侵权人与直接侵权人之前的过错联系已经变得不那么重要了"❹。其实前述案例也说明了在我国近期的司法实践中，岂止不同行为人之间的过错联络变得不重要了，甚至连行为人的主观要件都很难独立发挥实际作用了，所以日本企业的担心其实是没有必要的。

2. 专用品要件（客观要件）

帮助型专利间接侵权作为针对诱发侵权危险性高的"物品"而规定的侵权类型，客观要件的判断主要集中在是否满足"专用品"上。司法实践中，我国法院对是否满足"专用品"的判断如下：

---

❶ 广州知识产权法院书（2016）粤 73 民初 1072 号民事判决书；广东省高级人民法院民事判决书（2016）粤民终 1960 号；江苏省高级人民法院（2016）苏民终 168 号民事判决书。

❷ 北京市高级人民法院（2017）京民终 454 号民事判决书。

❸ 2019 年 3 月 21 日在国家知识产权局与日本知识产权协会举办的交流会上提及该问题。

❹ 崔国斌. 专利法：原理与案例 [M]. 2 版. 北京：北京大学出版社，2016：752.

一部分法院采用了"专用于"的判断标准，具体来讲，法院判断被控侵权产品是否是"专门用于生产专利产品的部件"或者"专门用于实施专利方法的工具、材料等"❶。如西电捷通诉索尼的一审案件中，法院判断被控侵权产品是否构成专用品时表示："对于硬件和软件结合的 WAPI 功能模块组合而言，其在实施涉案专利之外，并无其他实质性用途，故应该被认定为专门用于实施涉案专利的设备"❷。二审法院也认同一审法院对此问题的判断标准。❸

　　另有一部分法院在"侵权产品构成专利权实施中的关键部分（本质部分）"时判定构成侵权。❹ 如在莱顿汽车部件案❺中，法院认为其中一个被控侵权人"虽未完整实施专利法所规制的制造、销售侵权产品的行为，但提供了完整的被控侵权技术方案和主要零部件"，就满足了帮助间接侵权的"专用品要件"。

　　这种"关键部件"标准，其实存在扩大侵权认定范围的风险。因为即便被控侵权产品是专利产品的关键或主要零部件，但也可能具有其他用途，被控侵权人制造或销售被控侵权产品的目的不一定是侵犯专利权；如果没有"专用于"之类的条件限制，可能会导致构成间接侵权的认定标准过于宽松、适用范围过大。

　　可能也是意识到各地司法实践对"专用品"判断标准不统一可能带来的弊端，前述 2016 年最高人民法院的司法解释中将"专用品"要件明确表述为"有关产品系专门用于实施专利的材料、设备、零部件、中间物等"物品。在此之后的司法裁判中，法院

---

❶　上海市第一中级人民法院（2003）沪一中民五（知）初字第 212 号民事判决书；北京市高级人民法院（2003）高民终字第 503 号、第 504 号民事判决书；天津市高级人民法院（2008）津高民三终字第 003 号民事判决书等。

❷　北京知识产权法院（2015）京知民初字第 1194 号民事判决书。

❸　北京市高级人民法院（2017）京民终 454 号民事判决书。

❹　上海市第一中级人民法院（2006）沪一中民五（知）初字第 376 号民事判决书；陕西省西安市中级人民法院（2006）西民四初字第 019 号民事判决书。

❺　江苏省高级人民法院（2015）苏知民终字第 00172 号民事判决书。

更加注重对"专用于"要件的考察。如在南京特能电子实用新型专利权纠纷案中，法院认为"虽然被诉产品本身并不具备涉案专利的全部技术特征，但该产品的唯一用途致使其一旦使用则必然落入涉案专利的保护范围"，从而认定符合专用品要件。❶

3. 是否必须存在直接侵权行为

如前面立法模式部分所介绍的，从 2016 年司法解释条款的文义上看，专利间接侵权行为成立要求存在直接侵权行为。

（1）原则上要求存在直接侵权行为

我国司法实践中，大部分案件是要求存在直接侵权行为的，要求明确的直接侵权行为人❷，可谓以要求存在直接侵权行为（从属说）为原则，不要求（独立说）为例外。如在株式会社岛野为权利人的专利侵权纠纷案❸中，法院认为"我国专利法律、法规尚没有关于专利间接侵权的规定，司法实践中认定构成专利间接侵权，要以存在专利直接侵权为前提。本案中不存在直接侵权，故不能认定被控侵权人构成间接侵权"。

在很多案件中，法院不仅要求存在直接侵权行为，而且严格要求直接侵权行为必须实际存在，即以第三人完整实施专利技术行为的存在为前提，权利人应提供证据证明第三人完整实施专利技术。❹ 很多案件的权利人因无法举证存在直接侵权行为而导致其专利间接侵权的诉求被法院驳回。如在廖某外观设计专利纠纷案❺中，法院认为"权利人没有提交证据证明被控侵权人将移动电源外壳作为专用部件提供给了哪一具体的经营主体，并且后者使用该外壳制造了移动电源产品，因此，本案不存在被控侵权人之外的直接侵权人"，不能认定构成专利间接侵权。

❶ 江苏省高级人民法院（2016）苏民终 168 号民事判决书。

❷ 山东省济南市中级人民法院（2003）济民三初字第 41 号民事判决书。

❸ 浙江省高级人民法院（2005）浙民三终字第 145 号民事判决书。

❹ 山东省高级人民法院（2001）鲁民三终字第 2 号民事判决书。

❺ 广东省高级人民法院（2014）粤高法民三终字第 773 号民事判决书。

（2）严格适用"存在直接侵权行为"要件的趋势

自从 2016 年最高人民法院的司法解释中从文义上规定了构成专利间接侵权必须存在直接实施行为之后，很多法院在适用司法解释时贯彻得非常彻底，甚至逐渐将其作为很多案件中否定专利间接侵权的主要依据。

如在东莞市誉升电子科技公司专利纠纷案中，一审法院认为被控侵权行为构成专利帮助侵权。❶ 对此，二审法院则认为，"帮助侵权行为的成立法定要件之一是直接侵权人实施了侵权行为，但是本案并无证据证明被控侵权公司将被诉侵权产品作为专用部件提供给具体的直接侵权人并由直接侵权人实施了侵权行为。因此，本案不能认定被控侵权公司的行为构成间接侵权中的帮助侵权"，❷ 从而推翻了一审的判断，否定成立专利帮助侵权。

又如在奇虎 360 诉江民新科 GUI 侵权案❸中，法院认为，被诉侵权行为构成帮助侵权行为的前提之一是用户具有直接实施涉案专利的行为，也即制造、许诺销售、销售、进口电脑等行为。该案的用户实施的行为仅为下载被诉侵权软件至其电脑的行为，并不存在制造、许诺销售、销售电脑等行为。权利人必须证明有人制造、许诺销售、销售、进口带涉案 GUI 的电脑。如果没有哪个电脑厂商或个人制造、许诺销售、销售、进口预装江民软件的电脑，则间接侵权就失去了基点。因此，不存在直接实施涉案专利行为的情况下，也不可能构成帮助侵权行为。

（3）以是否存在"完整的直接实施行为"作为判断依据

但是，最近也出现了反对前述一系列必须以直接侵权行为存在才能构成间接侵权的判决。在这类判决中，法院以"是否存在完整的直接实施行为"代替"是否存在直接侵权行为"作为判断

---

❶ 广东省高级人民法院（2016）粤民终 1960 号民事判决书。
❷ 广州知识产权法院（2016）粤 73 民初 1072 号民事判决书。
❸ 北京知识产权法院（2016）京 73 民初 276 号民事判决书。

是否构成专利间接侵权的前提要件。

在西电捷通诉索尼案中，一审法院❶判决认为："一般而言，间接侵权行为应以直接侵权行为的存在为前提。但是，这并不意味着专利权人应该证明有另一主体实际实施了直接侵权行为，而仅需证明被控侵权产品的用户按照产品的预设方式使用产品将全面覆盖专利权的技术特征即可，至于该用户是否要承担侵权责任，与间接侵权行为的成立无关。之所以这样解释，是因为在一些使用方法专利中，实现'全面覆盖'涉案专利权利要求技术特征的主体多为用户，而用户因其'非生产经营目的'不构成专利侵权，此时如果机械适用'间接侵权行为应以直接侵权行为的存在为前提'，将导致涉及用户的使用方法专利不能获得法律保护，有违专利法针对该类使用方法授予专利权的制度初衷。"最终一审法院认定被控侵权人索尼公司制造、销售被控侵权产品的行为构成帮助侵权。

在是否需要存在直接侵权行为的问题上，二审法院❷与一审法院的观点类似，二者具有相同的问题意识，同样不要求该直接实施行为必须是构成"侵权"的行为。二审法院认为"在某些特殊情况下，直接实施专利权的行为人为'非生产经营目的'的个人"，或者该直接实施行为属于交通工具例外、科研目的例外、Bolar例外等❸《专利法》规定的不构成侵权的特殊类型，在这些特殊情况下，"由于直接实施行为不构成侵犯专利权，如果不能判令'间接侵权'行为人承担民事责任，则相当一部分通信、软件

❶ 北京知识产权法院（2015）京知民初字第1194号民事判决书。
❷ 北京市高级人民法院（2017）京民终454号民事判决书。
❸ 《专利法》第69条第3～5项的情形。《专利法》第69条："有下列情形之一的，不视为侵犯专利权：……（三）临时通过中国领陆、领水、领空的外国运输工具，依照其所属国同中国签订的协议或者共同参加的国际条约，或者依照互惠原则，为运输工具自身需要而在其装置和设备中使用有关专利的；（四）专为科学研究和实验而使用有关专利的；（五）为提供行政审批所需要的信息，制造、使用、进口专利药品或者专利医疗器械的，以及专门为其制造、进口专利药品或者专利医疗器械的。"

使用方法专利不能获得法律有效或充分保护，不利于鼓励科技创新及保护权利人合法权益"。

不过，二审法院对于什么是"完整的直接实施行为"的认定标准比一审法院要更加严格。一审法院要求存在"按照产品的预设方式使用产品将全面覆盖专利权的技术特征"直接实施行为，二审法院在一审法院提出的"完整的直接实施行为"的基础上，还要求必须"有证据证明"存在一个"直接实施人"。这个"直接实施人"可以不是被评价为已经构成侵权的"直接侵权人"，但应当属于"非生产经营目的"的个人，或者符合交通工具例外、科研目的例外、Bolar例外等《专利法》规定的不构成侵权的特殊类型。

依据前述判断标准，二审法院具体考察了被控侵权人索尼公司的行为是否构成帮助侵权。具体而言：该案的"涉案专利系方法专利，除需要在移动终端内置 WAPI 功能模块外，还需要 AP 和 AS 两个设备共同作用。涉案专利系典型的'多主体实施'的方法专利，该技术方案在实施过程中需要多个主体参与，多个主体共同或交互作用方可完整实施专利技术方案"。"由于索尼中国公司仅提供内置 WAPI 功能模块的移动终端，并未提供 AP 和 AS 两个设备，而移动终端 MT 与无线接入点 AP 及认证服务器 AS 系三元对等安全架构，移动终端 MT 与无线接入点 AP 及认证服务器 AS 交互使用才可以实施涉案专利。因此，本案中，包括个人用户在内的任何实施人均不能独自完整实施涉案专利。同时，也不存在单一行为人指导或控制其他行为人的实施行为，或多个行为人共同协调实施涉案专利的情形。在没有直接实施人的前提下，仅认定其中一个部件的提供者构成帮助侵权，不符合上述帮助侵权的构成要件，而且也过分扩大对权利人的保护，不当损害了社会公众的利益"。据此，二审法院认定被控侵权人索尼公司的行为不构成帮助侵权。

也就是说，尽管一审法院和二审法院都认可判断专利间接侵权不需要以存在"直接侵权行为"为前提，但是对于什么是"完整的直接实施行为"，一审法院认为用户"完整地"实施了直接实施行为即可，二审法院则认为在该案中没有任何一方"完整地"实施了直接实施行为，因此不满足专利帮助侵权的构成要件，不构成侵权。

（二）引诱型间接侵权条款

2016 年最高人民法院的司法解释中将引诱侵权的要件规定为"明知有关产品、方法被授予专利权，未经专利权人许可，为生产经营目的积极诱导他人实施了侵犯专利权的行为"，采取了"主观要件＋诱导行为"的模式。成立引诱型间接侵权，引诱者或教唆者主观上应该"明知"其行为将导致直接侵权行为的发生，并且具有鼓励直接侵权行为发生的明显意图。

与针对"物品型"的专利帮助侵权不同，面对诱发侵权危险性高的"行为型"专利引诱侵权，日本通过民法第 709 条和第 719 条的规定予以规制，但权利人难以主张停止侵权请求。我国与日本的区别之处在于：因为民法侵权责任构成要件和效果不同，在这种情况下我国权利人是可以请求停止侵害的。因此在被控侵权人和权利人、直接实施人都非常熟悉，明确知道专利权存在、知道实施行为落入专利权保护范围的情况下，仍积极鼓励和教唆他人实施专利的案件中，不少法院直接判定被控侵权行为构成引诱侵权。

在科兰金利发明专利纠纷案❶中，两被控侵权人都曾向专利权人采购过专利产品，之后指使和要求直接侵权行为人（代工厂）生产侵权产品，还曾经将直接侵权行为人（代工厂）的负责人带到铺设有权利人植生块专利产品的堤防现场采样，法院判定被控侵权人的这些行为足以表明其实施了教唆和诱导侵犯专利权的行为。

北京市高级人民法院在《专利侵权判定指南（2017）》第 121 条中也规定："未经专利权人许可，行为人以提供图纸、产品说明书、传授技术方案、进行产品演示等方式，为生产经营目的积极

———————————

❶　湖北省武汉市中级人民法院（2014）鄂武汉中知初字第 00008 号民事判决书。

诱导他人实施特定技术方案，且他人实际实施了侵犯专利权行为的，行为人的诱导行为构成本指南第 118 条所指的教唆他人实施侵犯专利权行为。"

除了前述侵权类型之外，对于被控侵权人在使用说明书中写明如何使用和实施专利技术的行为，既可能构成帮助型间接侵权❶，也可能构成引诱型间接侵权。如在板对板实用新型专利权纠纷案❷中，被控侵权人在产品规格书中写明被控侵权产品如何跟泛用品电路板连接使用，法院认为该行为构成教唆和诱导购买者侵犯涉案专利。

五、立法建议（结论）

我国没有在《专利法》中规定专利间接侵权条款，而是选择在传统民法框架下通过司法解释细化共同侵权条款的方式，来解决专利间接侵权的问题。历次修法经验表明：采用这种做法很重要的原因之一在于担心引入专利间接条款会导致过高的专利保护水平。

（一）专利保护水平的高低和专利间接侵权制度没有必然联系

我国长期没有引入专利间接侵权条款的做法是否避免了过高水平的保护呢？答案应该是否定。据日本某专利代理师的统计，我国 1996～2009 年的 10 多年间，在 22 件涉及专利间接侵权的案件中，法院判定其中 14 件构成侵权，也就是说间接侵权的成立率为 63.6%。❸ 如果再从 22 件中去除掉没有落入权利保护范围的（2

---

❶ 上海市第一中级人民法院（2012）沪一中民五（知）初字第 136 号、第 137 号民事判决书。

❷ 广州知识产权法院（2015）粤知法专民初字第 975 号民事判决书。

❸ 伊藤贵子. 专利间接侵权：中日法律规定与司法实践比较研究［D］. 上海：华东政法大学，2010. 当然，日本司法实践中专利间接侵权认定率也不低，可以参见另一位日本研究者的论文：前田健. 間接侵害規定の設計の在り方-日本型間接侵害規定の運用実績と評価-。

件）、专利被宣告无效的（1 件）、被控侵权人主张涉案专利属于现有技术而达成调解协议的（2 件）案件，再重新计算的话，专利间接侵权的认定率更是高达 80% 以上。

由此可见，《专利法》中是否规定专利间接侵权条款，跟专利保护水平（至少是司法保护水平）没有必然的联系，不应该成为反对增设专利间接侵权条款的理由。

由于传统民法的共同侵权涵盖范围比较广，反而更容易扩大其适用范围。国家知识产权局条法司前司长尹新天就认为："各国将间接侵权行为限定为销售、提供某种'产品'或者'物品'的行为，并不包括除此之外的其他教唆、帮助行为。这种立场体现了这些国家在专利间接侵权问题上的谨慎态度。发达国家尚且如此，我国更没有理由将专利间接侵权扩大到所有的教唆、帮助行为。"❶

（二）民法共同侵权模式下的弊端

2015 年《专利法修订草案（送审稿）》中曾经一度增加了关于专利间接侵权的条款第 62 条❷，但 2019 年 1 月全国人大审议公布的《专利法修正案（草案）》中删除了新增加的专利间接侵权条款。其中一个法律原因可能是考虑到既然已经在 2016 年最高人民法院的司法解释中规定了专利间接侵权条款，那么再在《专利法》中予以规定的迫切性就没有那么强了。其实民法共同侵权的保护模式和专门法的保护模式还是有一定区别的，司法实践中出现共同侵权模式的主要弊端在于可能混淆本来"物品型"专利间接侵权的构成要件，不当扩大民法共同侵权模式的适用范围。

间接侵权只是民法共同侵权中的一部分，如果将专利间接侵权案件适用共同侵权去处理，可能会造成共同侵权的射程半径不断扩大。如一些本来应该通过专利间接侵权规则考量更多主客观

---

❶ 尹新天. 专利权的保护 [M]. 北京：知识产权出版社，2005：530.

❷ 国务院法制办就专利法修订草案（送审稿）征求意见 [EB/OL]. （2015 - 12 - 03）[2020 - 01 - 06]. http://www.gov.cn/xinwen/2015 - 12/03/content_5019664.htm.

要件后再作出是否侵权判断的案件，却基于共同侵权的要件就判定构成了专利间接侵权。

以张某诉北京国展国际展览中心有限责任公司侵犯实用新型专利权纠纷案❶为例，被控侵权人作为家居博览会的主办方，其承租国展中心新馆举办家居博览会，将其承租的展馆分割成面积不一的展位并将该展位出租给参展商，供参展商展出其商品或者服务。法院认为，被控侵权人是展览场地的出租方，就负有对参展商的经营活动进行适当监管的义务，包括审查参展商的资质等。既然出现了参展商在家居博览会上展出并销售被控侵权产品的行为，说明被控侵权人并没有尽到相应的义务，客观上起到了帮助侵权的作用。

专利法意义上的帮助型间接侵权，是有其固定的侵权判断要件的（主要针对"物品型"专利间接侵权，客观要件为"专用于"，主观要件为"明知"），该案法院无视专利帮助间接侵权的固有主客观要件，径直认为被控侵权人因为未尽相应监管义务，因而构成帮助侵权。这种判定构成侵权的做法，不仅混淆了专利帮助型间接侵权固有内涵和要件，同时也不当扩大了共同侵权的适用范围。

在另外一起建筑工程承包合同履行中侵害方法发明专利的案件❷中，法院认为，建筑工程承包合同的承包人在施工中侵害方法发明专利时，虽然实施涉案专利的行为不是出于被控侵权人（发包人）的授意，但被控侵权人没有向专利权人核实是否授权承包方许可使用专利的，不符合一个谨慎、理性的经营者的行为标准，其未尽合理注意义务，主观上具有过错，构成帮助侵权。可见，在具体个案中需要考虑专利侵权的特殊性。如果法院裁判时没有讨论适用专利帮助侵权特有的主客观要件，而直接适用一般共同

---

❶　北京知识产权法院（2015）京知民初字第 907 号民事判决书。
❷　广东省高级人民法院（2013）粤高法民三终字第 739 号民事判决书。

侵权理论的话，是容易产生混淆和扩大适用范围的后果的。

不仅仅是个案，甚至地方法院的专利侵权判定指南中也有扩大帮助侵权适用范围的倾向。例如，北京市高级人民法院《专利侵权判定指南（2017）》第 120 条规定："明知行为人实施侵犯他人专利权的行为而为该实施行为提供场所、仓储、运输等便利条件的，构成本指南第 118 条所指的帮助他人实施侵犯专利权行为。"有学者也提出了反对意见，认为仅提供"仓储"等帮助行为不能构成专利帮助侵权的"提供"行为。❶

（三）《专利法》中单独增设专利间接侵权条款的立法必要性

基于在共同侵权模式下存在的前述问题，有必要考虑在《专利法》中增加专利间接侵权规则的必要性。其利处在于：如果未来《专利法》中新增专利间接侵权条款的规定，可以借此契机重新调整和优化目前分散在《侵权责任法》和司法解释中的关于专利间侵权的判定规则。

从目前的专利间接侵权判断规则来看，2016 年司法解释确立了针对"专用品"的"物品型"帮助侵权以及针对"引诱和教唆行为"的"行为型"引诱侵权。前者针对"专用品"设置了主客观要件，是专利法特有的侵权构成要件，不同于一般的共同侵权行为，确有独立设置的必要；但是对于后者"行为型"的引诱侵权，作为裁判规则而言和民法上的共同侵权行为似乎没有太大的区别，特别是我国侵权行为效果不同于日本的不法行为，即便是适用民法共同侵权理论认定构成间接侵权，权利人也可以主张停止侵害请求。所以无论从构成要件还是法律效果来看，司法解释中规定的"行为型"引诱侵权和民法共同侵权理论没有太大的区别。现阶段两种规则并存的模式，反而会在一定程度上"淡化"

---

❶ 李扬. 帮助型专利权间接侵权行为的法律构成 [J]. 人民司法（应用），2016（16）49 -52.

专利间接侵权规则主要适用于"专用品"的印象，这也可能是导致司法实践中出现扩大适用共同侵权规则现象的原因。

在民法共同侵权的框架下，还涉及网络服务提供商对店铺中出现专利侵权产品的责任，这也是广义上的共同侵权责任。不过相对于一般共同侵权理论，平台责任也发展出一套更加细致的侵权判断规则。❶ 为了避免专利间接侵权规则在民法共同侵权模式下与之"交叉适用"、相互混淆的情况发生，可以考虑制定相区别的立法模式。

基于以上理由，建议可以参照日本专利法的立法模式，仅对"物品型"专利帮助侵权作出规定，而将"行为型"引诱侵权交由民法共同侵权规则来解决。

（四）制定专利间接侵权构成要件的方向性

前文梳理了在司法实践中专利间接侵权各构成要件的实际运用情况，明显感受到各个构成要件的运用并不均衡。

1. 主观要件

对于主观要件而言，虽然早期有不少考察主观要件的案例，但同时也有很多案件中没有对主观要件展开论述，而是采用推定的方式判断被控侵权人的行为具备主观要件。2016 年最高人民法院司法解释中规定了构成专利帮助侵权需要"明知"要件。不少法院依据该司法解释虽然会提示其构成要件的地位，但是具体结合案情作出判断时，主观要件往往并不是决定侵权与否的"胜负手"，并没有起到实际参与侵权判定的作用。

2. 客观要件

客观要件的判断主要集中在是否满足"专用品"上。司法实践中，曾有一部分法院采用了"侵权产品构成专利权实施中的关键部分（本质部分）"时就判定构成侵权的标准，没有考虑到侵权

---

❶ 《侵权责任法》第 36 条"网络侵权责任"以及《电子商务法》中的相关规定等。

产品可能具有其他用途，被控侵权人制造或销售被控侵权产品的目的不一定是侵犯专利权的情形。2016 年最高法院司法解释出台之后，构成要件统一为对"专用于"的考察。

3. 是否必须存在直接侵权行为

相较于主观要件在实践运用中的"弱化"、客观要件的"正常"，"是否必须存在直接侵权行为"这个要件在司法实践中的运用更为"有力"。原则上，大部分司法案件是要求存在直接侵权行为的，可谓以要求存在直接侵权行为为原则，不要求为例外。特别是 2016 年司法解释从文义上规定了构成专利间接侵权必须存在直接实施行为之后，很多法院在适用司法解释时贯彻得非常彻底，甚至逐渐将其作为很多案件中否定专利间接侵权的主要依据。虽然也有前述西电捷通诉索尼案中以"是否存在完整的直接实施行为"代替"是否存在直接侵权行为"的案件，但尚不是主流。

4. 构成要件之间的平衡

其实在 2016 年最高人民法院司法解释公布之后的一段时间内，很多法院都采用严格要求必须存在"直接侵权行为"的做法❶，这就导致很多案件因为没有存在直接侵权行为人而被法院判定不侵权。问题在于我国专利侵权要求以"生产经营为目的"，如果非生产经营目的的用户是直接行为人的话，严格贯彻这一标准将导致很多本应该判定构成间接侵权的行为人免于承担责任。此时甚至完全不用分析其他两个主客观要件的情况，只要不满足存在"直接侵权行为"这一要件，法院即可以直接判定不构成侵权。

未来如果考虑在《专利法》中设立专利间接侵权条款的话，应当保持各构成要件之间的平衡，避免司法实践中过多出现因其中一个要件设计得过于突出，导致没有考虑其他要件的余地而直接否定侵权的情况。

---

❶ 广东省高级人民法院（2016）粤民终 1960 号民事判决书；北京知识产权法院（2016）京 73 民初 276 号民事判决书。

中国专利间接侵权制度与司法实践

李晓蕾*

美国 1952 年修改的专利法第 271 条（b）和（c）两款，分别规定了帮助侵权和引诱侵权。除此之外，英国专利法、德国专利法和日本专利法中，都对间接侵权作出了相关规定。中国《专利法》中尚未对间接侵权进行规定，但在司法实践中，已经出现了一定数量的相关案例。本文从专利间接侵权的法律依据、司法案例、现状分析等角度，分析了中国专利间接侵权的现状及建议。

一、审理专利间接侵权的法律依据

（一）与间接侵权相关的法律规定

1. 相关法律规定

我国现行《专利法》第 11 条是关于专利侵权的规定。根据这一条规定，专利侵权行为仅限于直接侵权行为，《专利法》中没有与专利间接侵权有关的规定。

在《专利法》第三次修改过程中，国家知识产权局曾经对相关间接侵权的问题进行了专题研究；❶ 但是，间接侵权的条款并没有出现在《专利法》第三次修改后的文本中。

虽然《专利法》中没有关于间接侵权的规定，但是，在司法

---

　　* 作者简介：李晓蕾，印度瑞迪博士实验室有限公司知识产权副总监。
　　❶ 国家知识产权局条法司．《专利法》及《专利法实施细则》第三次修改专题研究报告［G］．北京：知识产权出版社，2006：25.

实践中，在涉及与间接侵权有关的问题时，法院可能依据民法关于侵权的一般规定处理。

在《侵权责任法》实施之前，关于民事共同侵权行为，依据《民法通则》第130条的规定处理。❶ 但是《民法通则》中对于共同侵权的规定过于笼统，在专利侵权案件审理中不宜直接援引《民法通则》。最高人民法院1988年颁布的《关于贯彻执行〈中华人民共和国民法通则〉若干问题的意见（试行）》（以下简称《民通意见》）第148条第1款进一步解释了共同侵权的含义。❷ 在此后的司法实践中，有一部分涉及间接侵权的案件依据该司法解释将间接侵权行为作为共同侵权处理。

2010年7月1日，《侵权责任法》开始实施，其中第9条第1款对共同侵权进行了规定。❸ 该法实施后，其中关于共同侵权的规定成为处理涉及专利间接侵权问题的重要法律依据。

在《专利法》的第四次修改过程中，有关间接侵权的规定再次引发讨论。在2015年12月2日国务院法制办公开征求意见的《专利法修订草案（送审稿）》中，第62条第1款和第2款分别规定了帮助侵权和引诱侵权。

遗憾的是，在2019年1月4日，公开征求意见的《专利法（修正案草案)》中，关于间接侵权的规定被删除了。

2. 司法解释

由于我国专利法中并没有对间接侵权的明确规定。在实践中出现的相关问题，只能依据《民通意见》第148条，作为共同侵

---

❶ 《民法通则》第130条："二人以上共同侵权造成他人损害的，应当承担连带责任。"

❷ 《最高人民法院关于贯彻执行〈中华人民共和国民法通则〉若干问题的意见（试行)》第148条第1款："教唆、帮助他人实施侵权行为的人，为共同侵权人，应当承担连带民事责任。"

❸ 《侵权责任法》第9条第1款："教唆、帮助他人实施侵权行为的，应当与行为人承担连带责任。"

权处理。

2003年10月最高人民法院就专利侵权问题进行讨论并形成了《关于审理专利侵权纠纷案件若干问题的规定》，然而这份会议讨论稿并没有正式发布。在这份会议讨论稿中，也有关于间接侵权的内容。从条文的内容可以看出，当时对于专利间接侵权问题的认识是比较初步的。

最高人民法院在2009年起草司法解释时，曾经考虑过增加有关间接侵权的规定。最高人民法院2009年6月的《关于审理侵犯专利权纠纷案件应用法律若干问题的解释（征求意见稿）》第16条涉及间接侵权的内容。在这个征求意见稿中，仅涉及帮助侵权的内容，不包括引诱侵权。由于对专利间接侵权的争议较大，观点不统一，因此，在2009年12月正式公布的司法解释中，并没有关于间接侵权的规定。

2014年，最高人民法院公布了《关于审理侵犯专利权纠纷案件应用法律若干问题的解释（二）（公开征求意见稿）》。其中，第25条涉及专利间接侵权的内容。该司法解释是对《侵权责任法》第9条的解释，与法条相对应，其中也包括帮助侵权和引诱侵权两种类型。根据该规定，帮助或引诱"无权实施该专利的人或者依法不承担侵权责任的人"实施，是构成间接侵权的条件之一。也就是说，根据该条的表述，并未要求以直接侵权作为间接侵权成立的要件。

2016年3月21日，最高人民法院通过《最高人民法院关于审理侵犯专利权纠纷案件应用法律若干问题的解释（二）》（以下简称《司法解释（二）》）。其中，第21条涉及与间接侵权有关的内容。在该最高人民法院正式通过的司法解释中，同样没有把专利间接侵权作为独立的侵权类型规定，而是规定对于特定的行为，专利权人主张根据《侵权责任法》第9条追究责任时，法院应予支持。也就是说，《司法解释（二）》第21条并没有明确专利间接侵权的范围，也未能明确专利权人在其他情况下根据《侵权责任法》第9条要求追究责任时法院是否应当支持这一问题。因此，仍然不能从根本上解决现实中存在的问题。

从该司法解释规定的要件上看，间接侵权行为包括帮助侵权和引诱侵权两类。条文中规定"专门用于实施专利的"条件，而没有"不具有实质性非侵权商业用途""不属于通用商品的"条件。此外，正式通过的《司法解释（二）》与此前的公开征求意见稿相比，删除了"无权实施该专利的人或者依法不承担侵权责任的人实施"的条件，回避了是否存在直接侵权行为的问题。

3. 北京市高级人民法院关于专利间接侵权规定

2001年9月29日，北京市高级人民法院印发了《专利侵权判定若干问题的意见（试行）》，其中第73～80条对间接侵权作了较为详细的规定。

根据这些条款，帮助侵权和引诱侵权的要件结合在一起进行规定，没有区分帮助侵权和引诱侵权两种类型，而是将其概括为间接侵权，其中，引诱、怂恿、教唆等是成立间接侵权的条件之一。其中，从形式上看，第73条是对间接侵权的定义；第74条和第75条针对产品专利和方法专利，限定了间接侵权仅限于提供"专用品"；而第77条则要求间接侵权需要证明存在"诱导、怂恿、教唆"的故意；第78～80条则涉及间接侵权与直接侵权的关系。

北京市高级人民法院2001年公布的这一文件并不具有法律约束力；但是，该文件的颁布对各级法院，特别是北京地区的法院产生了一定的指导作用。此后，北京法院据该文件审结了一些涉及间接侵权的案件。例如，2003年北京市高级人民法院审结了北京英特莱特种纺织有限公司诉北京东铁热陶瓷有限公司以及北京英特莱特种纺织有限公司诉北京新辰陶瓷纤维制品公司之间的专利侵权纠纷案。

《侵权责任法》在2010年开始施行，在此之后的司法实践中，主要根据《侵权责任法》中关于共同侵权的条款处理相关问题。

2013 年 9 月，北京市高级人民法院公布了《专利侵权判定指南》，在第五部分规定了其他侵权行为，其中包括共同侵权行为。

2017 年 4 月 20 日，北京市高级人民法院公布《专利侵权判定指南（2017）》。在《专利侵权判定指南（2017）》中，在"共同侵犯专利权行为的认定"部分有关于间接侵权的规定。

从条文上看，《专利侵权判定指南（2017）》第 118 条是有关引诱侵权和帮助侵权的较为上位的规定，明确专利侵权中，可以适用《侵权责任法》关于共同侵权的规定；第 119 条和第 120 条是关于帮助侵权的列举式规定；第 121 条和第 122 条，是关于引诱侵权的列举式规定。因此，从条文的逻辑上看比之前的规定有较大改进。

其中，第 119 条的规定与美国专利法第 271 条（c）规定的帮助侵权相对应。相比之下，《专利侵权判定指南（2017）》的标准，对于现有的法律框架存在一定突破。根据第 119 条的规定，被帮助实施专利的人如果属于《专利法》第 69 条第（三）～（五）项规定的情形，虽然不构成直接侵权，但仍然可能构成帮助侵权。这一点与最高人民法院《司法解释（二）》的规定也存在差异。

二、专利间接侵权在我国的早期判决

虽然在我国的法律和司法解释中都没有明确规定专利间接侵权，但是，在司法实践中，已经出现了为数不少的涉及专利间接侵权的案件。由于法律并没有规定，不同法院、不同法官对此存在不同的认识，因此案件的审判结果没有统一的标准。

太原重型机械厂案和英特莱特种纺织有限公司案都是我国早期出现的与间接侵权有关的案例。在 2010 年《侵权责任法》实施之前，已经有法院试图根据间接侵权的理论审理案件。但是，在这个时期，由于没有明确的法律依据，不同法院、不同案件之间的审理标准存在差异。

在早期的案例中，法院大多没有区分帮助侵权和引诱侵权，通过行为推定具有帮助或引诱他人侵权的故意，或将引诱作为间接侵权的考虑因素之一；在判定是否构成侵权时，考虑的主要问题是是否存在直接侵权，以及销售的产品是否是专用品。

（一）关于间接侵权的最早案例

太原重型机械厂与太原电子系统工程公司、阳泉煤矿电子设备二厂专利侵权纠纷案是在我国出现较早并且比较典型的专利间接侵权案例。该案中，原告太原重型机械厂是"磁镜式直流电弧炉"实用新型专利的专利权人。该技术的主要目的是解决已知直流电弧流炼钢偏弧的问题。该专利在普通的电弧炉炉体的上部，垂直于炉体中心向增设一个环绕露体的磁镜线圈并和磁镜电源相连。磁镜的作用可以防止电弧的偏吹，从而克服直流电弧炉底电极存在的缺点。

自 1990 年开始，台湾某公司与原告接触表示愿意购买原告上述专利技术。1992 年 2 月原告专利的发明人退休后到被告太原电子系统工程公司担任顾问。此后被告太原电子系统工程公司开始与该台湾公司接触，商讨有关制造电弧流的激磁线圈的事项。1992 年 5 月，太原电子系统工程公司与该台湾公司签订合同，同意为其加工 4 只激磁线圈，并将此加工激磁线圈的工作转委托给阳泉煤矿电子设备二厂。原告太原重型机械厂以专利侵权对二被告提起诉讼。

一审法院认为原告的实用新型专利权的保护范围应当包含专利权利要求书中记载的全部必要技术特征。而被告生产的激磁线圈并不具备全部必要技术特征，因此不构成对原告的侵权。原告不服提起上诉。

二审法院认为，被上诉人太原电子系统工程公司未经专利权人许可，在客观上实施了为直接侵权人加工该专利产品核心内容的专用部件激磁线圈，主观上具有诱导他人直接侵权的故意，而且被上诉人的行为与直接侵权有明显的因果关系，构成了对上诉人专利的间接侵权。而被上诉人阳泉煤矿电子设备二厂受太原电子系统工程公司委托加工用于生产专利产品的专用部件激磁线圈的行为也构成了对上诉人的专利的间接侵权，两被告应共同承担赔偿责任。但由于阳泉煤矿电子设备二厂主观上不具有侵犯上诉人专利权的明显故意，故减轻处罚。

二审判决之后，二被上诉人不服判决提出申诉。山西省高级人民法院认为该案原审存在错误，裁定再审。在再审期间，当事人达成了和解。

该案件是我国法院较早审理的有关专利间接侵权的案件。虽然《专利法》中并不存在禁止间接侵权的条款，但是自该案判决起，间接侵权问题逐渐成为司法实践中的热点，推动规则的建立。

在该案件中，法院对间接侵权的构成要件作了初步探讨。但是，由于最终案件以和解结案，判决并未生效，对于是否构成间接侵权也没有给出确定的结论。从二审判决的论述可以看出，法院在认定间接侵权时，考虑了几个要素，包括主观诱导的故意、专用部件等，但没有考虑直接侵权是否成立，以及直接侵权是否是构成间接侵权的必要条件的问题。

（二）关于专用品与举证责任

（日本）组合化学工业株式会社（以下简称"组合会社"）、（日本）庵原化学工业株式会社（以下简称"庵原会社"）与江苏省激素研究所有限公司、江苏省激素研究所实验四厂侵犯专利权纠纷案❶中，原告拥有一件名称为"一种新颖的除草组合物"的组合物专利（以下简称"92 专利"）。该专利权利要求保护的是一种除草组合物，含有 0.5%～90%（wt）的用通式（Ⅰ）表示的嘧啶衍生物或其盐，并含有可任选的载体、表面活性剂、分散剂和/或农用的辅助剂。此外，组合会社和庵原会社还拥有一项名称为"嘧啶衍生物及其盐的制备方法"的方法专利（以下简称"88 专利"）。92 专利中，权利要求保护的组合物的活性成分为双草醚；

---

❶ 江苏省高级人民法院（2005）苏民三终字第 014 号民事判决书。

88 专利中，方法权利要求涉及双草醚的合成方法。

法院查明，江苏省激素研究所实验四厂（以下简称"实验四厂"）是原江苏省激素研究所的下属工厂。由于原江苏省激素研究所知名度较高，实验四厂 1999 年决定以原江苏省激素研究所名义统一刊登广告，广告费用和相关法律责任由实验四厂承担。2002年，原江苏省激素研究所改制为江苏省激素研究所有限公司（以下简称"激素公司"）。2001 年至 2003 年，原江苏省激素研究所和激素公司先后在杂志上发布双草醚的广告。

原江苏省激素研究所于 2001 年 4 月获得双草醚可湿性粉剂农药临时登记证，2001 年 6 月获得苄·双草可湿性粉剂农药临时登记证，2001 年 11 月获得双草醚原药农药临时登记证。实验四厂于2000 年和 2002 年分别获得了原国家石油和化学工业局、中华人民共和国国家经济贸易委员会颁发的双草醚可湿性粉剂、双草醚原药和苄·双草可湿性粉剂的农药生产批准证书。

此外，法院还查明，2001 年至 2002 年实验四厂至少四次向巴拿马共和国出口双草醚可湿性粉剂。

原告组合会社和庵原会社认为，两被告生产、许诺销售和销售双草醚可湿性粉剂和苄·双草可湿性粉剂的行为侵犯了其专利权，而生产双草醚原药的行为对原告的专利构成了间接侵权。

在一审中，双方认可激素公司研制和实验四厂生产的双草醚可湿性粉剂和苄·双草可湿性粉剂的技术特征落入了原告产品专利的保护范围。法院认定，二被告的生产、许诺销售和销售行为侵犯了原告的专利权。

关于生产双草醚原药是否构成间接侵权这一问题，在一审中存在争议。对此，一审法院认为：原告未提供证据证明双草醚原药的唯一用途就是用来制备 92 专利所保护的除草组合物，因此对其认为双草醚原药的唯一商业用途就是用来制备 92 专利所保护的除草组合物，二被告生产原药的目的也是用来制备 92 专利所保护的除草组合物，故二被告生产双草醚原药的行为构成对 92 专利间接侵权的主张不应采纳。

在二审中，组合会社、庵原会社认为：原告在一审中主张生产 92 专利产品是双草醚原药的唯一商业用途，对方并未否认；如果被告否认，应由被告就双草醚原药的其他用途承担举证责任；原判认为该举证责任应由原告承担，违反了公平原则。

对此，二审法院认为：认定生产双草醚原药构成对 92 专利的间接侵权，必须首先确认双草醚原药是专门用于制备 92 专利产品的关键成分，也即生产 92 专利产品是双草醚原药的唯一商业用途。组合会社、庵原会社认为双草醚原药的唯一商业用途就是用来制备 92 专利所保护的产品，没有其他商业用途；激素公司则认为有其他商业用途。由于双草醚原药没有其他商业用途系一消极事实，难以举证证明；而激素公司只需证明双草醚原药有任何一种其他用途，即完成举证责任。根据公平原则并结合当事人的举证能力，对该待证事实的举证责任，应由激素公司承担。原判对该举证责任的分配不当，应予纠正。在法院重新分配举证责任后，激素公司在规定的举证期限内未提供相关证据，应承担不利的法律后果。因此，法院认定双草醚原药是专门用于制备 92 专利产品的关键成分。

在该案中，激素公司、实验四厂生产了侵犯 92 专利的产品，而双方当事人对双草醚原药是制备 92 专利产品的必要活性成分（即关键原料）并无异议，且激素公司、实验四厂均未提供证据证明生产该侵权产品所使用的双草醚原药来源于他处，故应当认定激素公司、实验四厂生产了双草醚原药。

综上，二审法院认定：激素公司、实验四厂生产双草醚原药的行为构成对 92 专利的间接侵权，组合会社、庵原会社要求其停止生产双草醚原药的上诉理由成立，应予支持。原判对此认定不当，应予更正。二审庭审中，组合会社、庵原会社明确承认没有证据证明激素公司、实验四厂销售和许诺销售双草醚原药，故对其要求激素公司、实验四厂停止销售、许诺销售双草醚原药的诉讼请求不予支持。

涉案专利的申请处于特殊的时期，即《专利法》刚刚实施。《专利法》于1984年颁布，1985年4月1日开始实施。根据该法第25条的规定，对于药品和用化学方法获得的物质，不能授予专利权。因此，根据申请时的规定，该案中申请人只能申请组合物专利，而不能对活性成分中请化合物专利。但事实上，从无效决定认定的事实可以看出，和现有技术比，化合物本身亦具有新颖性和创造性。直到1992年《专利法》（1992年修改，1993年1月1日开始实施），才删除了对药品和用化学方法获得的物质不能授予专利权的规定。因此，对于申请日在1993年之后的专利申请，更好的方法是以化合物和组合物的主题同时申请专利。

该案还涉及举证责任的问题。对于产品是否是专用品，是否不具有非侵权用途，该案判决认为，在原告完成初步举证后，举证责任应当转移到被告。

从这些案件中可以看出，在间接侵权的审理中，法院通常要求销售的产品是专门用于侵权用途的半成品或关键部件，将其作为间接侵权成立的要件之一。

（三）关于是否存在直接侵权

在早期案件中，直接侵权是否是间接侵权的构成要件的问题，也是法院争论的焦点。但从这一阶段法院的案例中可以看出，法院对这一问题的观点并不一致。

1. WAC数据服务有限公司与昆山晶丰电子有限公司侵犯专利权纠纷案❶

原告WAC数据服务有限公司（以下简称"WAC公司"）拥有一项名称为"针织机用选针装置"的发明专利。该专利的权利要求保护的是一种针织机用选针装置。

被告昆山晶丰电子有限公司（以下简称"晶丰公司"）生产和

---

❶ 天津市高级人民法院（2008）津高民三终字第003号民事判决书。

销售一种选针器上使用的驱动片。原告认为被告晶丰公司的驱动片侵犯了其专利权。一审法院支持了原告的主张。被告不服一审判决，提出上诉。被告认为，涉案专利保护的是一种用于针织机的选针装置及其安装方法，而被告生产的驱动片只是其中一种零件，其技术特征没有全面覆盖专利的必要技术特征，不构成侵权；即使构成侵权，也仅可能构成间接侵权，在没有证据证明直接侵权存在的条件下，不能单独对其提起诉讼。

二审法院认为，被告生产的产品只是涉案专利保护的选针器的一个部件，不具备涉案专利全部必要技术特征，不构成直接侵权，一审判决认定构成侵权的结论有误。

对于是否构成间接侵权，二审法院认为：作为该案专利产品组成部件的压电体，其专用性体现在特有的设置结构上。经当庭比对，被诉侵权驱动片的外观、尺寸和结构均与专利产品中的压电体设置结构相同，完全符合该案专利对压电体设置结构的特殊要求，只能用于该案专利选针装置。由于晶丰公司二审期间提供的两份证据均不能证明除用于该案专利针织机用选针装置外，被诉侵权的驱动片还有其他用途，因此应认定晶丰公司制造、销售了该案专利产品的专用零部件，构成帮助他人实施侵权行为，侵害了 WAC 公司的专利权。

晶丰公司在其网站的产品列表上明确表示了生产各类选针器及驱动片的要约邀请。原告提供的公证购买过程可以证明，晶丰公司对其制造、销售用于 WAC 公司生产的选针器是明知的，对该选针器是否为专利产品，没有履行本行业的一般注意义务，因此法院认定晶丰公司主观上具有帮助他人实施侵权行为的故意。该案中，虽然 WAC 公司未能提供有关直接侵害专利权的充分证据，但现有证据足以证明，晶丰公司制造、销售了专门用于该案专利产品的关键部件，其行为与直接侵害专利权有明显的因果关系，必然导致对专利权的直接侵害，且该案亦非必要共同诉讼，WAC 公司可以单独对晶丰公司的侵权行为提起诉讼。

对于间接侵权的认定，该案中，法院在没有证据证明直接侵权存在的情况下，便认定了间接侵权成立。这一点与美国法中间接侵权的认定原则存在显著区别。在美国，虽然直接侵权人不必作为案件的被告，但是，原告需要举证证明存在直接侵权行为。

对于晶丰公司的主观方面，WAC公司是通过委托购买取证的方式证明的。法院认为，通过委托购买的过程，可以认定晶丰公司明知自己销售的产品可以用于生产与WAC公司的选针器相同的产品，而对于该产品是否受到专利保护，没有尽到"本行业的一般注意义务"，进而认定晶丰公司主观上具有帮助他人实施侵权行为的故意。从判决结论可以看出，该案中，法院仅关注了是否明知该产品可以用于生产专利产品，但没有要求证明被告晶丰公司是否明知该产品受到专利保护，或者要求其证明的标准较低。

2. 诺瓦提斯公司诉重庆新原兴药业有限公司❶

在诺瓦提斯公司诉重庆新原兴药业有限公司（以下简称"新原兴公司"）案中，涉及对专利间接侵权的讨论。该案涉及商品名为格列卫的药品，该药品可以用于治疗慢性粒细胞白血病及胃肠道间质瘤。诺瓦提斯公司拥有该药品的专利，专利保护了伊马替尼及其盐。而新原兴公司则在网站上公开销售甲磺酸伊马替尼，以及用于生产伊马替尼的中间体。诺瓦提斯公司认为，新原兴公司销售和许诺销售伊马替尼的行为构成专利侵权，而销售伊马替尼中间体的行为，也构成了间接侵权。

一审法院认为，新原兴公司销售的中间体除了用于制备伊马替尼和甲磺酸伊马替尼外，没有其他商业用途，出售该三种中间体必然导致购买者将其用于制造侵犯原告专利权的伊马替尼和甲磺酸伊马替尼产品；而且，新原兴公司在网站上明确说明销售的中间体是制造伊马替尼和甲磺酸伊马替尼的中间体，因此新原兴

---

❶ 重庆市第一中级人民法院（2008）渝一中民初字第133号民事判决书；重庆市高级人民法院（2008）渝高法民终字第230号民事判决书。

公司明知其行为必然导致的后果。基于以上理由，一审法院认为新原兴公司销售的中间体构成间接侵权。

在二审期间，新原兴公司提交了一份证据，记载了中间体哌嗪苯甲酸或其盐酸盐曾经作为中间体用于合成某种已知药物的前体药。二审法院认为，可以认为中间体哌嗪苯甲酸具有其他用途。由于哌嗪苯甲酸具有其他用途，并不是专门用于制造甲磺酸伊马替尼的，只要销售时不让人把哌嗪苯甲酸和伊马替尼或甲磺酸伊马替尼联系起来，是法律允许的行为。但是，新原兴公司在网站、书面宣传材料以及实际销售中，都明确将哌嗪苯甲酸作为制备甲磺酸伊马替尼的中间体进行许诺销售和销售。由于新原兴公司在二审审理期间才提供证据证明该产品存在其他用途，说明被告新原兴公司在此之前，并没有意识到哌嗪苯甲酸具有其他用途，因此，新原兴公司销售和许诺销售哌嗪苯甲酸的行为就是为了诱导直接侵权的发生，从而构成间接侵权。

在该案中，法院支持了专利权人的主张，认定间接侵权成立。在论述认定的理由时，法院将间接侵权区分为帮助侵权和引诱侵权两种类型。其中帮助侵权主要针对不具有其他用途的产品，而引诱侵权则侧重于被告是否存在故意引诱。

在该案二审中，法院并没有考虑是否实际发生直接侵权。从该案的判决可以看出，法院没有判断是否有其他人真正购买了被告销售的中间体，进而使用该中间体，以生产经营为目的，制造或销售了侵权的伊马替尼产品。对于间接侵权是否以直接侵权为条件这一问题，该案中法院也采用了独立说，即法院并没有要求直接侵权的实际发生，便认定间接侵权的成立。

三、以共同侵权处理间接侵权问题

《侵权责任法》于 2010 年 7 月 1 日开始实施后，法院开始以《侵权责任法》第 9 条的规定作为审理的依据，将专利间接侵权作为共同侵权的具体类型审理。根据《侵权责任法》及相关司法解释，共同侵权包括帮助侵权和引诱侵权两种类型。

（一）帮助侵权

在北京市高级人民法院审理的西电捷通案❶中，对帮助侵权的构成要件作了归纳。根据该判决，帮助侵权应当符合以下条件：

（1）行为人明知有关产品系专门用于实施涉案专利技术方案的原材料、中间产品、零部件或设备等专用产品，未经专利权人许可，为生产经营目的向直接实施人提供该专用产品；

（2）该专用产品对涉案专利技术方案具有"实质性"作用，即原材料、中间产品、零部件或设备等有关产品对实现涉案专利技术方案而言，不但不可或缺，而且占有突出的重要地位，而不是任何细小的、占据很次要地位的产品；

（3）该专用产品不具有"实质性非侵权用途"，即原材料、中间产品、零部件或设备等有关产品并非通用产品或常用产品，除用于涉案专利技术方案外无其他合理的经济和商业用途；

（4）存在直接侵权行为人，或者有证据证明存在直接实施人且该实施人属于"非生产经营目的"的个人或《专利法》第69条第（三）～（五）项的情形。

在司法实践中，讨论较多的是直接侵权和实质性非侵权用途两个问题，对于主观方面，往往通过客观行为进行推定，较少有深入的探讨。

1. 直接侵权

以《侵权责任法》中共同侵权的规定为依据，"共同侵权"隐含了"存在直接侵权"这一条件，"间接侵权"行为人与直接侵权行为人承担连带责任。这一点在《侵权责任法》实施后，得到了较普遍的认可。例如，在同星实业股份有限公司与北京京东世纪信息技术有限公司侵犯发明专利权纠纷案❷中，北京知识产权法院

❶ 北京市高级人民法院（2017）京民终454号民事判决书。
❷ 北京知识产权法院（2014）京知民初字第155号民事判决书。

指出："根据侵权行为法的上述规定，间接侵权行为人承担相应侵权责任的前提之一是应当以直接侵权行为发生为前提，即被教唆人、被帮助人实施了相应的侵权行为……同星实业公司也未举证证明存在他人使用产品实施被控侵权方法情形，且该公司亦明确表示不追加本案当事人。因此同星实业关于京东信息公司实施侵害其专利权的诉讼主张缺乏事实和法律依据，本院不予支持。"

当直接侵权行为能被合理预期的时候，法院也会直接认定直接侵权行为已经发生，而不需要原告加以证明。例如，在"板对板连接器"案❶中，广州知识产权法院提出，虽然被告仅向用户销售连接器，并未提供电路板，但可以合理预见，无权实施涉案专利的用户购得被诉产品后将根据该产品规格书的指示将其与电路板进行连接使用，从而构成专利侵权。

然而，实践中关于直接侵权争议较大的两个问题是：（1）《专利法》中规定构成专利侵权应当出于"生产经营目的"，如果被提供者实施了专利保护的技术方案，但由于个人使用不是出于生产经营目的而不构成侵权时，间接侵权能否成立？（2）对于方法专利，由不同主体实施时，没有单一主体实施全部步骤，是否能成立间接侵权？

2017 年 3 月 22 日，北京知识产权法院就西电捷通诉索尼专利侵权案件作出了一审判决❷。与此前的实践比，这份判决在共同侵权和直接侵权的关系这一问题上，存在较大突破。

西电捷通公司拥有名称为"一种无线局域网移动设备安全接入及数据保密通信的方法"、专利号为 ZL02139508.X 的发明专利，这一专利是实现 WAPI 的标准必要专利。原告西电捷通公司认为，被告索尼公司生产的涉案手机接入 WAPI 网络的过程中，其作为终端（MT）单独一方，未经许可与接入点（AP）、鉴别服务器（AS）共同实施了涉案专利；被告生产的涉案手机作为一种必不可

---

❶ 广州知识产权法院（2015）粤知法专民初字第 975 号民事判决书。
❷ 北京知识产权法院（2015）京知民初字第 1194 号民事判决书。

少的工具，为他人实施涉案专利提供了帮助。

对于原告西电捷通公司的上述主张，被告索尼公司认为，直接实施涉案专利的只能是用户，没有证据证明用户实施过涉案专利，即使用户实施过涉案专利，由于用户的直接侵权不存在，被告也不构成共同侵权。此外，被告并不生产或提供 AP 或 AS，与 AP 或 AS 的提供方没有分工协作，由于不存在共同的意思联络，不构成共同侵权。另外，由于被控侵权产品具有实质性非侵权用途，不应推定被告具有过错，故被告没有帮助他人实施涉案专利。

该案的一审判决中，法院对间接侵权与直接侵权的关系进行了讨论。法院认为，一般而言，间接侵权行为应以直接侵权行为的存在为前提。但是，这并不意味着专利权人应该证明有另一主体实际实施了直接侵权行为，而仅需证明被控侵权产品的用户按照产品的预设方式使用产品将全面覆盖专利权的技术特征即可。至于该用户是否要承担侵权责任，与间接侵权行为的成立无关。法院之所以这样解释，是因为在一些使用方法专利中，实现"全面覆盖"涉案专利权利要求技术特征的主体多为用户，而用户因其"非生产经营目的"不构成专利侵权，此时如果机械适用"间接侵权行为应以直接侵权行为的存在为前提"，将导致涉及用户的使用方法专利不能获得法律保护，有违专利法针对该类使用方法授予专利权的制度初衷。

也就是说，法院认为，首先，个人用户出于"非生产经营目的"的使用，虽然不构成直接侵权，但是并不因此导致间接侵权不能成立。其次，在没有单一主体实施方法权利要求中的全部步骤时，只要证明被控侵权产品的用户按照产品的预设方式使用产品将全面覆盖专利权的技术特征，也可能构成间接侵权。上述第二点的结论，与 Akamai 案中美国联邦巡回上诉法院的观点是类似的。

被告明知被控侵权产品中内置有 WAPI 功能模块组合，且该组合系专门用于实施涉案专利的设备，未经原告许可，为生产经营目的将该产品提供给他人实施涉案专利的行为，已经构成帮助侵权行为。

二审法院的最终判决虽然是驳回上诉，维持原判，但是对间接侵权的认定却存在不同的结论。二审法院认为，对于直接实施专利权的行为人为"非生产经营目的"的个人或直接实施专利权的行为属于《专利法》第 69 条第（三）～（五）项的情形，由于直接实施行为不构成侵犯专利权，如果不能判令"间接侵权"行为人承担民事责任，则相当一部分通信、软件使用方法专利不能获得法律有效或充分保护，不利于鼓励科技创新及保护权利人合法权益。因此，这种情况作为例外，也有可能构成帮助侵权。

但对于多主体参与实施的问题，二审法院认为，由于直接实施人不侵犯专利权而由"间接侵权"行为人承担民事责任属于例外情况，由"多主体实施"的方法专利，在实施过程中需要多个主体参与，多个主体共同或交互作用方可完整实施专利技术方案。在没有直接实施人的前提下，仅认定其中一个部件的提供者构成帮助侵权，不符合上述帮助侵权的构成要件，而且也过分扩大对权利人的保护，不当损害了社会公众的利益。

2. 实质性非侵权用途

在法院早期的案例中，使用"专用品"的术语，此后在很多判决中被沿用。

例如在"电机壳为焊接件的小型电潜水泵"发明专利纠纷案中，溥龙公司生产并销售被诉侵权潜水泵，且该潜水泵机壳系溥龙公司从徐州圣龙机电制造有限责任公司（以下简称"圣龙公司"）购进。王某主张被诉侵权潜水泵落入涉案专利的保护范围，圣龙公司生产销售潜水泵机壳的行为构成帮助侵权，应与溥龙公司承担连带赔偿责任。

一审法院认为，焊接钢管机壳为被诉侵权产品中的关键部件，圣龙公司明知该机壳用于生产被诉侵权产品，仍然生产、销售给溥龙公司，对溥龙公司生产被诉侵权潜水电泵构成帮助行为，与溥龙公司共同实施了侵权行为。二审法院认为，圣龙公司提交证据证明涉案机壳可安装在不同型号的潜水泵上；涉案机壳并非专门用于实施涉案专利的零部件，其同时具有非侵权用途，不符合专利法司法解释关于帮助侵权的构成要件。

在上述"西电捷通案"中，法院采用了不具有"实质性非侵权用途"的表述。在该案中，被告抗辩的理由之一是，被控侵权产品具有实质性非侵权用途。对此，法院认为，被控侵权产品通过安装 WAPI 相关证书能够连接 WAPI 网络。被告也确认其制造、销售的 L39h 等 35 款手机具有 WAPI 功能。对于硬件和软件结合的 WAPI 功能模块组合而言，其在实施涉案专利之外，并无其他实质性用途，故应该被认定为专门用于实施涉案专利的设备。也就是说，法院认为，在判断是否具有实质性非侵权用途时，判断的不是手机整体，而是相关的功能模块。对于这一问题，二审法院支持了一审法院的观点。

（二）引诱侵权

对于引诱侵权，相关的案例并不多见。根据已有的案例，可以看出，引诱侵权的要件可以归纳为：

（1）行为人知道或者应当知道其行为将导致直接侵权行为的发生，并且具有鼓励直接侵权行为发生的明显意图。对于这一点，以根据被控侵权行为发生的情况来推定。

（2）行为人未经许可，实施了具体的、积极的诱导行为。

（3）他人在行为人的诱导下，实施了专利侵权行为，也就是以直接侵权为前提。但是关于这一点，存在与帮助侵权类似的争议。

在实践中，积极引诱的行为可能包括提供记载侵权技术方案的说明书或图纸等行为。

1. 林某与广西田丰农用塑胶制品有限公司侵害实用新型专利权纠纷❶

原告林某拥有一件名称为"山药浅生栽培定向槽"的实用新

---

❶ 广西壮族自治区高级人民法院（2012）民提字第 1 号民事判决书。

型专利。2011 年 1 月 11 日，原告林某申请对广西田丰农用塑胶制品有限公司（以下简称"田丰公司"）的网页进行了公证。根据公证书的内容，田丰公司生产和销售多种浅生 U 型槽样品。此外，原告林某委托案外人吴某于 2011 年 1 月 25 日与田丰公司签订《购销合同》。根据该《购销合同》，吴某向田丰公司购买三种不同规格的淮山浅生定向 U 型槽，其中包括该案的被控侵权产品，合同中约定了淮山浅生定向 U 型槽的规格。

一审法院经审理后认为，被告田丰公司的产品落入了原告专利权利要求的保护范围，构成侵权。被告田丰公司不服一审判决，提起了上诉，并在上诉时主张，田丰公司与吴某签订《购销合同》生产 U 型槽是被林某引诱所致，因此不构成侵权。

对于田丰公司的该主张，二审法院认为：尽管田丰公司与吴某签订《购销合同》是依据吴某要求的规格生产的，但是在《购销合同》只是对订购的淮山 U 型槽的外观长、宽、深规格提出要求，并没有按林桂发"山药浅生栽培定向槽"实用新型专利产品的所有技术特征要求田丰公司照单生产，尚属于订购合同的正常条款，田丰公司也不能举证证明田丰公司是按照吴某提供的淮山 U 型槽的全部技术特征生产的，因此不能认定林某委托吴某的订购行为构成引诱侵权的事实。

首先，需要注意的是，该案判决虽然没有对此进行详细讨论，但是，引诱侵权并不是直接侵权的抗辩理由，即使引诱侵权成立，直接侵权人也仍然需要承担侵权责任。因此，在一般情况下，引诱侵权都是由专利权人主张的。该案中，被告将受人引诱作为侵权的抗辩理由，也没有得到法院的支持。

其次，在判断是否构成引诱侵权时，需要考虑是否存在积极的引诱行为以及引起侵权行为的意图。对于生产 U 型槽的行为是由于订购行为而侵权的这一主张，订购行为的确有可能构成引诱侵权，但是需要证明订购方有引起侵权的故意，即明知自己的订购行为将导致被告生产特定的 U 型槽，且被告生产的特定 U 型槽会侵犯他人的专利权。但是该案中的订购合同只是概括地约定了长、宽、深的规格要求，而满足这些要求的 U 型槽并不必然会侵犯原告的专利权，因此不能证明订购人有引诱被告侵犯专利权的意图。

最后，在《购销合同》签订之前，被告已经在其网站的宣传说明上许诺销售了 U 型槽，其行为并非由订购合同引起。从判决中不能判断网页上许诺销售的 U 型槽是否与侵犯专利权的产品相同。如果二者相同，也可以进一步佐证许诺销售的侵权行为在先，侵权并不是由订购引起的。因此，该案中，引诱侵权不能成立。

2. 莫列斯公司诉乔讯电子（东莞）有限公司侵害实用新型专利权纠纷案❶

在该案中，原告拥有一件名为"板对板连接器"的实用新型专利。将被诉产品实物与原告涉案专利权利要求 1 的技术方案进行比较，前者没有第一板和第二板，故缺少后者"第一连接器被构造为表面安装在第一板的顶面上且使其配合面沿着与第一板的顶面相交的方向延伸"以及"第二连接器被构造为表面安装在第二板的顶面上以与第一连接器接合且使其配合面沿着与第二板的顶面相交的方向延伸"这两个技术特征。被诉产品没有第一板和第二板，但该实物的唯一作用是将第一板和第二板相互连接，除此之外没有任何其他用途，且被告在被诉产品规格书中明确指示用户必须将该实物以权利要求 1 记载的方式与第一板和第二板连接。

一审法院认为，被诉产品规格书清晰显示该产品可将两块电路板进行连接，该两块电路板相当于涉案专利权利要求 1 中的第一板和第二板，且连接器与电路板的连接方式与涉案专利权利要求 1 记载的连接方式相同。虽然被告仅向用户销售连接器，并未提供电路板，但可以合理预见，无权实施涉案专利的用户购得被

───────────────

❶ 广州知识产权法院（2015）粤知法专民初字第 975 号民事判决书。

诉产品后将根据该产品规格书的指示将其与电路板进行连接使用，从而构成专利侵权。被告对此显然是明知的。另外，根据连接器的特性和用途，用户购买连接器的目的是将其用于自己的电路板上，以满足自己的生产经营需要，故一般不可能出现被告在提供连接器时一并提供电路板的情形。再者，被告也未举证证明其被诉连接器产品具有其他实质性非侵权用途。基于以上理由，法院认为被告生产、销售、许诺销售被诉产品的行为构成教唆侵权。

四、我国专利间接侵权司法实践的分析

在现有的构成专利间接侵权的案件中，大部分案件涉及的是专门用于侵权用途的产品，涉及引诱侵权的案件并不多见。这可能是由于引诱侵权被作为共同侵权认定，而在判决中没有出现"间接侵权"或"引诱侵权"的用语，因此不便于检索。另一个可能的原因是，我国缺少相关间接侵权的规定，间接侵权的理论和要件主要来源于学理上的认识，研究还不充分。因此，司法中没有将引诱侵权认定为间接侵权的一种类型，而是将其作为间接侵权成立的条件。

从现有的案件可以看出，由于缺乏明确的法律规定，司法实践中对间接侵权认定存在标准不统一的现象。

由于单纯的引诱侵权案件并不多见，因此对引诱侵权的讨论也不多。如上所述，在早期的大部分案件中，都把引诱作为成立间接侵权的要件之一，而不是作为成立引诱侵权的要件。在大部分案件中，判断的主要依据是产品是否是专为实施专利技术而设计、制造，除此以外的条件，考虑不多。在前述林某诉田丰公司侵害实用新型专利权纠纷案中，被告田丰公司主张由于他人签订《购销合同》，其被引诱而导致侵权。在该案中，法院认为，合同中只约定了淮山 U 形槽的长、宽、深规格，是正常的订购合同条款，没有要求田丰公司按照专利权人的专利技术生产，因此不构成引诱。

另一个争议较大的问题是，对于间接侵权是否应当以直接侵权成立为条件，没有统一的认识。例如，在诺瓦提斯公司诉新原兴公司侵犯专利权纠纷案中和 WAC 公司诉晶丰公司侵犯专利权纠纷案中，法院没有判断是否存在直接侵权，而直接认定间接侵权成立。但是，在其他大多数案件中，法院都是在认定存在直接侵权的情况下，才认定间接侵权的。特别是在《侵权责任法》实施后，法院根据该法中共同侵权的有关规定审理间接侵权问题，这隐含的一个前提就是，需要存在直接侵权人。只有在直接侵权人存在的情况下，才有可能与其构成共同侵权。然而，在西电捷通诉索尼专利侵权案中，一审法院和二审法院都认为，在专利实施人因非生产经营目的而不构成侵权的情况下，仍然可以追究间接侵权者的责任。

对于帮助侵权，在大多数案件中，没有对是否具有"实质性非侵权用途"进行讨论。帮助侵权针对不具有实质性非侵权商业用途的商品，但这并不意味着任何具有其他用途的商品都被排除在帮助侵权的范围之外。如果其他用途只是在理论上可行，并不具有商业意义，应该不属于实质性商业用途。然而对这一点，以往的案件中并没有得到充分讨论，甚至在（日本）组合化学工业株式会社等诉激素公司案中，法院认为，被告激素公司只需证明双草醚原药有任何一种其他用途，即完成举证责任。❶

在举证方面，考虑到我国民事诉讼程序中并没有类似美国法中的证据开示程序，由原告就被告的主观故意进行举证的确存在困难。在美国，对于专利间接侵权，不论是帮助侵权还是引诱侵权，都需要要求行为人的主观认识为"明知"，即知道自己的行为会引起他人的特定行为，且他人的行为会构成侵权；而明知构成侵权，也就意味着需要知道"受到专利保护"。在我国的诉讼程序中，对这种主观认识的证明存在更大困难。但让被告自己证明自

---

❶ 江苏省高级人民法院（2005）苏民三终字第 014 号民事判决书。

已没有恶意，不知道存在专利，是一种消极事实，同样存在不合理的地方。可见，在司法实践中如何在程序中合理分配举证责任，明确证明标准，是值得深入探索的问题。

特别是主观要件的证明，目前司法实践中普遍要求不高。法院在大多数案件中没有考虑到被告是否应当知道专利的存在。与直接侵权不同，间接侵权需要证明行为人的主观状态。但如何证明主观状态、举证责任和证明标准，则是需要讨论的重要问题。例如，在肖某诉晋江市安海柳峰汽车配件工贸有限公司、海宁三创汽配有限公司（以下简称"海宁三创公司"）等侵犯实用新型专利权纠纷案中，法院基于被告海宁三创公司销售专门用于专利产品的关键部件这一事实，推定其制造、销售该关键部件的目的是提供给他人实施涉案专利，并进一步推定该被告具有帮助他人实施专利侵权行为的主观故意。● 这表明法院对被告主观故意的证明标准较低，导致帮助侵权的主观要件失去了独立存在的意义。

从以往的案例中可以看出，一般由被告承担证明产品是否具有其他用途的举证责任。例如，在上海风翼空调设备有限公司（以下简称"风翼公司"）诉上海北林电子技术有限公司（以下简称"北林公司"）侵害发明专利权纠纷案❷中，北林公司主张控制器为通用产品，具有其他用途，但是没有对这一主张提供充分的证据，因此法院没有支持其主张。在组合会社案中，被告激素公司认为双草醚具有其他商业用途。法院认为，由于双草醚原药没有其他商业用途属于消极事实，原告难以举证证明这一事实；而被告激素公司只需证明双草醚原药具有其他任何一种用途，即完成举证责任。因此，根据公平原则并结合当事人的举证能力，对于这一待证事实的举证责任，应由激素公司承担。

---

❶ 福建省高级人民法院（2010）闽民终字第 726 号民事判决书。
❷ 上海市高级人民法院（2013）沪高民三（知）终字第 85 号民事判决书。

五、在《专利法》中规定专利间接侵权的必要性

(一) 禁止专利间接侵权行为符合发展趋势

中国《专利法》实施至今已经超过 35 年了，从现有的资料看，1979 年开始制定《专利法》时，我们对专利制度的认识是非常不足的。❶ 但是，经过多年的实践，我们对专利的认识与最初设计专利制度时相比已经有了很大进步。

目前，国家已经启动了《专利法》的第四次修改工作。但是，在国家知识产权局先后两次公布的征求意见稿中，都没有体现专利间接侵权制度。出现这种情况的原因可能在于大家对这一制度的认识尚不统一，也有人认为民法中的共同侵权能够解决实际问题。❷ 但是，现实中确实存在着建立这一制度的呼声。❸ 2015 年 12 月 3 日，国务院法制办就《专利法修订草案（送审稿）》征求意见。其中，第 62 条和第 63 条与间接侵权制度有关。但遗憾的是，在 2019 年 1 月 4 日公开征求意见的《专利法（修正案草案）》中，关于间接侵权的规定已经被删除。

但事实上，我国司法实践中已经出现很多与间接侵权相关的案例。由于缺乏相关规定，不同的案例中也出现了不一致的认定。在《专利法》中明确间接侵权行为的范围，统一司法尺度，是有必要的。

世界主要国家和地区都在法律中对专利间接侵权进行了专门

---

❶ 赵元果. 中国专利法的孕育与诞生 [M]. 北京：知识产权出版社，2003：208 -209.

❷ 熊文聪. 被误读的专利间接侵权规则：以美国法的变迁为线索 [J]. 东方法学，2001 (1)：150 -158.

❸ 朱丹. 关于建立我国专利间接侵权制度的思考 [J]. 人民司法（应用），2009 (1)：89 -92；张玲. 我国专利间接侵权的困境及立法建议 [J]. 政法论丛，2009 (2)：41 -45；邓宏光. 我国专利间接侵权之制度选择 [J]. 西南民族大学学报（人文社科版），2006 (4)：82 -85.

规定。除美国之外，英国、德国、荷兰、日本等很多国家，都在专利法中将间接侵权作为一种独立的专利侵权类型。现代专利法中，通常以专利法中的间接侵权或帮助侵权认定规则为依据，而不是以侵权法为依据，对专利提供保护，这样处理更加符合专利保护的趋势。

从世界各国的现状以及我国实践看，能够达成共识的是，某些专利直接侵权以外的行为，仍然可能对专利权人的利益造成损害，从而影响专利制度价值的实现，因此需要作为侵权行为承担责任。但是，在我国，目前仍然需要解决的问题是，专利间接侵权是否需要在立法中体现，以及在我国目前的经济发展条件下，哪些行为需要限制、以何种形式承担责任等问题。

（二）对于专利排他权的扩张有必要在《专利法》中规定

从专利权保护的基本理论出发，可以看出，专利保护和公有领域的界限应当由法律的明确规定来划定。没有通过法律的形式被划入专利保护范围的技术，应当属于公有领域，不应该被禁止实施。如果专利间接侵权的行为损害了专利法的目标，需要加以禁止，也应当通过法律的形式来确定。

在适用侵权法规范时，应遵循特别法优于一般法的原则。由于特别法在时间效力、空间效力以及对人的效力等方面都有特殊规定，因此在特定范围内，排除了对一般法的适用。专利法在整个民法体系中属于特别法。事实上，虽然专利法被视为民法体系中的一部分，但是，在很多方面，包括侵权认定的标准，都与普通民法的一般原则存在差异。

由于专利法调整的权利为专利权，与普通民法所确认的各项民事权利相比，专利权有特殊的性质。在对专利侵权行为进行调整时，也应当适用专利法。❶ 因此，如果要在我国建立专利间接侵权制度，最佳方案是通过修改《专利法》的方式，将间接侵权规

---

❶ 杨立新. 侵权行为法［M］. 上海：复旦大学出版社，2005：37.

定在《专利法》中。

从专利间接侵权在美国的发展过程可以看出，虽然间接侵权起源于民法的共同侵权理论，但是由于专利侵权行为存在特殊性，无法仅仅依据共同侵权理论而解决实践中的纠纷。在 1952 年美国专利法增加专门的条款规定间接侵权行为以前，美国法院对于专利间接侵权的范围以及和专利权滥用的关系的问题，认识并不统一，甚至出现了相反的判决。直到 1952 年美国专利法修改以后，标准才逐渐统一。经过长期的发展，帮助侵权和引诱侵权的认定标准与普通民法中的共同侵权已经有了区别。

（三）适用《侵权责任法》处理使间接侵权的范围被扩大化

从我国专利间接侵权的立法和司法解释的发展以及相关案例可以看出，对间接侵权的认识有一个发展过程。在初期阶段，先是在实践中出现了有关案例对此进行探讨；2001 年北京市高级人民法院公布了《专利侵权判定若干问题的意见（试行）》后，先后出现了一系列根据间接侵权审理的案件；2010 年《侵权责任法》实施后，法院开始以《侵权责任法》第 9 条关于共同侵权的规定作为审理的依据处理此类案件。

然而，在按照共同侵权的有关规定处理间接侵权的案件中，存在一系列的问题。

首先，是否能够单独起诉间接侵权人，是按共同侵权处理时可能存在的一个问题。单独起诉间接侵权人最大的优势在于，当直接实施专利技术的人比较分散，逐一追究责任对于专利权人难度大、成本高时，可以通过追究间接侵权人的责任而弥补自己的损失。但是，如果按照共同侵权的理论审理，是否可以在不起诉其他共同侵权人时单独对其中一方提起诉讼，存在一定障碍。在某些案件中，法院实际上对法律存在突破，允许单独起诉。

其次，共同侵权一般是指两个以上的主体共同实施了侵权行为，但是在专利案件中，如果使用者是出于非生产经营目的的私人使用，则不构成专利侵权。在这种情况下，是否还存在间接侵权，一直是产业界关注的问题。在前文所述西电捷通诉索尼公司侵害发明专利权纠纷案❶中，法院虽然对此问题作出了突破，但并不能从根本上解决这一问题。

最后，共同侵权范围界定过大。间接侵权只是共同侵权中的一部分，如果将间接侵权案件适用共同侵权去处理，导致共同侵权的涵射半径不断扩大，在一定程度上存在着专利间接侵权的范围被不当扩大的风险。由于《侵权责任法》的条文较为简单，而最高人民法院的《司法解释（二）》第21条仅仅规定了，在特定情况下，权利人主张属于《侵权责任法》第9条帮助或教唆的，人民法院应予以支持，并没有排除在其他情况下不能适用《侵权责任法》第9条的规定，因此，在实践中出现了《司法解释（二）》第21条规定以外的帮助侵权或引诱侵权。

例如，在中装华港公司作为展会主办方涉及的专利侵权案件❷中，法院就对《侵权责任法》第9条中规定的"帮助"作出了较为宽泛的理解。在该案中，由于主办方作为展览场地的出租方，客观上为"直接侵权"行为的发生提供了"便利"，因此，是广义上的"帮助"行为。法院认为，由于被告"客观上起到了帮助侵权的作用"，因此认为被告构成帮助侵权，应当承担赔偿责任。

考察世界其他国家的法律规定和实践可以看出，专利"帮助侵权"中的帮助是有特定条件限制的，并非任何形式提供帮助的行为，都会构成专利帮助侵权。上述案例中，展会主办方仅提供了展览场地，在没有证明展会主办方在主观上存在任何导致侵权发生的意图的情形下，根据其他国家的规定，都不构成帮助侵权或引诱侵权。也就是说，中国法院适用《侵权责任法》中关于"共同侵权"的有关规定，在实践中使间接侵权的范围被扩大。

---

❶ 北京知识产权法院（2015）京知民初字第1194号民事判决书。
❷ 北京知识产权法院（2015）京知民初字第907号民事判决书。

（四）缺乏专门规定导致间接侵权的范围不清晰

专利间接侵权制度起源于共同侵权原则，并且共同侵权原则也对很多国家专利间接侵权制度产生影响。例如在美国，直接侵权是间接侵权成立的要件；在早期的德国法中，也存在由于个人使用不构成侵权，因而间接侵权不成立的案例。❶

目前，我国以《侵权责任法》中关于共同侵权的原则为依据处理专利间接侵权行为，并不十分合理。《侵权责任法》规定针对的是所有帮助和教唆侵权行为，不是专门针对帮助或者教唆侵害专利权的行为，因而不能明确界定帮助或者教唆侵害专利权行为的法律构成。

一方面，对于专利间接侵权是否存在直接侵权人的问题，一直存在争议。如果根据英国、德国等的规定，在实施专利技术的行为实际发生前，就有可能构成间接侵权。此时，并不存在直接侵权人，因此，提供部件的人也就不构成共同侵权。

此外，德国法规定，私人性质的使用不构成专利侵权；但是向私人提供关键部件的行为，可能构成间接侵权行为。在这种情况下，由于直接使用者不承担侵权责任，也就不存在共同侵权。

即使在美国，虽然直接侵权是间接侵权成立的必要条件，但是，在诉讼中，并不要求直接侵权人参与诉讼，只要证明存在直接侵权的事实即可。

另一方面，在专利间接侵权行为中，对"帮助"和"引诱"行为是有一定的限制条件的，并不同于普通民事侵权中认定"帮助"和"引诱"的一般标准。如果强调以广义的"帮助"和"引诱"为标准，可能使专利间接侵权的范围扩大化。因此，在实践中，法院在审理此类案件时，并不能仅仅判断是否构成"引诱"和"帮助"，仍然需要增加法条规定以外的要件，以限制认定侵权

---

❶　BENYAMINI A. Patent infringement in the European Community［M］. New York：Tohn Wiley & Sons Incorporated Company，1993：177－178.

的范围，防止专利权的范围扩大化。但由于缺少法律的明确指引，因此各地法官在审理时标准不一致。

从我国的法律规定和司法实践可以看出，由于缺少专门的规定，各地法院的判决对于间接侵权或帮助侵权的认定，存在很大的差异。即使在2010年之后，法院统一适用《侵权责任法》第9条有关共同侵权的规定审理有关案件，但是这样处理只能使判决中对法条的适用逐渐统一，仍然不能使共同侵权的认定标准统一。

首先，"帮助侵权"和"引诱侵权"是两种不同的侵权形式，具有不同的构成要件。然而目前在法院审理的案件中，部分判决中都只是认定构成"共同侵权"，而没有详细区分是帮助侵权行为还是引诱侵权行为，进而也缺乏对"帮助侵权"或"引诱侵权"的具体要件的讨论，侵权的认定条件不清晰。即使具体讨论"帮助侵权"或"引诱侵权"的案件，对于侵权的构成要件，也缺乏一致的认识。

法的指引作用和预测作用都是法的重要作用。然而，在目前情况下，由于缺少专门的规定，难以起到其应当具有的作用。

从中国司法实践中的一系列案例可以看出，在缺乏法律明文规定的情况下，法院在认定"间接侵权"时，除了存在边界不清晰的问题外，也可能存在使专利间接侵权范围被扩大化的倾向。

从世界各国对"帮助侵权"的规定可以看出，帮助侵权成立应当考虑多种因素。而《侵权责任法》第9条的表述非常简单，无法准确地概括"专利帮助侵权"和"引诱侵权"的定义，导致司法实践中标准不统一。此外，由于专利帮助侵权的认定，涉及对公众行为自由的限制，也不应该通过"司法解释"的方式予以规定，因此，有必要在《专利法》中予以规定。

因此，在《专利法》中增加与专利间接侵权的规定，有助于使法律体系逻辑更加清楚，保护范围更清晰，减少法律之间交叉的地方，使不同的行为根据不同的法律依据处理。

六、结论

《专利法》中尚未引入有关间接侵权的规定，司法实践中，对于间接侵权也存在着不同的认识和处理方式。目前，司法实践中法院面对与间接侵权有关的问题，主要是依据《侵权责任法》中有关"共同侵权"的规定审理。然而，这样的处理方式并不能解决实践中出现的问题，并且会导致"间接侵权"的范围扩大化，从而不恰当地限制社会公众的自由。如果能借《专利法》第四次修改的契机，将条款引入《专利法》中，将有利于社会公众权利的保障。

中国专利间接侵权制度的构建，应当综合考虑中国的实际情况以及相关的配套规定。例如，在考虑是否以直接侵权为条件时，需要综合考虑我国"直接侵权"的规定与其他国家的异同，如此才能有效地发挥专利制度的作用。

美国涵盖商业方法的专利
授权后复审程序及其启示

郑悦迪*

一、程序创设的背景和立法目的

美国国会于 2011 年通过了《莱希-史密斯美国发明法案》（Leahy - Smith America Invents Act，AIA），其中第 18 条要求美国专利商标局（USPTO）制定专门的标准和程序审查涵盖商业方法（covered business - method，CBM）的专利之有效性，该程序的性质是为期 8 年的过渡性授权后复审程序。2012 年 9 月，CBM专利复审程序正式生效。根据 AIA 的规定，它审查的权利要求仅仅是用于金融产品或者服务的经营活动、行政和管理的执行数据处理或其他操作的方法或相应的装置，技术发明除外。这类专利主要集中在美国专利分类第 705 项：在金融或商业活动、管理或成本/价格计算中执行数据处理操作的方法和相应的装置。❶ 事实上，包括 CBM 专利复审程序在内，美国法上共有三种对已授权的专利提出异议的行政程序，其他两种程序是多方复审（inter partes review，IPR）和授权后复审（post - grant review，PGR）。美国国会之所以认为有必要针对金融商业方法专利设立专门的复审程

---

* 作者简介：郑悦迪，中国社会科学院大学知识产权法学博士生。

❶ USPC 705 [EB/OL]. [2020 - 01 - 14]. https://www.uspto.gov/web/patents/classification/uspc705/defs705.htm.

序，是由于 State Street 案❶后美国过度放宽商业方法可专利性的审查标准，并导致被授予专利的商业方法中包含了不少抽象概念和公知常识，专利质量低下且相关侵权诉讼泛滥，妨碍了所属产业内的正常市场竞争。❷

美国联邦巡回上诉法院（CAFC）在 State Street 案中提出以"产生有用、具体、有形的结果"（produce［d］a useful, concrete and tangible result）作为判断适格的专利客体的标准。❸法院认为美国专利法第 101 条规定的能够获得专利权保护的客体包括"任何新且有用的方法、机器、制品或物质组合，或者它们的改进"，❹法条中使用"任何"这一用语表明立法机关并没有限制可专利主题的意图。直至 In re Bilski 案❺发生前这段时间，美国商业方法专利申请数量激增，USPTO 甚至批准了一些极为荒唐的方法专利申请，比如荡秋千的方法❻、使用激光笔训练猫的方法❼等，也出现了较多备受争议的商业方法专利，比如亚马逊公司申请的"一次点击"购买专利❽。在 In re Bilski 案中，涉案权利要求涉及一种帮助能源市场中的产品买卖双方限制或者减少价格波动风险的方法，CAFC 否定了"有用、具体、有形的结果"这一审查标准，转而适

---

❶ State St. Bank & Trust Co. v. Signature Fin. Group, Inc., 149 F. 3d 1368 (Fed. Cir. 1998).

❷ HOLBROOKTR. Method patent exceptionalism［J］. Iowa Law Review, 2017, 102（3）：1001, 1028.

❸ State St. Bank & Trust. Co. v. Signature Fin. Group, Inc., 149 3d 1373 (Fed. Cir. 1998).

❹ See 35 U. S. C. § 101. "Whoever invents of discovers any new and useful process, machine, manufacture, or composition of matter, or any new and useful improvement thereof, may obtain a patent therefor subject to the conditions and requirements of this title."

❺ Bilski v. Kappos, 130 S. Ct. 3218 (2010).

❻ U. S. Patent No. 6, 368, 227 (filed Nov. 17, 2000).

❼ U. S. Patent No. 5, 443, 036 (filed Nov. 2, 1993).

❽ U. S. Patent No. 5, 960, 411 (filed Sept. 12, 1997).

用"机器或转换测试法"（machine‑or‑transformation test）判定客体适格与否，即如果申请专利的方法与特定的机器或者设备相结合（tied to），或该方法将某个物体转换成不同的状态或者其他事物，那么它便具有了可专利性。据此，CAFC 认定该案争议的商业方法不属于能够授予专利权的客体。❶ 美国联邦最高法院在该案的上诉审理中，一方面支持了 CAFC 的裁判结果，认为它是抽象的思想❷；另一方面又指出"机器或转换标准"不是商业方法可专利性的唯一标准。❸ 同时，美国联邦最高法院强调从事商业活动的方法并非完全不具备可专利性。❹ 如此一来，美国商业方法专利客体适格性的判断依据变得更加模糊，美国联邦最高法院也没有明确给出除"机器或转换标准"之外其他适当的审查标准。❺

　　美国联邦最高法院就 In re Bilski 案作出裁判后，美国国会预测许多已被授权的商业方法专利无法通过该案提出的审查标准。❻ 的确，在这之后，CAFC 审理的涉及金融商业方法专利的无效比例达 75%。❼ AIA 中引入 CBM 专利复审程序是美国国会对 In re Bilski 案判决结果作出的回应，其目的是纠正自 20 世纪 90 年代末起

　　❶　Bilski v. Kappos，545 F. 3d 943，954 (Fed. Cir. 2008).
　　❷　美国联邦最高法院对美国专利法第 101 条作出解释，提出三种可专利客体的例外，分别为自然规律（laws of nature）、物理现象（physical phenomena）和抽象思想（abstract ideas）.
　　❸　Bilski v. Kappos，130 S. Ct. 3218，3227 (2010).
　　❹　Bilski v. Kappos，130 S. Ct. 3228 (2010).
　　❺　BESTOSO E. Financial business method patents：the trend toward invalidity under Section 101 [J]. Temple Law Review，2014，86 (2)：369，373.
　　❻　WOOD A，STROUD J R K. Three hundred nos：an empirical analysis of the first 300＋ denials of institution for inter partes and covered business method patent reviews prior to in re Cuozzo Speed Technologies，LLC [J]. The Tohn Marshall Review of Intellectual property Law，2015，14 (2)：112，130－131.
　　❼　BESTOSO E. Financial business method patents：the trend toward invalidity under Section 101 [J]. Temple Law Review，2014，86 (2)：369，376.

授予的低劣商业方法专利，❶ 打击"专利蟑螂"，为存在竞争关系的其他经营者质疑商业方法专利的有效性提供时间更短❷、成本更低的途径。❸ 美国学者 Dreyfuss 认为 CBM 专利复审程序的适用期限截止到 2020 年 9 月 16 日是由于在此期间受到这些问题专利影响的任何人有足够的时间提出异议。❹ CBM 专利复审程序在设立之初被视作在金融服务领域内对抗无效商业方法专利的有力工具，❺然而随着制度的运行，其暴露出一系列弊端，诸如概念和适用范围模糊，不完全禁止反言，难以与侵权诉讼程序顺畅衔接等。这些问题影响着 CBM 专利复审程序发挥提高商业方法专利质量、减轻异议人诉讼负担的积极作用。下面将对提起 CBM 专利复审程序的条件、相关专利有效性的审查标准及其在实践中存在的主要问题进行评述。

二、CBM 专利复审程序的适用条件

AIA 第 18 条规定，只有被诉侵犯专利权的人或其真实利益相关方或利害关系人有权向 USPTO 下设的专利审查与上诉委员会（PTAB）提起 CBM 专利复审程序。❻ 也就是说，在请求人就某一金融商业方法专利的效力提出复审请求时，已经存在正在进行的针

---

❶　GUGLIUZZA P R. (In) valid Patents [J]. Notre Dame Law Review, 2016, 92 (1): 271, 284.

❷　自请求人提出复审请求之日起至书面决定作出之日，一般不超过 12 个月；有正当理由的，可以延长 6 个月。

❸　RILEY PA, STROUD J R K, TOTTEN J. The surprising breadth of post - grant review for covered - business - method patents: a new way to challenge patent claims [J]. The Columbia Science and Technslogy Review Law, 2014, 15 (2): 235, 258.

❹　DREYFSS R. C. Giving the Federal Circuit a run for its money: challenging patents in the PTAB [J]. Notre Dame Law, 2015, (9): 235, 248.

❺　MATAL J. A guide to the legislative history of the America Invents Act: Part 11 of 1 [J]. The Federal Circuit Bar Journal, 2012, 21 (4): 539, 629 - 630.

❻　*See* Section 18 (a) (1) (B).

对同一专利权的侵权诉讼，而请求人只能是该诉讼中的被告或其真实利益相关方或利害关系人。请求人可以依据美国专利法第 282 条第 2 款第（2）项和第（3）项的规定，以涉案商业方法专利不符合该法第二章要求的取得专利权条件和第 112 条关于说明书内容的要求为理由主张其无效。具体的无效理由包括涉案专利技术属于现有技术，客体不适格，说明书对发明的描述未达到完整、清晰、简明和准确的程度以及重复授权（double‐patenting）等。❶

如前所述，CBM 专利复审程序的适用对象局限于金融商业方法专利，由请求人举证证明被请求复审的专利符合 CBM 专利的定义，并且该专利至少有一个权利要求不涉及技术发明。而 PTAB 与作为上诉机构的 CAFC 就 CBM 专利的覆盖范围作出了不同的解释。以 Unwired Planet v. Google 案为例，诉争专利包含一种在移动无线网络中使用定位服务的方法，PTAB 认为这一方法附属于（incidental to）或者辅助于（complementary to）提供金融产品或服务的活动，能够适用 CBM 专利复审程序。❷ 但 CAFC 在上诉裁决中指出，PTAB 对于 CBM 专利复审程序的适用对象作出了超出允许范围的过分宽泛的解读，该方法在本质上并没有涵盖任何金融活动。❸ Secure Axcess v. PNC Bank National Association 案也存在相似的情形。CAFC 在 Unwired Planet 案判决的基础上，进一步明确 PTAB 应当将专利权利要求书中使用的语言作为确定是否适用 CBM 专利复审程序的主要依据。❹ "涵盖商业方法"的专利必须至少包含一项满足条件的权利要求：受争议的方法或者装置

---

❶　YOST E M. The collapse of covered business method reviews [J]. The Chicago‐Kent Journal of Intellectual Property, 2019, 18 (2): 41, 42.

❷　Google Inc. v. Unwired Planet, LLC, No. CBM2014‐00006, 2015 WL 1570274, at *2 (P. T. A. B. Apr. 6, 2015).

❸　Unwired Planet, LLC v. Google Inc., 841 F. 3d (Fed. Cir. 2016).

❹　O'NEILL M. Covered business method gamesmanship after Secure Axcess v. PNC Bank [J]. The Westlaw Journal Intellectual Property, 2017, 24: 1.

被实际使用在经营金融产品或者服务的实践中。❶ 此类从事金融活动的方法往往利用计算机程序执行。CAFC认为该案涉及的专利客体是一种数据认证的方法，可以被广泛地使用在金融和其他非金融活动中，不符合CBM专利复审程序的适用条件。可见，在CBM专利复审程序的适用对象问题上，CAFC不同意PTAB的观点，倾向于采取限缩性解释方法。❷

从否定的角度看，被请求复审的专利不能是技术发明。是否属于技术发明应当个案判断，将被主张无效的专利客体作为一个整体，考察其是否陈述了与现有技术相比具有新颖性和非显而易见性的技术特征，是否运用了技术方案解决技术问题。❸ 美国国会就此进一步阐释道，那些利用已知技术实现一套商业流程或者从事商业活动的方法不能被认定为技术发明，不论这一流程或方法看上去是否新颖。❹ 换言之，以一种全新的方式将公知技术整合起来以执行数据处理任务的专利不是技术发明，请求人可以对这类专利提起CBM复审程序。

三、CBM专利有效性的审查标准

2017年的一项实证研究表明：CBM专利复审程序的请求人通常以美国专利法第101条为理由，对涉案专利客体的适格性提出异议。据统计，在全部经PTAB审查通过并启动复审程序的案件中，81.7%的复审请求中提出了专利客体不符合美国专利法第101条之规定的无效理由；以现有技术为理由主张涉案专利无效的比

❶ Secure Axcess LLC v. PNC Bank Nat'l Ass'n, 848 F. 3d 1370, 1379 (Fed. Cir. 2017), at 1378 - 79.

❷ PERCHYTS R. Business method patents: let the PTAB kill them all: a case for narrow reading of CBM review eligibility [J]. University of Illinios Journal of Law, Technology & Policy, 2018 (18): 433, 444.

❸ 37 C. F. R. § 42. 301 (2012).

❹ 157 CONG. REC. S1364 (daily ed. Mar. 8, 2011) (statement of Sen. Schumer).

率次之，为 62.7％；将专利说明书不满足美国专利法第 112 条所要求的条件作为无效理由的复审请求数量最少，只有 36％。❶ 关于商业方法是否属于可以授予专利权的客体之争论在美国由来已久，其司法审判趋势亦经历了从过度扩张到逐步收紧的演变过程。In re Bilski 案之后，USPTO 和 CAFC 一直在探索如何厘清某一商业方法与抽象思想之间的界限，但始终未找到一套具有可操作性的"抽象思想检验法"。直到美国联邦最高法院在 Mayo 案中引入"发明概念"要素，❷ 作为区分纯粹的自然规律与自然规律的实际运用的标准，❸ 而且这一运用不能是易懂的、常规的，也不能被相关领域的研发人员所从事，它才足以转化为可专利客体。❹ 即便如此，CAFC 在此后的案件中仍旧没有对由计算机执行的软件商业方法的可专利性作出相对一致的解释。部分判决认为计算机必须在整个发明中起关键性作用或者是不可或缺的，使申请专利的方法不能通过人为的运算或者计算来实施，才能被认定为可以授予专利权的客体，否则该方法只是抽象思想；另一部分判决基于权利要求缺少额外的限制（additional limitation），认为它显而易见地指向了不可专利的抽象思想。❺ 鉴于此，美国联邦最高法院在 Alice 案中重申了 Mayo 案提出的"两步测试法"（two‑step test）。❻ 该案对于

---

❶ SCHECTER M. AMBWANI S, SHEI A, et al. The effects of Alice on covered business method（CBM）reviews［J］. Northwestern Journal of Technotogy and Intellectual Property，2017，14（3）：381，387.

❷ Mayo Collaborative Servs. v. Prometheus Labs.，Inc.，132 S. Ct. 1284（2012）.

❸ 张玉敏，谢渊. 美国商业方法专利审查的去标准化及对我国的启示［J］. 知识产权，2014（6）：81.

❹ 宣頔. 美国金融商业方法专利保护之动态平衡变迁与启示［J］. 知识产权，2019（8）：92.

❺ ZIVOJNOVIC O. Patentable subject matter after Alice：distinguishing narrow software patents from overly broad business method patents［J］. Berkeley Technology Law Journal，2015，30（Annual Review 2015）：807，818.

❻ Alice Corp. Pty. Ltd. v. CLS Bank Int l，134 S. Ct. 2355（2014）.

PTAB 在 CBM 专利复审程序中辨别客体的可专利性，以及 CAFC 和美国地方法院裁决涉及商业方法专利的案件产生了重要的影响。

（一）Alice 案和"两步测试法"

Alice 案争议的专利是一种以计算机系统作为第三方媒介，用于减少金融交易活动中结算风险的方法。[1] 实质上，Alice 公司持有的这项金融商业方法专利相当于提供了第三方托管（escrow）服务。首先由买方将受让证券所需款项转由电子托管，卖方随即将转让的证券也转入电子托管，此时交易已完成，双方后续义务的履行由第三方托管系统进行操作。[2] CAFC 在二审阶段，以全席审判（en banc）的方式裁决 Alice 公司持有的由计算机执行的金融商业方法、该计算机程序本身以及计算机可读的媒介（CRM）均属于不可专利的客体。[3] 2014 年 6 月，美国联邦最高法院对该案作出最终裁决，其中采用"两步测试法"审查涉案专利客体是否符合美国专利法第 101 条之规定。所谓"两步测试法"是指审查机关将分两个步骤认定专利客体的适格性：第一步为判断存在争议的权利要求是否指向不可授予专利权的抽象概念；如是，第二步则分别从权利要求中的每一项要素及其组合而成的整体这两个角度，考量涉案权利要求含有足以将抽象思想转化为可专利客体的"发明概念"。若由前一步的检验得出的结果是否定的，则该权利要求当然地指向可授予专利权的发明。[4] 以此为根据，美国联邦最高法院判定涉案权利要求仅仅是利用通用的计算机功能执行的抽象思想。

尽管美国联邦最高法院在 Alice 案的判决中肯定了"两步测试法"的适用，但是仍然没有明确定义与之相关的基本概念，比如

❶ CLS Bank International v. Alice Corp, 717 F. 3d 1286 (Fed. Cir. 2013).

❷ 李新芝，秦海鸥. 美国专利适格性审查标准探析 [J]. 知识产权，2016 (6)：116 - 122.

❸ CLS Bank International v. Alice Corp, 717 F. 3d 1273 (Fed. Cir. 2013).

❹ Alice Corp. v. CLS Bank Int'l, 134 S. Ct. 2347, 2355 (2014).

"发明概念"和"抽象概念"等，更没有从正面直接回答什么样的商业方法具有可专利性。❶ 正如参与审理 Alice 案的劳里（Lourie）法官所说："难点在于（各级法院）一致且可被预见地区分利用自然规律、自然现象和抽象思想的权利要求，与仅仅是体现、使用、反映、依靠和应用这些基本工具的权利要求。"❷ 在这一点上，Alice 案未能给下级法院在实践中正确适用"两步测试法"提供确切的指引。不过，Alice 案后，CAFC 及各个地区法院在处理由计算机实施的商业方法发明的可专利性问题上呈现出明显收紧的转变。数据显示，自美国联邦最高法院就 Alice 案作出判决之后，已有逾 300 件商业方法专利被法院认定无效，其无效比例由 43％上升至 92.5％。❸ 此外，Alice 案也对由 USPTO 主管的行政审查程序产生了突出的影响。

（二）Alice 案对 CBM 专利复审程序的影响

Alice 案带来的直接影响之一就是请求人以非美国专利法第101 条规定的法定专利客体为理由，提起 CBM 专利复审程序的数量明显增加，因为 IPR 程序不允许请求人依据美国专利法第 101条主张专利无效。相应地，由于不符合美国专利法第 101 条之规定而被认定无效或者部分无效的专利数量，在 PTAB 作出的所有最终书面决定中的占比，从 Alice 案前的 27.3％上升到之后的62.1％。❹ PTAB 适用"两步测试法"重新审查 CBM 专利客体是

---

❶ PATRICK M. The Federal Circuit and Ultramercial: software and business method patents tumble further down the rabbit hole [J]. American University Law Review 2015, 64: 1089, 1107.

❷ CLS Bank Int'l v. Alice Corp., 717 F. 3d 1269, 1277 (Fed. Cir. 2013) (en banc) (Lourie J., concurring) (per curiam).

❸ 张平，石丹. 商业模式专利保护的历史演进与制度思考：以中美比较研究为基础 [J]. 知识产权，2018 (9): 52.

❹ SCHECTER M. AMBWANI S, SHEIA, et al. The effects of Alice on covered business method (CBM) reviews [J]. Northwestern Journal of Technology and Intellectual Property, 2017, 14 (3): 381, 387.

否属于能够授予专利权的主题范畴时，不可避免地需要对涉案专利的权利要求作出解释。过去，PTAB 解释 CBM 专利权利要求的原则是"最宽合理解释"（broadest reasonable construction），而美国法院系统对专利权利要求的解释采取"一般通常含义"（ordinary and customary meaning）原则。与法院的解释原则相比，PTAB 将权利要求范围解释得较为宽泛，导致其中包含现有技术的可能性增加，❶ 有利于请求人成功挑战 CBM 专利的有效性。2018年 10 月，USPTO 发布了权利要求解释的最终规则（claim construction final rule），转为适用与法院相同的解释标准。❷

为了指导审查员评判方法发明的可专利性，帮助审查员在衡量客体的抽象性时正确适用 Alice 案的判例，USPTO 发布了审查备忘录。备忘录中指明软件和商业方法并没有被排除在可授予专利权的客体之外，也没有对它们的可专利性强加任何特殊的要求，而是应当适用"两步测试法"作为能够授予专利权的客体审查标准。❸ 备忘录还以列举的方式对"两步测试法"中的第一个步骤所涉及的"抽象思想"作了解释说明。简言之，基本的经济实践活动、组织人类活动的特定方法、某个思想本身、数学关系或公式被归入抽象思想范畴。若权利要求的确指向了抽象思想，接下来则需要判断权利要求中的单一要素以及它们的组合是否"明显多于"（significantly more）抽象思想。对此，备忘录分别针对权利

---

❶ GATZEMEYER R J. Are patent owners given a fair fight? investigating the aia trial practices [J]. Berkeley Technology Law Journal, 2015, 30（Annual Review 2015）：531, 532.

❷ USPTO [EB/OL]. （2019 – 02 – 07）[2020 – 01 – 16]. http：//www. uspto. gov/patents – application – process/patent – trial – and – appeal – board/procedures/ptab – issues – claim – construction.

❸ Preliminary examination instructions in view of the Supreme Court decision in Alice Corporation Pty. Ltd. v. CLS Bank International, et al. . see USPTO [EB/OL]. （2014 – 06 – 25）[2019 – 12 – 18]. https：//www. uspto. gov/sites/default/files/patents/announce/alice_ pec_25jun2014. pdf.

要求中满足和不满足"明显多于"要求的限制性因素作了举例，比如：实现了另一项技术或者技术领域的改进；提高了计算机自身的功能；超出抽象思想的使用与某一特定技术环境之间通常的联系是达到了"明显多于"要求的正面事例。反面事例则包括在抽象思想前增加"运用"（或与之意义相同的）字样，或者只是对在计算机上执行某一抽象思想作出说明；仅仅需要通用计算机运行其一般功能，即在本领域内属于公知的、例行的以及常规的活动。

SAP 案裁决是由 PTAB 适用 CBM 专利复审程序作出的首个裁决，该案涉及的专利是一种利用等级体系图表决定产品定价的方法和装置。❶ PTAB 遵循"两步测试法"，首先判断这一专利体现了抽象的概念，进而考虑到使用纸和笔，或者依靠人脑和双手，又或是在通用计算机上便可执行该抽象概念，因此，PTAB 判定该专利的权利要求不具有足够重要意义的限制因素，难以将抽象思想转换为可获得专利权保护的实际应用。即使 USPTO 发布的备忘录已经对 Alice 案判决中采用的"两步测试法"进行了细化，但在实质上，它依旧只是判断专利客体适格性的一种方法，并未准确地给出与软件相关的方法发明能够被授予专利权的基准。❷ 由此出发，专利权的利益相关者、法官、发明人和产业界人士强烈要求提高审查规则的明确性、审查结果的可预期性，以及"两步测试法"在行政部门和各级法院之间适用的统一性。于是，USPTO 在 2019 年 1 月 7 日公布了修订后的《专利客体适格性指导》（The 2019 Revised Patent Subject Matter Eligibility Guidance，2019 PEG），并在《专利审查程序手册》（MPEP）中增补了与此相关的

---

❶　SAP America, Inc. v. Versata Development Group, Inc., CBM2012 - 00001 (P. T. A. B. 2013).

❷　HEEDY D B. Has Alice brought us to patent wonderland: can the Supreme Court's new analysis of abstract ideas affect the current problems associated with business - method and software patents [J]. Florida State University Business Review, 2016, 15: 57, 74.

内容。

（三）专利客体适格性审查标准的修改

总体而言，2019 PEG 主要规定了三个部分的内容。第一部分将专利客体的例外归纳为"科学和技术工作的基本工具"，并在提炼和整合判决先例的基础上，指明作为专利客体的例外之一的"抽象思想"包括：（1）数学概念，如数学关系、数学公式或等式、数学计算；（2）组织人类活动的特定方法，如基本经济原则与实践，签订合同、发布广告、市场推广与销售等商务或法律交流，管理个人行为或是人与人之间的关系或互动；（3）心理活动过程，如观察、评价或者提出观点等在人的头脑中执行的概念。2019 PEG 中对于"抽象思想"的类型化举例，有助于审查人员认定某一权利要求是否叙述了抽象思想。

其第二部分是针对"两步测试法"中的第一个步骤，即判断某一权利要求是否"指向"抽象思想、自然规律或是自然现象，规定了新的审查流程。若审查员认为权利要求的文字内容叙述了某个抽象思想，则要继续分析被叙述的抽象思想是否被融入到实际应用中。2019 PEG 就此特别列出了积极和消极情形。❶ 其中吸收了 USPTO 之前发布的备忘录中有关"明显多于"要求的考量因素，然而"明显多于"抽象思想的判断原本属于"两步测试法"之第二个步骤的实质内容。若权利要求中被叙述的抽象思想与实际应用相结合，则该项权利要求符合美国专利法第 101 条关于专利客体的要求；只有当权利要求叙述了抽象思想，并且未将抽象

---

❶ 积极情形包括：体现计算机功能或者其他技术或技术领域的改进；对于一种疾病或者身体条件产生治疗或者预防作用；与特定的机器或者产品制造相结合；使某一特定物品转换成或者缩减成另一种状态或者事物；超出抽象思想的使用与某一特定技术环境之间通常的联系。消极情形包括：在抽象思想前增加"运用"（或与之意义相同的）字样；只是对在计算机上执行某一抽象思想作出说明；仅仅以计算机作为工具运行抽象思想；增加了无关紧要的在解决方案之外（extra - solution）的活动；没有超出抽象思想的使用与某一特定技术环境或者使用领域之间通常的联系。

思想融入到实际应用中时，也就是说，该权利要求指向抽象思想，才有必要进行第二个步骤。需要注意的是，第一个步骤中并不涉及"公知、例行和常规活动"的判断，而是应当在确认权利要求指向抽象思想后，在下一步骤"评估权利要求是否提供了一个发明概念"时予以审查。这是 2019 PEG 中的第三部分内容。此处虽然没有直接为"发明概念"下定义，但它以排除的方式限定了"发明概念"的范围，也就是非本领域内的公知、例行和常规活动。

四、程序适用中存在的主要问题

（一）相关概念界定不清

相关概念的含义模糊是 CBM 专利复审程序广受诟病之处，特别是关于它的适用范围，在学界、司法界以及产业界引起了激烈的争论。根据 AIA 第 18 条的规定，请求人只能对金融商业方法专利提起 CBM 复审程序，而 PTAB 与 CAFC 在"涵盖商业方法"的定义上产生了分歧。在近期发生的 Honeywell Int'l，Inc. v. Intellicheck，Inc. 案中，❶ PTAB 遵从了 CAFC 的判决，认定"涵盖商业方法"的专利不能仅仅是附属于或者辅助于提供金融产品或者服务的活动。PTAB 在对待 CBM 专利复审程序适用对象的问题上逐渐转变为谨慎的态度，使得请求启动这一程序的案件数量整体呈下降趋势。❷

而美国参议院和众议院的一些议员提交议案，建议扩大"涵盖商业方法"专利的定义，不限于金融专利范围内，并将 CBM 专利复审程序确立为永久性制度。这些议案包括舒默参议员提交的

---

❶ Honeywell Int'l，Inc. v. Intellicheck，Inc.，No. CBM2017 - 00062，Paper No. 12 at 9 (Jan. 22，2018).

❷ U. S. GOVERNMENT ACCOUNTABILITY OFFICE U. S. Patent and Trademark Office：Assessment of the covered business method patent review program (2018) [EB/OL]. (2018 - 03 - 12) [2020 - 01 - 14]. https：//www. gao. gov/assets/700/690595. pdf.

《专利质量提高法案》(*the Patent Quality Improvement Act*,PQIA)、伊萨议员提出的《停止冒犯性使用专利法案》(*the Stopping Offensive Use of Patents Act*,Stop Act)。❶ PQIA 中将"涵盖商业方法"的专利界定为在实践、行政或者管理任何经营活动、产品或者服务中,用于执行数据处理或者其他操作的方法或相应的设备。❷ PQIA 意在将全部商业方法专利置于 USPTO 的全面审查之下,以提高美国商业方法专利的质量。因上述提案可能触及软件等相关产业的核心利益,遭到了 IBM、微软、3M 等跨国公司的联合抵制,2013 年参议院通过的《创新法案》最终未采纳 Stop Act 的建议。❸ 学界倾向于从美国国会的立法意图出发,解释"涵盖商业方法"的专利这一概念。至于国会的立法意图究竟是为质疑与金融产品或者服务有关的特定商业方法专利的效力,提供更加容易和节省成本的途径,还是将所有由计算机实施的商业方法发明排除在专利权保护范围之外,存在不同的学术观点。可以这样说,美国 CBM 专利复审程序适用范围不清的问题背后,是各方相互博弈和妥协的结果,产业利益在其中发挥着不可忽视的主导作用。

(二)有限的禁止反言原则

禁止反言原则(estoppel)在 CBM 专利复审程序中的适用与另外两个授权后复审程序 PGR 和 IPR 稍有不同。具体而言,PGR 和 IPR 程序的请求人不得在任何民事程序中依据已经提出的或者原本可以合理提出(reasonably could have raised)的理由再次主张争议的商业方法专利无效。而 CBM 专利复审程序的请求人仍然可以在美国的地区法院诉讼或者国际贸易委员会(ITC)调查等程序中,援引原本可以提出,实际却并未在 CBM 专利复审程序中提

❶ LA BELLE M M,SCHOONER H M. Big banks and business method patents [J]. University of Pennsylvania Journal of Business Law,2014,16(2):431,467.

❷ PQIA,S. 866(May 6,2013 113th Cong.).

❸ LA BELLE M M,SCHOONER H M. Big banks and business method patents [J]. Universtity of Pennsy lvania Journal of Business Law,2014,16(2):468.

出的理由，主张专利无效。❶ 并且专利复审程序的请求人"已经提出的无效理由"被进一步解释为在 PTAB 作出的最终书面决定中得到处理的无效理由，❷ 为请求人采取其他法律途径挑战商业方法专利的有效性留下余地。由于部分无效理由在 PTAB 决定是否启动 CBM 专利复审程序的审查过程中已被否定，❸ 最终书面决定中涉及的无效理由少于请求人实际提出的无效理由。对于最终书面决定未涉及的这部分无效理由，请求人仍然可以以此为依据，提起无效诉讼。美国国会创设 CBM 专利授权后复审程序的初衷是在专利无效诉讼之外，为请求人质疑商业方法专利的效力提供更加高效且成本低廉的途径。然而因适用有限的禁止反言原则而导致的事实情况并没有达到预期的效果，也没有实质性地减轻法院的审理压力。

（三）中止侵权诉讼与否的不确定性

在与 CBM 专利复审程序并行的侵犯专利权诉讼中，被告提出中止诉讼的动议，法院根据 AIA 第 18 条的规定，采用"四要素测试法"（four - factor test）决定是否中止诉讼。这四个要素是：（1）中止或者不予中止诉讼能否简化争议的问题，并使审判程序合理化；（2）证据开示程序是否已完成，庭审日期是否已确定；（3）中止或不予中止诉讼是否会不合理地损害未提出动议一方（的利益），或者对于提出动议的一方，表现出明显的策略性优势；

---

❶ MCCKEOW N S. The asymmetric estoppel of business method patent challenges〔EB/OL〕. （2012 - 10 - 16）〔2020 - 01 - 13〕. https：//www. patentspostgrant. com/the - asymmetrical - estoppel - of - business - method - patent - challenges.

❷ See Shaw Indus. Grp. Inc. v. Auto. Creel，Sys.，817 F. 3d 1293，1300（Fed. Cir. 2016）

❸ 统计数据显示平均每个申请案中有 1.7 个专利权利要求被认为不符合启动专利复审程序的条件。例如，PTAB 经审查认为某些无效理由是多余的（redundant）。See STEINBERG B，STRANG J. Why the Patent Trial and Appeal Board should fully decide instituted petitions〔EB/OL〕（2017 - 09 - 11）〔2020 - 01 - 13〕. https：//www. lw. com/thoughtLeadership/why - the - patent - trial - and - appeal - board - should - fully - decide - instituted - petitions.

（4）中止或者不予中止诉讼是否会减轻当事人和法院的诉讼负担。诉讼双方当事人可以就地区法院作出的有关中止诉讼的裁决向CAFC上诉。与 PGR 及 IPR 程序相比，第（4）项要素是法院审理因 CBM 专利复审程序而提出的中止诉讼动议时所特有的考量因素。舒默（Schumer）参议员指出："（这项因素）对法院作出中止诉讼的决定有相当重要的影响"，"几乎不能想象存在一种情形，使地区法院不予中止诉讼"。● 在 Virtual Agility 上诉案中，CAFC 推翻了得克萨斯州东区法院驳回中止诉讼动议的裁决，并阐明"原被告数量、双方和证人的居住地、便利性问题、法院的诉讼事件表（docket），尤其是受理法院对诉争专利潜在的熟悉程度"● 都会被纳入诉讼负担这项因素的考虑范围。

然而，在另外一些案件中，地区法院和 CAFC 利用四要素测试法驳回了被告提出的中止诉讼动议。比如，在 Smartflash LLC v. Apple Inc. 案中，CAFC 支持了地区法院不予中止诉讼的裁决，认为被告苹果公司提出中止诉讼的动议时，法院已经就涉案专利的有效性及侵权与否进行了审讯，CBM 专利复审程序的结果并不能简化与被告有关的争议。● 与之相反，在 Ultratec, Inc. v. CaptionCall LLC 案●中，CAFC 却认为，地区法院在陪审团认定涉案专利有效，并且被告存在侵犯原告专利权的行为后，裁定中止诉讼，是在法律允许的自由裁量权范围内。● 由此可见，地区法院与

    ● 157 CONG. REC. S1363 – 65 (daily ed. Mar. 8, 2011) (statement of Sen. Schumer).

    ● VirtualAgility Inc. v. Salesforce. com, Inc., 759 F. 3d 1307 (Fed. Cir. 2014) at 1315 n. 4.

    ● Smartflash LLC v. Apple Inc., 2015 WL 4603820, Fed. Appx. At ∗ 4. (July 30, 2015).

    ● Ultratec, Inc. v. CaptionCall LLC, 2015 WL 4528272.

    ● STROUD J, THAYER L, TOTTEN J C. Stay awhile: the evolving law of district court stays in light of inter partes review, Post – Grant Review, and Covered Business Method Post – Grant Review [J]. Buffalo Intellectual Property Law Journal, 2015, 11 (1): 226, 256.

CAFC 在准予中止诉讼的判断标准上没有形成比较统一的观点。而且 CAFC 允许地区法院直到 PTAB 作出启动 CBM 专利复审程序的决定后再裁决是否中止诉讼，造成等待时间过长，使被告提起 CBM 专利复审程序的积极性减弱，也阻碍了该程序的推广应用。❶

五、结论与启示

针对 CBM 专利的授权后复审程序将于 2020 年 9 月 16 日到期。美国众议院司法委员会下设的法院、知识产权和互联网附属委员会就该程序的修改与实施期限的延长问题举行了听证会，目前尚未达成一致意见。❷ 即使美国 CBM 专利复审程序的未来前景并不明朗，它的制度设计与运行却给我国商业方法专利保护制度的完善带来了一定的启发和示范。

（一）我国商业方法专利政策的定位

自 State Street 案起，美国商业方法专利揭开了扩张的序幕，经历了 In Re Bilski 案导致的保护状态不确定，CBM 专利复审程序的确立对其进行了适度限缩。美国商业方法专利政策的转变始终与本国经济发展水平和市场需求息息相关。State Street 案废除"商业方法除外"原则，提出以"有用、具体、有形的结果"这一较为宽松的标准判断客体能否被授予专利权，正值美国信息网络建设和电子商务发展的繁荣时期，该案被视作计算机技术企业和电子商务界的胜利，❸ 使商业方法专利充斥金融和电子商务行业。然而，不仅没有证据显示它提高了产业研发投入和利润回报，还

❶ YOST E M. The collapse of covered business method reviews [J]. The Chicago - Kent Journal of Intellectual Property, 2019, 18 (2): 47.

❷ Assessing the Effectiveness of the Transitional Program for Covered Business Method Patents, 115th Cong. (2018).

❸ 梁玲玲, 陈松. 商业方法创新的专利保护: 争议与启示 [J]. 科技进步与对策, 2013, 30 (17): 109.

因滥诉引发商业经营和社会发展成本增加。❶ 在这样的背景下，法院意识到有必要对商业方法专利的授权予以限制。正如史蒂文斯大法官在 In Re Bilski 案的并存意见中所指出的那样："可专利主题的范畴是宽泛的，但并非没有止境。"❷ CBM 专利复审程序是在 Bilski 案判决的基础上，迎合金融领域内其他经营者参与公平竞争的呼声，以一种更加高效的方式重新审查已授权的商业方法专利的效力。总之，美国商业方法专利政策因产业发展需要而处于不断调整之中。

随着我国"创新驱动发展战略"的实施，以及"互联网＋"新业态的出现和壮大，商业方法专利保护问题已成为社会各界关注的焦点。2015 年，《国务院关于大力推进大众创业万众创新若干政策措施的意见》提出要"研究商业模式等新形态创新成果的知识产权保护办法"，从国家政策的层面，明确了加强商业模式的知识产权保护的重要性。在专利领域，2017 年修改的《专利审查指南 2010》在第二部分第一章第 4.2 节补充规定，"涉及商业模式的权利要求，如果既包含商业规则和方法的内容，又包含技术特征，则不应当依据《专利法》第 25 条排除其获得专利权的可能性"。这意味着在我国以获得专利权的途径保护包含技术特征的商业方法成为可能。2019 年12 月，为回应创新主体对进一步明确涉及商业规则和方法等新业态新领域专利申请审查规则的需求，国家知识产权局向社会公布了修改后的《专利审查指南 2010》。此次修改在第二部分第九章新增第 6节，具体规定了包含算法特征或商业规则和方法特征的发明专利申请审查基准、审查示例以及说明书和权利要求书的撰写。此前，在美国大肆围绕商业方法专利进行"跑马圈地"的同时，我国却以极为严格的技术性条件——为解决技术问题，采用技术手段并获得技术效果，即"三要素测试法"，将大量的与计算机软件有关的商业方

---

❶ 刘银良. 美国商业方法专利的十年扩张与轮回：从道富案到 Bilski 案的历史考察 [J]. 知识产权，2010（6）：79－80.

❷ Bilski v. Kappos, 130 S. Ct. 3218, at 3248（2010）(Stevens, J., concurring).

法发明拒之门外。出于鼓励国内金融、电子商务等产业创新与发展
的考虑，避免过分抬高商业方法专利的门槛，造成国内企业失去在
国际市场上的竞争优势，新版《专利审查指南 2010》第二部分第九
章的适用与完善应当以经济需求为导向，既不能片面强调技术特征，
也不能允许个别经营者背离技术发明的本质而垄断本领域内的公知
常识和商业惯例，实现创新者个人利益与社会公共利益的平衡。

（二）完善我国商业方法专利制度的重点

在商业方法专利制度实施层面，首先应当明确相关概念的内
涵与外延。美国 CBM 专利复审程序正是由于立法没有定义何为
"涵盖商业方法"的专利，而导致 USPTO 与 CAFC 对之作出不同
的解释，不利于当事人建立合理预期，该程序也招致了广泛的批
评和质疑。从 2019 年新修改的《专利审查指南 2010》第二部分第
九章第 6 节的内容来看，我国商业方法专利的审查思路是：
（1）判断权利要求是否属于《专利法》第 25 条第 1 款第（二）项
规定的"智力活动的规则和方法"，其中的决定性因素是有无技术
特征；（2）若否，再以"三要素测试法"审查权利要求是否构成
《专利法》第 2 条第 2 款所述的技术方案；（3）若是，最后进行新
颖性和创造性审查。上述第（1）、（2）两个步骤不过是对于能够
授予专利权的客体从正反两个方面进行审查，"技术特征"以及技
术方案的三个构成要素"技术问题""技术手段"和"技术效果"
是极难定义的概念。即便是以技术性为专利制度核心的欧盟，在
技术性要求的审查标准上也存在较大的模糊性。❶ 在美国，各级法
院和 USPTO 均遵循判例法确立的"两步测试法"，审查与计算机
软件有关的商业方法发明是否属于可专利主题。"两步测试法"的
优点在于它的灵活性，然而"抽象思想"和"发明概念"这些表

---

❶ MARSNIK S J, THOMAS R E. Drawing a line in the patent subject - matter sands: does europe provide a solution to the software and business method patent problem [J]. Boston College International and Comparative Law Review, 2011, 34 (2): 227.

达过分抽象，在审查实践中缺乏可操作性。为了弥补这一不足，USPTO 陆续出台并修改备忘录、PEG 和 MPEP 等法律文件，结合现实案例，采取归纳加列举的方式解释"两步测试法"中涉及的基本概念。相比而言，我国《专利审查指南 2010》第二部分第九章第 6.2 节审查示例部分虽然增加了 10 项关于授权客体和创造性判断的例子，但是无论在整体数量还是每个示例之间的逻辑关系上，仍然需要进一步扩充和提炼。

此外，美国 CBM 专利授权后复审程序的实施经验表明，无论是在可专利性的实体标准上，还是在程序衔接中，专利行政主管部门与司法机关理应保持统一与协调。只有这样才能有效保护专利权人的合法利益，或者及时纠正不当授权的情况，制止权利滥用。在方法发明专利侵权诉讼与无效宣告程序相互交叠时，根据 2001 年颁布的《最高人民法院关于审理专利纠纷案件适用法律问题的若干规定》第 11 条之规定，❶ 实践中我国法院是否裁定中止侵权诉讼的做法不一。考虑到被诉侵权人提出无效宣告请求的目的既可能是一种拖延诉讼程序的策略，也有可能是为对抗不当授权的专利权人之指控，甚至恶意敲诈，不得已而为之，那么法院在作出中止诉讼与否的裁定时，需要综合分析各种因素，合理权衡专利权人利益与公众利益。即使如美国 CBM 专利复审程序的有关规定一般，明文规定法院中止专利侵权诉讼的评判要素，也会出现不同法院之间就各项要素的解释有所出入的情况，更何况我国现行法律法规及司法解释中无相应条款。因此，最高人民法院司法解释有必要对除请求宣告发明专利权无效的时间以外，可以不中止诉讼的其他考量因素予以明确。

---

❶ 该条规定："人民法院受理的侵犯发明专利权纠纷案件或者经专利复审委员会审查维持专利权的侵犯实用新型、外观设计专利权纠纷案件，被告在答辩期间内请求宣告该项专利权无效的，人民法院可以不中止诉讼。"而第 9 条所列举的可以不中止诉讼的具体情形仅适用于实用新型和外观设计专利权。

简论沿边自由贸易试验区的知识产权问题

——以云南为例

戴　琳　张彧荣*

作为国家在新形势下全面深化改革和扩大开放的战略举措，自由贸易试验区（以下简称自贸试验区）建设旨在促进"投资贸易自由化便利化、金融服务实体经济、政府职能转变等领域"❶的创新探索，推进高技术、知识和资本密集型发展。2013 年 9 月至 2019 年 8 月，我国已经分多批次批准了 18 个自贸试验区，初步形成了"1＋3＋7＋1＋6"的基本格局，形成了东西南北中协调、陆海统筹的开放态势，推动形成了我国新一轮全面开放格局。❷ 根据 2019 年 8 月 26 日国务院发布的《关于印发 6 个新设自由贸易试验区总体方案的通知》，山东、江苏、广西、河北、云南、黑龙江入围我国第五批自贸试验区建设区域。与其他地区相较，云南自贸试验区的"沿边性＋民族性"特质明显（尤其是红河片区的河口瑶族自治县、德宏片区的瑞丽市），这给自贸试验区建设带来诸多机遇和挑战。本文仅就云南自贸试验区建设中可能面临的主要知识产权问题进行讨论。

＊ 作者简介：戴琳，云南大学法学院副教授，法学博士，硕士生导师；张彧荣，云南大学法学院 2018 级知识产权法学专业硕士研究生。

❶ 王珂. 我国自贸试验区建设布局逐步完善（权威发布）［N］. 人民日报，2019 - 08 - 27（06）.

❷ 佚名. 六箭齐发！一天新设 6 个自贸区，透露四大信号［N/OL］. 经济日报，2019 - 08 - 26. http：//www.ce.cn/xwzx/gnsz/gdxw/201908/26/t20190826 33010780.shtml.

一、云南自由贸易试验区三片区的功能定位

云南自贸试验区的实施范围涵盖昆明、红河、德宏三个片区，共 119.86 平方千米。❶ 上述三个片区，除昆明片区外，红河片区的河口瑶族自治县、德宏片区的瑞丽市均是沿边少数民族地区。

根据《中国（云南）自由贸易试验区总体方案》所要求的"以制度创新为核心，以可复制可推广为基本要求，全面落实中央关于加快沿边开放的要求，着力打造'一带一路'和长江经济带互联互通的重要通道，建设连接南亚东南亚大通道的重要节点，推动形成我国面向南亚东南亚辐射中心、开放前沿"❷ 的战略目标定位，将云南自贸试验区内三片区的功能划分如表 1 所示。

表 1　云南自贸试验区三片区功能划分情况

片区	行政辖区	功能要求
昆明片区	昆明主城区 （76 平方千米）	加强与空港经济区联动发展，重点发展高端制造、航空物流、数字经济、总部经济等产业，建设面向南亚东南亚的互联互通枢纽、信息物流中心和文化教育中心❸
红河片区	河口瑶族自治县 （14.12 平方千米）	加强与红河综合保税区、蒙自经济技术开发区联动发展，重点发展加工及贸易、大健康服务、跨境旅游、跨境电商等产业，全力打造面向东盟的加工制造基地、商贸物流中心和中越经济走廊创新合作示范区❹
德宏片区	瑞丽市 （29.74 平方千米）	重点发展跨境电商、跨境产能合作、跨境金融等产业，打造沿边开放先行区、中缅经济走廊的门户枢纽❺

---

❶❷❸❹❺　国务院关于印发 6 个新设自由贸易试验区总体方案的通知 ［EB/OL］.（2019－08－26）［2019－09－10］. http：//www. gov. cn/zhengce/content/2019－08/26/content_5424522. htm.

《中国（云南）自由贸易试验区总体方案》还列明了云南自贸试验区建设的 6 项主要任务和 19 项具体措施❶，旨在推进高质量跨越式发展，改革创新，防控风险，营造一流营商环境。

根据前四批自贸试验区的发展数据统计：截至 2018 年底，我国前三批 11 个自贸试验区（不包括海南）累计新设立企业 61 万家，其中外资企业 3.4 万家❷，以不到全国万分之二的国土面积，吸收了 12% 的外资，创造了 12% 的进出口额；2019 年上半年，前四批 12 个自贸试验区吸引外商实际投资近 700 亿元人民币，占全国比重的 14% 左右。❸ 实践表明，自贸试验区所提供的优惠宽松政策和优质高效服务是吸引投资的制胜法宝。这对经济社会处于发展上升期的云南而言无疑是重要的发展促进引擎，同时也面临包括知识产权问题在内的系列体制机制构建与完善问题。

二、沿边自贸试验区建设面临的知识产权难题

与先前沿海、内地等自贸试验区的建设基础不同，云南自贸试验区的三个片区中就有两个片区地处内陆边境，且为少数民族

---

❶ 《中国（云南）自由贸易试验区总体方案》提出的 6 项主要任务是：（1）加快转变政府职能；（2）深化投资领域改革；（3）推动贸易转型升级；（4）深化金融领域开放创新；（5）创新沿边经济社会发展新模式；（6）加快建设我国面向南亚东南亚辐射中心。19 项具体措施是：（1）推进行政管理职能与流程优化；（2）优化外籍及港澳台人才发展环境；（3）创新事中事后监管体制机制；（4）深入推进投资自由化便利化；（5）完善投资促进和保护机制；（6）提升贸易便利化水平；（7）创新贸易监管模式；（8）创新推进跨境电子商务发展；（9）培育新业态新模式；（10）扩大金融领域对外开放；（11）推动跨境人民币业务创新发展；（12）促进跨境投融资便利化；（13）创新沿边跨境经济合作模式；（14）探索推进边境地区人员往来便利化；（15）加大科技领域国际合作力度；（16）构建连接南亚东南亚的国际开放大通道；（17）打造区域跨境物流中心；（18）建设沿边资源储备基地；（19）全力打造世界一流的健康生活目的地。

❷ 央广网．中国自由贸易试验区发展报告（2019）［EB/OL］．（2019－06－22）［2019－09－05］．http://china.cnr.cn/news/20190622/t20190622_524659952.shtml.

❸ 央广网．以自贸试验区扩容加快推进高水平开放进程［EB/OL］．（2019－09－03）［2019－09－05］．http://www.cnr.cn/chanjing/gundong/20190903/t20190903_524761169.shtml.

聚居区域。客观而言，这些地区的现代化产业发展基础相对薄弱，现代化治理水平亟须提升。笔者认为，在自贸试验区建设中，沿边民族地区面临的知识产权问题主要体现在以下方面。

（一）相关主体的知识产权常识认知有限，创新驱动不足

根据笔者对一些民族地区的群众、干部及相关职能部门在知识产权常识认知及制度实施等问题的长期调研情况来看，在很多人心目中（包括与知识产权业务管理职能相关的管理者和决策者），知识产权制度及常识仍属于一种陌生的存在，人们往往停留于表浅的术语知晓状态，对知识产权制度的常识问题、权利体系、规范体系及内容缺乏应有的认识。相应地，政府职能部门未能充分发挥其指导市场主体利用现有知识产权制度挖掘、保护创新资源的引领促进作用，因而在较多民族地区未能形成良好的知识产权运用、管理和保护协调运行机制。面对自贸试验区建设的现实需要，"落后"和"不知道"已不能成为回避"知识产权话题和问题"的借口。在云南自贸试验区建设涵盖高端制造、加工贸易、商贸物流、数字经济、跨境电商、跨境旅游、跨境产能合作、跨境金融等新兴业态的现代化发展背景下，知识产权问题也因其广域跨度而深入渗透到自贸试验区建设的方方面面。包括市场主体、政府职能部门在内的社会各领域均应积极研习我国的知识产权制度规范和相关国际公约及国际多边/双边知识产权协定（如《中国-东盟知识产权领域合作谅解备忘录》）等，做到"心中有数"，依法竞争，依规管理。

（二）内陆沿边民族地区的特殊区位给知识产权保护及管理带来一定难度

云南自贸试验区的红河片区河口瑶族自治县毗邻越南，德宏片区的瑞丽市与缅甸接壤（参见表2）。边民普遍存在同族异国现象，甚至有较为密切的亲缘关系，双边人员来往频繁。这在便捷跨境贸易的同时，一定程度上也加大了市场主体和政府职能部门

对知识产权进行管理和保护的难度。

表 2　云南自贸试验区内沿边区域基本情况

河口瑶族自治县	河口瑶族自治县位于红河哈尼族彝族自治州东南部，隔红河与越南老街市、谷柳市相望，县境内居住着瑶、苗、壮、傣、彝、布依等 24 个少数民族。该县交通便利，滇越铁路、昆河公路、红河航道在此形成枢纽与越南对接，是云南省乃至西南地区通向东南亚、南太平洋最便捷的陆路通道❶
瑞丽市	瑞丽市地处云南省西部，是一个以傣族、景颇族为主的边境口岸城市，与缅甸国家级口岸城市木姐毗邻。该市是中国距离南印度洋最近的陆路口岸城市，是滇缅公路、史迪威公路、中缅输油管道三大通道的出入口，是建设面向南亚、东南亚辐射中心的重要节点❷

　　知识产权作为一种法定权利，具有明显的地域性特征。在密集的人员、货物、服务、技术跨境流动过程中，相关知识产权问题将大量显现，复杂程度亦将明显提升。这是自贸试验区内市场主体和政府职能部门都必须面对的挑战。尽管国家强调赋予自贸试验区更大的改革自主权，但有关知识产权的贸易、保护、管理与协作不仅关涉国内规范的适用，还延及国际公约、多边或双边协定等规则的适用。

　　（三）云南自贸试验区所面向国家的多数量和参差发展状态可能带来更多的知识产权争端

　　云南自贸试验区作为"连接南亚东南亚大通道的重要节点"，所面向的国家不仅数量多（东南亚地区共有 11 个国家：泰国、新

---

　　❶　县情简介 [EB/OL]．（2019 - 03 - 13）［2019 - 09 - 20］．http：//www. hk. hh. gov. cn/hkgk/xqjj/201903/t20190312_330309. html.

　　❷　瑞丽市人民政府．瑞丽简介 [EB/OL]．［2019 - 09 - 20］．http：//www. rl. gov. cn/Web/_F0_0_28D07EDQXY2X2YY71CJ94NTYU9. htm.

加坡、马来西亚、越南、缅甸、菲律宾、东帝汶、老挝、柬埔寨、印度尼西亚、文莱;南亚地区共有 7 个国家:印度、孟加拉国、巴基斯坦、尼泊尔、斯里兰卡、马尔代夫、不丹),而且发展状态参差不齐,知识产权制度的完整程度和保护水平也差异较大。随着我国与东南亚、南亚国家在经济、文化等领域不断拓展交流与合作的深度和广度,与之相伴随的知识产权贸易及争端等问题亦将接踵而至。这就要求自贸试验区为交易主体提供优质、高效的知识产权服务和专业、多元的争端解决机制,避免自贸试验区成为知识产权侵权的泛滥之所。为完善自贸试验区知识产权专业服务体系、提升知识产权专业服务质量,2018 年 11 月,国务院发布了《关于支持自由贸易试验区深化改革创新若干措施的通知》,其中专门指定国家知识产权局负责"支持在自贸试验区设置商标受理窗口;在自贸试验区设立受理点,受理商标权质押登记;进一步放宽对专利代理机构股东的条件限制,新设立有限责任制专利代理机构的,允许不超过五分之一的不具有专利代理人资格、年满 18 周岁、能够在专利代理机构专职工作的中国公民担任股东;支持在有条件的自贸试验区开展知识产权证券化试点"❶ 等工作。这为自贸试验区开展知识产权管理和保护工作提供了方向和依据,但相关业务的开展还需针对自贸试验区的发展特点进一步明确工作方向和重点。

三、云南自贸试验区建设中应重视的几类知识产权问题

2020 年 3 月 11 日,云南省人民政府公布了《中国(云南)自由贸易试验区管理办法》。该办法第 50 条规定:"自贸试验区加强

---

❶ 关于支持自由贸易试验区深化改革创新若干措施的通知 [EB/OL]. (2018 - 11 - 23) [2019 - 09 - 18]. http://www.gov.cn/zhengce/content/2018 - 11/23/content_5342665. htm.

知识产权保护工作，加大对专利、商标、著作权、商业秘密等权利和数据的保护力度。完善与国际接轨的知识产权管理体制机制和保护制度，推动知识产权运营服务体系建设。"❶ 同时，为实现自贸试验区在贸易和投资方面的创新引领作用，该办法第 5 条还规定："自贸试验区应当解放思想，积极主动探索制度创新，建立以支持改革创新为导向的考核评价机制和容错机制，充分激发创新活力，不断提高自贸试验区改革开放水平。"❷ 这意味着，对一些有利于促进贸易、投资发展的做法和措施，即便现行法中尚无明确规则依据，也可因势利导，适度先行先试。显然，该规定为自贸试验区相关主体开展系列创新性知识产权管理和运营工作奠定了坚实的基础。根据云南自贸试验区的建设目标和实践需要，笔者认为，以下几个方面的知识产权问题是目前自贸试验区应当重视，同时也是可尝试创新实践的领域。

（一）平行进口问题

《中国（云南）自由贸易试验区总体方案》明确提出"支持云南设立汽车整车进口口岸，开展平行进口汽车试点。探索先进技术装备、关键零部件及其他机电产品（医疗器械等高风险产品除外）等平行进口"❸。所谓平行进口，是指未经相关知识产权人授权的进口商，将由权利人自己或经其同意在其他国家或地区投放市场的产品，向知识产权人或独占被许可人所在国或地区的进口。❹ 产生平行进口的主要原因在于：不同国家或地区因产品原材料、运输成本以及政策等方面的差异而导致附载相同知识产权的产品存在价格差异。目前，国际上对平行进口行为的合法与非法

❶❷ 中国（云南）自由贸易试验区管理办法［EB/OL］.（2020－03－11）［2020－03－18］. http://www.yn.gov.cn/zwgk/zcwj/zxwj/202003/t20200311_192018.html.

❸ 国务院关于印发 6 个新设自由贸易试验区总体方案的通知［EB/OL］.（2019－08－26）［2019－09－10］. http://www.gov.cn/zhengce/content/2019－08/26/content_5424522.htm.

❹ 陆雄文. 管理学大辞典［G］. 上海：上海辞书出版社，2013.

认定不一，我国法律尚未对平行进口问题予以明确规定。客观而言，平行进口因对知识产权人的既有市场构成挤占威胁，会在一定程度上损害其权益，故而存在侵权之虞；但因平行进口可降低商品运营成本，提升经营者的利益空间，在理论上亦存在一定合理性。❶ 自贸试验区所采取的税收优惠及灵活管控政策，在吸引国际投资的同时难免发生国内贸易与平行进口的冲突问题。由于自贸试验区的实施范围通常较小，市场规模有限，在有效监管之下允许特定商品的平行进口，有利于促进符合我国市场需要的优质产品进口，且不易对国内知识产权人的既有市场造成实质性影响。

（二）涉外贴牌加工问题

贴牌加工的本意就是"代工"，即作为委托方的商标权人自己不生产加工产品，而是将生产加工工作委托给其他生产单位完成，受托方加工完成后将使用委托人商标的产品交付给委托方。在这种合作模式下，委托方可以减少生产硬件方面的投入，可将精力集中于产品研发和市场营销环节，能有效节约资金和时间成本；对受托方而言，则可在短期内激活其闲置的产能，吸纳一些劳动力资源。"涉外贴牌加工"是国际加工贸易中的一种主要形式，通常指境内企业接受境外商标权人或商标使用人的委托，按照其要求加工产品、贴附其提供的商标，并将产品全部或者部分交付给委托人的贸易形式。❷ 基于自贸试验区的通关便利和税收优惠等利好政策，"贴牌加工"生产模式不仅对国际知名品牌企业具有吸引力，对一些没有自主优势品牌和技术的企业同样具有诱惑力。然而，由于受托方的工作重心主要是"加工"，"贴牌"行为具有一定被动性，倘若委托方要求贴附的商标存在权利瑕疵，这时作为

❶ 马治国，张楠．中国自贸区知识产权保护研究［J］．科技与法律，2018，136（6）：5-12.

❷ 张玉敏．国际贸易"定牌加工"性质分析［J］．重庆工学院学报（社会科学版），2008（1）：9-12.

商品生产者的受托方极有可能被卷入商标争议中去。其中，较为常见的争端情形是：国内企业受托加工产品所使用的商标未在我国注册，但却与他人在我国已注册的商标相同或近似，而委托方对该商标在域外享有合法的商标权或使用权，且贴附该商标的加工产品并不进入国内市场而是出口至国外。在此过程中，仅就商标的使用情况看，加工产品所使用的商标与他人商标权形成冲突，但因加工贴牌的产品未进入国内市场，并未形成对国内商标权人的权益冲击态势，亦未产生公众混淆的事实。正因如此，学界、实务界对在涉外贴牌加工过程中使用他人在国内享有专用权的商标的行为定性问题莫衷一是。当然，从自保的角度出发，受托进行涉外贴牌加工生产的企业在承接业务时，应认真审核委托方的商标专用权归属状态，同时应审慎核查贴用商标是否与国内商标权存在冲突，尽量避免因商标权利瑕疵引致加工交易的预期收益受损。

（三）知识产权服务体系建设问题

自贸试验区主管部门应为域内经营者提供优质专业的知识产权服务，建立知识产权综合服务中心，可包括：建立自贸试验区知识产权综合服务平台，提供园区内知识产权信息，贯彻"互联网＋政务模式"；开设知识产权服务平台网站，内设相关知识产权事务申请窗口，提供网上申请便利服务；吸引有资质的知识产权管理机构入驻，鼓励提供知识产权托管及维权服务；设立知识产权交易窗口，便于试验区知识产权交易信息的整理发布。自贸试验区管理部门应重视知识产权服务平台与各级各类政府主管部门、中介服务机构、高校及研究机构的合作与交流，拓展信息资源渠道，争取广泛的智力支持，适时开展知识产权专业培训，提供专业指导，促进知识产权成果产业化转化。"引导各类创新主体在'一带一路'沿线国家（地区）共建创新平台，鼓励企业设立海外研发中心。支持云南与周边国家共建科技成果孵化基地和科技企

业孵化器。"❶

概言之，自 2013 年上海自贸试验区建立至 2019 年 8 月，前四批次共 12 个自贸试验区的建设经验已为 2019 年 8 月 26 日批准新建的 6 个新成员提供了丰裕的借鉴，但因各地各片区的区位、社会、经济、人文等要素存在较大差异，国家也确定了差异性的建设目标。相应地，各自贸试验区的建设仍有更多制度需要创新，更多路径需要探索。从云南自贸试验区开展知识产权工作的基础情况看，虽有认识基础薄弱、专业人才匮乏的短板，但拥有沿边外贸资源丰富、国家战略重视的后发优势，加之有"鼓励创新"的引领和"容错机制"的保障，相信在各方努力下，地处沿边的云南自贸试验区在知识产权领域的工作推进将有长足发展，并能获得较多沿边民族地区自由贸易发展的有益经验。由于成文时间仓促，本文关于云南自贸试验区建设中的知识产权问题仅是肤浅勾勒，有关此论题的研究尚需作精深实证调查和全面理论分析。

---

❶ 国务院关于印发 6 个新设自由贸易试验区总体方案的通知（国发〔2019〕16号）〔EB/OL〕.（2019 - 08 - 26）〔2019 - 09 - 10〕. http：//www. gov. cn/zhengce/content/2019 - 08/26/content_5424522. htm.

第三方取证存证平台电子数据的真实性解析

牟　萍[*]

电子数据作为证据类型之一，具有高科技性、不稳定性等特征，更易被作伪，或被修改、删除，因此，当司法实践中涉及电子数据时，往往非常慎重。与此同时，近年来，随着大大小小的第三方取证存证平台如雨后春笋般出现，该类平台中的电子数据能否被采信的问题已成为热点，而如何看待、审查此类电子数据的真实性，则是采信与否的关键。这在知识产权诉讼中，同样非常重要。

一、对相关法律规定的理解

在刑事领域，2016 年，最高人民法院、最高人民检察院、公安部联合下发《关于办理刑事案件收集提取和审查判断电子数据若干问题的规定》（以下简称《两高一部规定》）；2019 年，公安部出台《公安机关办理刑事案件电子数据取证规则》（以下简称《公安部规则》）。根据相关规定，不论是通过网络远程勘验，还是从第三方平台，包括第三方取证存证平台调取电子数据，均应当由公安机关两名以上侦查人员严格按照程序进行，以扣押原始存储介质为原则，其他形式为例外，辅以录音录像、见证人、扣押、提取后，需对电子数据进行相应技术处理，以防篡改，并应当对其真实性进行法律审查，不会直接"拿来就用"，更不会因为是第

---

　　* 作者简介：牟萍，法学博士，西南政法大学副教授，执业知识产权司法鉴定人。

三方取证存证平台作出的相应认证，就直接采信。

在民事领域，2018 年，最高人民法院出台的《关于互联网法院审理案件若干问题的规定》第 11 条提到"当事人提交的电子数据，通过电子签名、可信时间戳、哈希值校验、区块链等证据收集、固定和防篡改的技术手段或者通过电子取证存证平台认证，能够证明其真实性的，互联网法院应当确认"。不少媒体宣传，这是对第三方取证存证平台电子数据的确认，或者说，第三方取证存证平台电子数据获得了官方"背书"。❶ 事实上，这样的宣传，是有一定片面性和误导性的，只强调电子数据取证固证采用了区块链等技术手段，或通过了电子取证存证平台认证，却有意无意地忽略了"能够证明其真实性"这一关键语。

虽然因为刑事采"绝对证据"规则，民事采"优势证据"规则，二者在程序严苛度、自由心证空间、行为人主体资格要求等方面差异明显，但不论是由公安机关侦查人员调取，还是由一方当事人提供，相关规定均反映出，对于第三方取证存证电子数据的真实性进行审查都是必不可少并至关重要的。

二、第三方平台取证存证的实质

欲解析第三方取证存证平台电子数据的真实性，首先，应了解相关平台取证存证的流程以及主要环节。只有拨开技术带来的晦涩、商业宣传带来的噱头，才能更好地认识其本质。

以百度取证、公证云、易保全、存证云、云法通等第三方取

---

❶ 最高法院出台司法解释认可区块链固定证据真实性［EB/OL］. (2018 - 09 - 11). http：//www.nbd.com.cn/articles/2018 - 09 - 11/1253784.html；区块链一大步：区块链电子存证有司法解释，得到法律确认［EB/OL］. (2018 - 09 - 08). https：//www.lianyi.com/zixun/1076059；最高人民法院宣布区块链技术可证明电子数据真实性［EB/OL］. (2018 - 09 - 08). https：//www.babaofan.com/news/info/1397.html；最高法司法解释明确：通过区块链收集的证据应当确认［EB/OL］. (2018 - 09 - 10). http：//k.sina.com.cn/article_5957534844_16318c47c02700gdgy.html.

证存证平台为例，网页取证时，大多是先打开平台取证工具后，输入需要取证的页面网址，实时截图固定网页内容并将其封存；实时取证，大多是在打开平台取证工具后，再由操作者进行录音、录像、拍照、文件上传或界面操作录屏，并自动实时封存。在封存时，将使用时间戳、哈希值、区块链等多种手段，添加时间、位置等信息，并确保封存后，不会被篡改。❶ 可见，第三方取证存证平台中的"取证"与《两高一部规定》《公安部规则》中的"取证"，不仅执行主体不同，取证流程也完全不同。

第三方取证存证平台通过互联网进行录屏，或提供虚拟公证处桌面由当事人进行存证操作，或当事人录屏完成后上传并申请可信时间戳等方式对相应电子数据进行保全，重在"存"，而非"取"。"取"这一过程，并非由平台，而是由当事人即用户进行。平台自身并未实施"取"这一行为。它其实更多是一个见证系统，见证电子数据传入平台系统时的状态，并将此状态采用技术手段封存，防止二次篡改。如果将第三方取证存证平台比喻成一个保险箱，电子数据是一幅画的话，那么，平台只能保证存在保险箱里的这幅画一直都在，且与其存入时的状态一致。但这幅画本身，是真品还是伪作，在入保险箱之前就已经形成，与保险箱多么高大上或有多严密的技术措施并无关联。

"取"这一过程实际上是由用户进行操作的。如果用户操作时，网页是虚拟的，上传的文件是伪造的，录像的场景是预设的，录音中的出声者另有其人，那么，此时的电子数据从源头上就是伪造的，而平台所运行的一切技术手段和技术逻辑，都很难防范或发现这种伪造。以笔者曾作过的一个软件著作权司法鉴定为例，诉争软件是一个医学平台的操作系统，原告认为被告构成抄袭，

❶ 更多操作流程，可参见蔓越煤汇编《亲测 7 大电子证据存证平台！最详操作指引手把手教你》（http://www.sohu.com/a/250448005_99910133），或者相关第三方取证存证平台官网对自己的相关介绍及视频。

需作软件源代码的同一性鉴定。原告向法院提交了版权登记，以证明其享有该软件的著作权。鉴于软件版权登记时，是不需要提交全部源代码的，被告对原告向法院提交的软件存疑，要求验真。结果，经鉴定机构检查，发现原告提交的并非软件的完整源代码，而是只提交了它认为被告可能构成抄袭的那部分源代码。

于是，法院要求原告补充检材，提交完整的源代码版本。在原告补充检材后，被告又提出质疑，在软件业中，版本更新是常见现象，不同版本之间，甚至可能差异很大，原告并非每一次更新都作了版权登记，而只有与案情有关时间节点的那个版本，才应当是适格的比对样本。于是根据时间戳，原告又重新提交了检材。尽管该检材系从第三方取证存证平台调取过来的，但鉴定人员仍按标准流程，进行了验真。在机房搭建的与该医学平台一致的运行环境中，将该软件导入后，却发现不少功能模块并不能正常运转。原来，原告担心自己的核心代码可能会泄露，在向平台上传源代码文件时，上传的是一个真假代码掺杂的版本。同样的问题，被告亦存在。整个鉴定，变更了三次委托事项，原被告双方共提交了七个版本，作了四次版本验真，才最终确定了双方适格的比对版本。在此基础上，才能进行源代码的同一性鉴定。

虽然这个鉴定案件中出现的情况是极为少见的，但也反映出，对于第三方取证存证平台提供的电子数据，应与其他证据类别一视同仁，既不因其本身受技术因素的影响而人为地提高认证标准，又不宜因平台的技术宣传或技术实力而降低审查力度。第三方取证存证平台虽名含"取"，但实为"存"，"存"后的不可篡改性与"存"前证据形成过程的真实性，并不等同。在北京全景视觉公司诉成都日报社侵害作品信息网络传播权纠纷一案中，四川省成都市中级人民法院所作的（2019）川 01 民终 1050 号判决书亦注意到这一点："涉案《电子数据保全证书》的验证方式仅能证明电子副本与留存于服务器上的电子数据一致，而不足以证明其留存于服务器上的电子数据形成过程中操作环境是否清洁，取证方式是否规范，取证结果是否真实、完整，取证结果上传服务器之前是否经过篡改。"

三、第三方取证存证平台增信措施的效力

正是因为第三方取证存证平台本质上只是一个见证系统，在判断其提供的电子数据真实性时，会考虑平台自身的技术能力❶、资质❷、信誉❸；但平台的商业性质，使其见证主体身份的中立性和合法性可能令人疑虑。所以，目前，第三方取证存证平台通常会与某一个或几个公证机关，或者与某一个或几个司法鉴定机构携手，采用公证增信（亦称"公证赋能""赋强公证"）或鉴定增信的方式，实现"国家公信力＋技术信任力"的双重增信作用。那么，对于此类增信措施的效力，应当如何认识？

通常这些增信措施采用的方法，是在取证存证平台的服务器上，给公证处、鉴定机构开放接口，由公证处、鉴定机构从服务器上调取当事人已经收集、固定在平台服务器中的电子数据，并出具公证书、鉴定报告。

对于公证增信，公证书只能证明当时存证在平台上的电子数据状态，不能证明该电子数据是否被篡改或删除，以及该电子数据是如何形成的。（2019）川 01 民终 1050 号判决书对北京全景视觉公司举示的渝信证字第 16904 号《公证书》、《公证业务合作声明书》、《在线仲裁业务合作声明书》、《鉴定业务合作声明书》，认

---

❶ 如《上海市网络借贷电子合同存证业务指引》第 9 条要求存证人具备完善的 CA 认证，能综合运用哈希校验、电子签名、密码加密等技术手段，系统要具备高可用性（99.99％以上），应通过同城双活、异地容灾等机制保障业务连续性，传存证数据时应通过 SSL 256 位加密通道等。

❷ 如《上海市网络借贷电子合同存证业务指引》第 8 条要求存证人须取得 ISO27001 信息安全管理体系认证，系统应符合国家信息安全等级保护制度的第三级要求并通过相应测评。

❸ 如《上海市网络借贷电子合同存证业务指引》第 8 条要求存证人需具有良好的信用记录，未被列入企业经营异常名录和严重违法失信企业名单。

为"均不足以证明涉案《电子数据保全证书》取证过程的清洁、规范、客观、真实"。而"公证云"虽宣传"足不出户,公证到家",但事实上,其对接的公证机关均要求当事人在网上上传的相关证明材料的原件,需要在领取公证书之日向公证处公证人员出示并核对,本质上只是简化了公证流程,但仍是以原件为准。

对于鉴定增信,以某机构出具的鉴定报告为例,其对鉴定过程的描述为:"本中心从后台提取评估日志,记录的存证文件生成的 SHA‐1 值与本次的 SHA‐1 值一致,送检文件为原始文件。"鉴定结论的表述为:"固定内容详见光盘,值为以上数字。"可见,这仍是对平台存证之后至鉴定机构调取前这一段时间之内相关电子数据是否被篡改作出的一种认定。

也就是说,公证、鉴定的引入,确定能够对存证后置于该平台的电子数据未被篡改予以增信,但依然未能解决取证时由用户自行操作(如录音、录像、上传文件、进入某网页链接)这一环节的增信问题。因为此时公证处、鉴定机构是缺位的,无法对自己未见之事实予以证明或认定。

四、几点建议

有时,真实就像微积分中的极限问题,只是无限趋近而已。第三方取证存证平台的存在,对于帮助当事人及时固定电子数据,有着积极意义。为提高采信率,针对此类电子数据的真实性,可以考虑以下建议。

对平台而言,一是更好地指导当事人(用户)针对不同的存证需求选取合适的取证存证方式和工具;二是制定更科学、合理的取证存证流程以及用户指导,防止用户由于不熟悉或者难以熟练掌握取证存证环境的清洁处理等手段导致相应电子数据的可信度降低;三是进一步夯实技术基础,更好地确保平台在电子数据存储、传输过程中的安全性;四是如果可能,尽快建立行业技术标准或技术指南。

对法院而言，一是"孤证不立"，可要求或引导当事人提供补充证据，与第三方平台取证存证的电子数据一起，互为印证；二是第三方平台取证存证电子数据的完整性与真实性正相关，可结合考虑，因为只有完整才能反映该电子数据的所有相关细节，而细节越多，才能更好地确认真实性；三是除技术因素之外，适当考虑第三方取证存证平台的管理规范性、知名度和信誉；四是必要时可进行勘验，或启动司法鉴定，或引入专家辅助人；五是鉴于目前并无相应法律法规规定从事第三方取证存证必须经过行政许可，因此，不宜纠结于平台的资质问题。